财政部规划教材

全国高等院校会计系列教材

管理会计

朱爱萍 主编

黄 亮 梅 芳 副主编

中国财经出版传媒集团

中国财政经济出版社

图书在版编目（CIP）数据

管理会计 / 朱爱萍主编. ——北京：中国财政经济出版社，2020.1
财政部规划教材　全国高等院校会计系列教材
ISBN 978-7-5095-9546-6

Ⅰ.①管… Ⅱ.①朱… Ⅲ.①管理会计-高等学校-教材 Ⅳ.①F234.3

中国版本图书馆CIP数据核字（2019）第301078号

责任编辑：张　铮　　　　　封面设计：孙俪铭

中国财政经济出版社 出版
URL：http://www.cfeph.cn
E-mail：cfeph@cfeph.cn
(版权所有　翻印必究)
社址：北京市海淀区阜成路甲28号　邮政编码：100142
营销中心电话：010-88191537
北京密兴印刷有限公司印刷　各地新华书店经销
787×1092毫米　16开　13.75印张　331 000字
2020年1月第1版　2020年1月北京第1次印刷
定价：43.00元
ISBN 978-7-5095-9546-6
(图书出现印装问题，本社负责调换)
本社质量投诉电话：010-88190744
打击盗版举报热线：010-88191661　QQ：2242791300

前　言

本书是财政部规划教材,由财政部教材编审委员会组织编写并审定,作为全国高等院校会计系列教材使用。

中国经济在经历了 30 多年的高速增长后,进入了中低速的新常态发展轨道,中国经济将从要素驱动、投资驱动转向创新驱动。在此背景下,2014 年 10 月,财政部发布了《财政部关于全面推进管理会计体系建设的指导意见》,指出要大力加强管理会计工作,通过强化管理会计应用,推动企业建立、完善现代企业制度,实现管理升级,增强核心竞争力和价值创造力,进而促进经济转型升级;通过推动更加科学、全面地衡量企业绩效,加快形成企业自主经营、公平竞争的市场环境,充分发挥市场在资源配置中的决定性作用。2016 年 6 月,财政部发布了《管理会计基本指引》,为单位(包括企业和行政事业单位)加强管理会计工作,提升内部管理水平,促进经济转型升级提供指导。2017 年 10 月,财政部发布《管理会计应用指引第 100 号——战略管理》等 22 项管理会计应用指引,标志着我国管理会计体系建设已经进入了快速推进的应用阶段。会计强国战略已经被推到国家政策层面,管理会计人才的培养更是刻不容缓。

管理会计教材的内容和方法应该随着社会的发展而更新。为了适应现代企业管理的需要,本教材在编写的过程中汲取了国内外相关主流教材的最新内容和观点,同时融合了作者多年的教学经验。本教材的编写原则一是教学内容新,在教材中结合了管理会计理论和实践的最新研究成果,并通过每个章节中的"知识链接"补充新观点;二是知识体系简练,在保持管理会计教材内容系统性的基础上,本教材的内容将对成本核算和财务管理相关的决策部分简化,对预算和绩效评价部分内容适当强化;三是注重管理会计的实操性,通过将案例贯穿到教学内容中,强化学生将理论运用于实际的能力,着眼培养应用型的管理会计人才。

本教材在编写的过程中有以下特点:第一,体现管理会计的最新研究成果。本教材将战略管理会计、管理会计基本指引及应用指引等的相关内容体

前　言

现在教学内容中，丰富了学生的视野；第二，语言简练，深入浅出。本教材是针对普通高校的会计以及相关专业的本科生课程教学使用，力争采用简明扼要的语言将管理会计的基本理论和方法阐述清楚，做到深入浅出，易于理解；第三，注重理论联系实际。通过各章案例研究，培养学生分析问题、解决问题的能力。

本教材适用于普通高校的会计以及相关专业的本科生课程教学使用，也可作为企业管理人员、会计与财务等财经岗位在职人员进行后续教育、培训及自学的参考书。

本教材由朱爱萍担任主编，黄亮与梅芳担任副主编，卿松与陶海映参与教材的编写：其中，第一章、第十章、第十一章由朱爱萍编写，第二章、第三章由陶海映编写，第四章、第六章、第七章由梅芳编写，第五章由卿松编写，第八章、第九章由黄亮编写。朱爱萍负责总体框架设计、编写提纲的拟定、初稿的修订与全书的总纂和定稿。黄亮与梅芳协助主编完成了部分初稿的修订。

本书配有《管理会计习题与案例》，并为用书学校任课老师提供了课后练习的答案和电子课件，如有需要，请登录中国财政经济出版社财经教材分社网站（cjjc.cfeph.cn）下载，或通过邮箱 caijingjiaocai@163.com 索取。

编　者

2019 年 8 月

目 录

第1章　管理会计概论 ……………………………………………………（ 1 ）
　　第一节　管理会计的形成和发展 ……………………………………（ 1 ）
　　第二节　管理会计的定义及其与财务会计的关系 …………………（ 5 ）
　　第三节　管理会计的职能与信息质量特征 …………………………（ 8 ）
　　第四节　管理会计师专业机构和职业道德 …………………………（ 11 ）

第2章　成本核算的基础 …………………………………………………（ 17 ）
　　第一节　成本与费用 …………………………………………………（ 17 ）
　　第二节　成本性态与成本性态分析 …………………………………（ 21 ）
　　第三节　变动成本分析 ………………………………………………（ 28 ）

第3章　标准成本法 ………………………………………………………（ 35 ）
　　第一节　标准成本控制概述 …………………………………………（ 35 ）
　　第二节　标准成本的制定 ……………………………………………（ 38 ）
　　第三节　成本差异的计算与分析 ……………………………………（ 42 ）

第4章　作业成本法 ………………………………………………………（ 50 ）
　　第一节　作业成本法的基本原理 ……………………………………（ 50 ）
　　第二节　作业成本法的步骤 …………………………………………（ 53 ）
　　第三节　作业成本法的作用与局限 …………………………………（ 60 ）

第5章　本－量－利分析 …………………………………………………（ 64 ）
　　第一节　本－量－利分析的基本概念 ………………………………（ 64 ）
　　第二节　本－量－利分析的基本假设 ………………………………（ 67 ）
　　第三节　本－量－利分析 ……………………………………………（ 69 ）

第6章　企业经营预测分析 ………………………………………………（ 84 ）
　　第一节　企业经营预测分析概述 ……………………………………（ 85 ）
　　第二节　销售预测 ……………………………………………………（ 88 ）

目 录

  第三节 成本预测 ………………………………………………………（ 96 ）
  第四节 利润预测 ………………………………………………………（100）
  第五节 资金需要量预测 …………………………………………………（104）

第 7 章 企业经营决策分析 …………………………………………………（109）
  第一节 定量分析与经营决策 ………………………………………（109）
  第二节 生产品种决策 …………………………………………………（113）
  第三节 自制还是外购决策 ……………………………………………（121）
  第四节 产品组合决策 …………………………………………………（123）
  第五节 产品定价决策 …………………………………………………（127）

第 8 章 全面预算管理 ………………………………………………………（136）
  第一节 全面预算体系 …………………………………………………（137）
  第二节 全面预算的编制方法与程序 ………………………………（140）
  第三节 全面预算的执行与考核 …………………………………（153）

第 9 章 全面预算的编制实务 ……………………………………………（161）
  第一节 以销售为起点的预算编制 ……………………………………（162）
  第二节 以利润为起点的预算编制 ……………………………………（175）

第 10 章 责任会计与转移定价 ……………………………………………（179）
  第一节 责任会计与责任中心 ………………………………………（180）
  第二节 责任会计制度 …………………………………………………（183）
  第三节 转移定价 ………………………………………………………（186）

第 11 章 业绩评价 …………………………………………………………（192）
  第一节 业绩评价概述 …………………………………………………（193）
  第二节 杜邦分析系统 …………………………………………………（195）
  第三节 剩余收益和经济增加值 …………………………………（199）
  第四节 平衡计分卡 ……………………………………………………（203）

本书参考文献 ……………………………………………………………………（210）

第1章
管理会计概论

主要知识点

管理会计形成和发展的四个阶段；
管理会计的定义；
管理会计和财务会计的关系；
管理会计的职能和信息质量特征；
管理会计师专业机构；
管理会计师职业道德。

关键概念

管理会计（management accounting）
计划（planning）
控制（control）
决策（decision making）
管理会计师职业道德守则（code of ethics for professional accountants）

第一节　管理会计的形成和发展

管理会计本是一系列相互关联不紧密的制度，随着社会经济水平等因素的变化而不断发展。根据管理会计理论和实务的发展，管理会计的形成和发展可分为三个阶段：

一、以成本控制为特征的管理会计阶段（20世纪50年代以前）

19世纪后半期，西方社会工业普遍发达，尤其在英国和美国。随着工厂制度的出现，自然而然地产生对正确计算成本信息需要的期望。家庭生产制度强调经济的商业方面，而工厂制度则需要生产协调和效率。大约从1890年至1915年间，成本会计发展迅速，成本会计的基本结构系统形成了，成本记录和总分类账相结合的方法已经被设计出来，成本费用的发生、积累和结转纳入复式记账系统，由专业的会计人员进行业务处理，为会计期间终了编制资产负债表和收益表提供相关的成本数据。

20世纪初，随着社会化大生产程度的提高，生产规模日益扩大，竞争愈加激烈，传统的经验管理方式已不能适应生产力发展的需要，体现科学管理方式的"泰罗制"应运而生。依据泰罗（Frederick W. Taylor）的"科学管理"学说建立了"标准成本会计"，实行事前计算与事后分析相结合，以促进企业在生产经营中提高效率、减少浪费，为企业加强内部的成本管理服务。1919年美国全国成本会计师协会成立，对推广标准成本曾起了很大的作用。1920年至1930年，美国会计学界经过长期争论，将标准成本纳入了会计系统，从此出现了真正的标准成本会计制度。1921年，美国《预算与会计法案》颁布，推动"预算控制"被引入管理会计。1922年，奎因斯坦在《管理会计：财务管理入门》一书中首次提出"管理会计"名称。1952年，国际会计师联合会年会正式采用"管理会计"来统称企业内部会计体系，会计也因此被细分为财务会计和管理会计两大领域。

管理会计在这一阶段以成本控制为基本特征，以提高企业的生产效率和工作效率为目的，标准成本、预算控制和差异分析等方法引入会计体系。

二、以预测、决策分析为特征的管理会计阶段（20世纪50—80年代）

第二次世界大战后，科学技术日新月异，社会生产力迅速提高，企业规模不断扩大，跨国公司不断涌现。与此同时，通货膨胀、银根紧缩、筹资困难和经济危机越来越频繁，市场竞争愈演愈烈，企业经营管理的难度越来越大。以"泰罗制"为核心的科学管理理论只注重提高科学生产效率而忽视目标决策，强调物而忽视人的主观作用，这使得科学管理理论越来越不适应新的经济环境发展的需要。为了增强企业竞争力，大多数企业开始加强各项生产经营活动的事前规划与事中控制，把职能管理、行为科学、数量管理等理论和方法应用到管理实践，并把现代计算机技术应用于日常的控制和决策。

在这一时期，管理会计通过不断吸收现代管理科学，特别是系统论、控制论、信息论、决策论和代理理论等研究成果，使得管理会计理论和方法体系不断完善。在该期间，以标准成本制度为主要内容的管理控制继续得到强化并有了新的发展。责任会计将行为科学的理论与管理控制结合起来，将责任者的责、权、利结合起来，考核、评价责任者的工作业绩，从而极大地激发了经营者的积极性和主动性。管理会计在强化控制职能的同时，将各种预测、决策的理论和方法广泛引入会计实务，逐步形成了以预测、决策为主要特征并与管理现代化要求相适应的会计信息系统。

20世纪70年代，管理会计的专门方法和技术不仅被制造业广泛采用，而且被推广到包括服务业和非营利组织在内的各种经济组织。1972年，美国会计师联合会成立了独立的"管理会计师协会"（1985年又改称为"执业管理师协会"）。该协会的管理会计实务委员会陆续发布了一系列管理会计实务公告。1972年，英国也将1919年成立的成本会计师协会更名为"成本与管理会计师协会"（1986年11月该协会再次更名为特许管理会计师协会——CIMA），侧重于对成本会计和管理会计的研究。与此同时，美英等国先后举行了管理会计师资格考试，管理会计进入职业化的发展。

管理会计在这一阶段以预测、决策为主要特征，以强化内部管理和提高经济效益为目的，预测、决策、预算、控制、考核和评价等管理会计方法在企业得到广泛运用。

知识链接

相关性消失：管理会计的兴衰

约翰逊（Johnson H. Thomas）和卡普兰（Robert K. Kaplan）1987年的著作《相关性消失：管理会计的兴衰》震动了整个管理会计学界，同时对全球管理会计的实践产生了重大影响。约翰逊和卡普兰把传统理论中认定的管理会计理论体系的形成时期由20世纪50年代推移至20年代，并认为从1925至1985年的60年间管理会计系统没有得到明显的发展，属于"停滞不前"时期，而传统认为这是管理会计有"重大发展"时期。他们认为现行的管理会计体系难以适应新的经济环境，管理会计信息失去了决策的相关性，现行的管理会计体系必须进行根本性的变化才能适应当今科学技术与管理科学发展的新经济环境。

三、以价值创造为基本特征的战略管理会计阶段（20世纪80年代至今）

进入20世纪80年代后，经营环境发生了剧烈的变化，数控机床、电脑辅助设计、电脑辅助制造、电脑管理系统等的广泛运用，使得产品的订货、设计、制造、销售等各环节综合成一个整体，产品更新换代快，产品寿命周期缩短。企业为了适应市场竞争的需要，弹性制造系统、适时生产系统、电脑一体化制造系统等开始引入制造业，使生产的信息化和自动化进入了一个新阶段。

同时，随着全球经济一体化的发展，越来越多的国家和地区通过多边协议等方式加强了彼此之间的经济联系，为企业突破国家之间的地理、政治、经济限制，在全球寻找生产资料、人力和技术等方面的优势资源创造了条件。市场的全球化使得企业面临更加激烈的市场竞争，企业面临的市场已经从过去已知顾客群转向包括潜在客户群在内的多样化客户群体，企业的生产组织必须从追求规模效益为目标的大批量生产方式转向能对顾客不同需求迅速做出反应的"顾客化生产"，即以顾客为中心，以顾客满意度为判断依据，在对顾客需要进行动态掌握的基础上，在较短的时间内完成从产品设计、制造到投放市场的全过程。

在新的经营环境下，企业生产经营必须以为顾客创造价值为立足点，而影响顾客价值的关键因素包括成本、质量、时间和创新程度等。决策性管理会计侧重反映的是财务指标，而对于质量、时间和创新能力等非财务指标并没有纳入管理会计系统，缺乏对外部和顾客信息的关注，对于变化的适应能力也不够，因此，管理会计面临创新的要求。随着战略管理理论的发展和完善，著名管理学家西蒙于 1981 年首次提出了"战略管理会计"一词，之后很多学者的研究成果也在不断丰富和完善战略管理会计，并形成了以下四个主流研究学派[①]：

（一）西蒙（Simmonds）的战略管理会计

西蒙在 1981 年将战略管理会计定义为"对关于企业及其竞争者管理会计指标的准备和分析，用来建立和监控企业战略"。他对传统管理会计理论的挑战在于，战略管理会计不再从内部效率的角度看待利润的增长，而是从企业在其市场的竞争地位这一视角重新看待利润增长的问题，包括成本、价格、市场份额等，以实现战略目标。管理会计师特许委员会（CIMA）将管理会计定义为"这样的一种管理会计形式，它不仅重视内部产生的信息，还重视非财务信息与外部相关的信息"。其后，众多学者对战略管理会计进行了定义，尽管定义内容多种多样，但都体现了这样的一些基本特征，如重视外部环境、注重整体分析和方法体系的动态性及灵活性等。

（二）山克（Shank）的产业价值链战略成本管理

围绕 Porter（1985）的战略管理框架，山克教授 1989 年提出成本动因分析、价值链分析和战略定位分析，这三个主题构成了新兴的战略成本管理领域的基础。1992 年，山克教授又从价值链视角提出了战略成本管理两种类型的成本动因，即反映企业组织结构、投资决策和经营杠杆的结构性成本动因和反映实施战略的效率和效果的执行性成本动因。山克学派的价值链战略成本管理认为，企业必须站在战略管理角度来分析成本动因、理解产品成本结构；针对产品、行业和市场三个方面进行战略地位分析，决定是采用低成本战略还是产品差异化战略；在决定了竞争战略之后，企业还要进行成本动因分析来找出是哪些因素引起了成本变化，并找出降低成本的战略方法来匹配特定企业的特定竞争战略。

（三）库珀（Cooper）和斯朗姆德（Slagmulder）的作业成本法战略成本管理

库珀教授是作业成本法（activity base costing，ABC）的开创者之一，致力于将 ABC 应用到战略管理中。库珀和斯朗姆德认为战略成本管理是成本管理技术的应用，可以在提高企业战略地位的同时降低成本。ABC 的研究成果试图建立企业战略和成本结构之间的关系，以及作业和它们所要求的资源之间的因果关系。21 世纪 90 年代后，库珀和斯朗姆德将企业内部的战略成本管理扩展到超越企业边界的战略成本管理，并且探讨了在客户和供应商之间跨越组织边界的战略成本管理技术，推动了战略管理会计理论的创新。

（四）卡普兰（Kaplan）和诺顿（Norton）的绩效评价战略管理

卡普兰和诺顿的研究注重企业层面的战略和业务层面的战略之间的联系，即通过整体绩效管理过程进行绩效评价。卡普兰和诺顿（1996）把成本管理推广到财务、客户、内部业务流程、学习与成长四个维度的绩效管理，在他们的模型中引进了多重利益相关者所界定的绩效衡量尺度。卡普兰和诺顿（2004）将这四个维度联系起来建立了一个因果体系结构，厘清如何创造价值和为谁创造价值的逻辑关系。他们创立的平衡计分卡是以战略为导向，以管理为核心，以各个方面相互影响、相互渗透为前提，以综合、平衡为原则，从财务、顾客、内部业务流程和学习与成长四个层面建立的业绩评价体系，为战略管理会

[①] 傅元略、谢灵、郭丹霞：《管理会计》，经济科学出版社 2011 年版。

计打开了新的视角。

战略管理会计阶段以企业成本管理与战略保持一致为特征，以为顾客创造价值为目的，价值链分析、产品生命周期法、目标成本法、作业成本法、平衡计分法等管理会计方法被运用到战略成本管理过程中。

知识链接

什么是数字化制造

数字化制造涉及生产流程的性质、辅助技术以及产品自身的性质。数字化是从某个产品或改进思路出发，经由数字化处理，进行设计、可视化和模拟，最后优化制造。这一制造过程是非常不同的——高度自动化的机器和生产流程取代了人力或者成为人力的补充，最终目标是一个极小批次（a batch size of one）的生产达到成千上万个批次（a batch size of thousands）生产的规模经济和质量。实体工厂建立数字孪生工厂，在这个虚拟工厂里，工人协调产品设计和产品调度，并监控实体工厂的绩效。

此外，通过广泛应用物联网（IoT）技术获取产品质量、制造设备性能、前瞻性维护以及资产风险信息相关的数据和警报，制造业务实现了高度自动化。先进的决策算法和 AI 通常会为产品设计、作业调度、生产监控和维护活动提供支持。

专为数字化工厂设计的产品通常是数字化设计和供应链的一部分。为了提供独特的、以客户为中心的服务，这些产品通常是通过高度集成、定制和小批量方式生产的。这并不意味着生产速度慢或规模较小，数字化同样适用于汽车、航空、国防、食品和饮料等大型企业。某些产品通过嵌入物联网技术，可监控产品本身的性能和维护需求，还可与系统的其他部分以及制造、包装和分销流程进行通信。

资料来源：Larry R. White, Todd D. Simon, John Jackiw 著，游雅淳译．"数字化制造与 CFO"．《战略财务》2019 年第 5 期。

第二节 管理会计的定义及其与财务会计的关系

一、管理会计的定义

20 世纪 20 至 70 年代，国外的会计学界一般认为管理会计只是为企业内部管理者提供计划与控制所需信息的内部会计，是一个信息系统。20 世纪 70 年代后，随着经济环境的变化，管理会计的方法和职能不断发展变化，管理会计的定义也就随着相应的发展。至今，国内外会计学界对于什么是管理会计并无统一定义，下面列举了会计学界的一些主流

观点:

(一) 美国管理会计协会 (IMA, 2008) 的定义

管理会计是一种参与企业决策、计划和业绩管理系统的职业,以财务报告形式提供专业知识以帮助管理当局制定和实施组织的战略。

管理会计师是那些在企业内部工作且扮演着企业内部建设者的角色。这些专业人士的工作涉及了设计和评估企业流程,监控、反映、报告和预测企业经营成果,执行和监控企业内部控制,以及收集、分析和整合企业信息来实现驱动经济价值的目标。

(二) 英国特许管理会计师公会 (CIMA, 2005) 的定义

管理会计是运用会计和财务管理的相关原则,用以创造、保护、增加公共部门和私营部门中营利及非营利组织利益相关者的价值。管理会计是管理的重要组成部分,需要识别、生成、展示和使用相关信息以实现下列职能:

1. 提供战略决策信息及制定商业战略;
2. 计划长期、中期、短期的运营;
3. 制定资本结构决策并有效融资;
4. 决定股东和管理层的激励策略;
5. 为经营决策提供信息;
6. 控制运营,并确保资源的有效利用;
7. 计量财务和非财务绩效并报告给管理层和其他利益相关者;
8. 保全有形和无形资产;
9. 实施公司治理、风险管理和内部控制程序。

2014年10月24日,由美国注册会计师协会 (AICPA) 和英国皇家特许管理会计师公会 (CIMA) 联合推出的全球特许管理会计师 (CGMA) 发布了《全球管理会计原则》。该原则认为,管理会计是为组织创造价值和保值而收集、分析、传递和使用与决策相关的财务和非财务信息。

(三) 国际会计师联合会的定义 (IFAC, 1988)

管理会计是指在一个组织内部,对管理当局用于规划、评价和控制的信息(财物的和运营的)进行确认、计量、收集、分析、编报、解释和传输的过程,以确保其资源的合理利用并对它们承担相应的经管责任。从定义可以看出,IFAC将管理会计定义为一个信息系统,其处理的信息不仅包括财务信息,而且包括非财务信息。它使用一系列专门的方法对企业所收集的信息进行加工处理,提供给企业管理者用于决策。

从国外会计学界对于管理会计的定义可以看出,管理会计的外延开始扩大,管理会计以企业为主体展开管理活动,管理会计既为企业管理者的管理决策服务,同时也为股东、债权人及其他利益相关者服务;管理会计既提供财务信息也提供非财务信息;管理会计从为管理者提供信息的辅助支持作用,向参与战略决策的管理活动转变。

(四) 国内学者关于管理会计的定义

在国内,关于管理会计的定义也存在不同观点。

中国管理会计的奠基人和开拓者余绪缨教授,在第五届会计与财务问题国际研讨会中提出"管理会计是融管理和会计于一体的专门领域,是企业信息系统中的一个子系统,

是决策支持系统的一个主要组成部分"①，强调管理会计应从"物本管理"向"人本管理"，进一步向"智本管理"转变，更加突出人的因素、人的智力因素在管理中的作用。

孙茂竹等学者提出"管理会计是以使用价值管理为基础的价值管理活动，它运用一系列专门的方法，通过确认、计量、归集、分析、编制与解释、传递等一系列工作，为规划、决策、控制和评价提供信息，并参与企业经营管理"。该观点认为，从管理会计的属性看，管理会计属于管理学中会计学科的边缘学科，是以提高经济效益为最终目的的会计信息处理系统；从管理会计的范围看，管理会计主要为企业管理当局的管理目标服务，同时也为股东、债权人等非管理集团服务；从管理会计的对象看，管理会计是以使用价值为基础进行的价值管理活动；从管理会计的方法看，管理会计要运用一系列专门的方法，通过确认、计量、归集、分析、编制与解释、传递等一系列工作，为规划、决策、控制和评价提供信息，并参与企业经营管理。②

许金叶教授则认为"企业管理会计是为企业资源有效配置和充分利用的管理决策提供信息的信号机制"。信号机制说认为管理会计是决策的支持系统，管理会计是为协助企业管理者规划和控制企业的各种经济活动提供信息，管理会计工作包括收集、分类、处理、分析和报告信息，管理会计是企业管理的集成信息系统；管理会计不仅是为企业决策提供决策信息的信息系统，而且是为企业决策提供决策信息的信号机制，有其本身的运行结构与过程。③

2014年10月27日，中国财政部印发了《关于全面推进管理会计体系建设的指导意见》认为：管理会计是会计的重要分支，主要服务于单位（包括企业和行政事业单位）内部管理需要，是通过利用相关信息，有机融合财务与业务活动，在单位规划、决策、控制和评价等方面发挥重要作用的管理活动。

二、管理会计与财务会计的关系

管理会计和财务会计是现代企业会计的两大分支，分别服务于企业内部管理和外部决策的需要，两者之间既有区别又有联系。

（一）管理会计和财务会计的区别

1. 目标不同。 财务会计聚焦于企业外部，向现有及潜在投资者、贷款人和其他债权人提供有关报告主体的财务信息，以利于其做出是否向主体提供资源的决策，是对外报告会计。管理会计则聚焦于企业内部，主要向企业内部管理层提供经营管理的决策，是对内报告会计。这是二者之间最根本的区别。

2. 职能不同。 财务会计是反映过去的会计，其职能侧重于核算和监督，属于报账型会计；而管理会计是规划未来的会计，其职能侧重于对未来的预测、决策及其与战略的匹配性，以为企业创造价值为目标，属于经营管理型会计。

---

① 余绪缨："管理与管理会计理论研究中的几点新认识，当代管理会计新发展—第五届会计与财务问题国际研讨会论文集（上）"，国际会议，2005年。
② 孙茂竹、文光伟、杨万贯：《管理会计学》（第七版），中国人民大学出版社2015年版。
③ 许金叶：《管理会计》，清华大学出版社2012年版。

3. 规范性约束不同。为了便于企业外部的投资者和债权人做出是否提供资源的决策，财务会计所提供的会计信息必须具备一定的质量特征，如相关性、可靠性、及时性、可比性等，这就要求财务会计必须受到会计准则和会计制度的约束，会计方法只能在允许的范围内使用，并且需要定期提供财务报表。管理会计因为只向内部管理层提供经营管理的决策信息，故而无须受到会计准则和会计制度的约束，可以采用灵活、自由的报告方式，管理会计在进行预测和决策时也采用了大量现代数学和统计方法。

4. 计量尺度不同。财务会计以货币计量为假设，使用货币形式表达信息；管理会计虽然主要使用货币量度，但也大量采用非货币量度，如在绩效管理中常用的平衡计分卡采用了四个维度来评估企业经营业绩，在传统财务评价指标的基础上，还包括客户视角、内部流程视角和学习与发展视角。

（二）管理会计和财务会计的联系

管理会计与财务会计同属于企业会计的范畴，两者之间互相渗透和影响，存在着密切联系。

1. 起源相同。管理会计是在传统会计中孕育、发展和分离出来的，标志着会计学的发展和完善。管理会计和财务会计作为现代会计学的两大分支，共同构成现代会计学体系。

2. 基础数据相同。尽管管理会计所使用的信息来源广泛，但和财务会计使用的基础数据相同，有的是对基础数据直接进行分析研究，有的则是对财务会计资料进行必要的加工、调整和延伸，再结合其他有关信息进行计算、对比和分析。财务会计和管理会计是依据统一的基础数据，加工衍生出服务于外部信息使用者的"财务会计报告"、服务于内部管理用途的"管理会计报告"。

第三节 管理会计的职能与信息质量特征

一、管理会计的职能

管理会计的目标是为经营管理决策提供信息，帮助管理当局制定和实施组织的战略。管理会计通过以下三方面的职能来帮助企业实现目标：

（一）计划

计划是对企业未来经济活动的规划，包括建立企业的目标并且制定可以实现这些目标的相关战略。企业制定计划应该以过去的资料和数据为基础，例如，如果管理层需要制定未来期间的销售量，他们就必须知道过去相关期间的销售量是多少。

企业计划可以被分成三个层级：

1. 战略计划——由企业最高管理当局执行的长期计划。
2. 管理层计划——由中级管理层执行的介于短期和长期之间的计划。

3. 经营计划——日常经营的短期计划。

战略计划、管理层计划和经营计划之间是相互关联的，三者之间最重要的区别在于时间跨度的短期、中期或长期。战略计划考虑的为实现组织目标的长期行动计划，管理层计划则是在战略计划框架内的组织的短期到长期的计划，而经营计划是短期的或日常的经营计划，考虑的是资源利用等问题并在管理层计划框架内实施。通常认为，预算是特定期间量化了的计划。

（二）控制

一旦目标被制定、计划被执行，就需要评估其成果。控制就是对企业经济活动是否按计划要求执行进行监督和调整。将企业实际经营成果与计划进行比较，掌握二者的差异便于管理层控制企业生产经营活动。一些常用的控制方法包括：

1. 差异分析——将实际结果和预算结果进行比较；
2. 盈利能力分析——绝对指标包括毛利、净利润等，相对指标包括边际贡献率等；
3. 回报率分析——财务指标包括投资报酬率等。

比如，通过当前业绩与预算相比较，可以对那些脱离预算的经营活动进行调查和分析，从而采取进一步的纠偏行动，这就是反馈控制。

（三）决策

决策制定包括提供决策所需要的相关信息，大部分情况下包括在两个或更多的备选方案中做出选择。管理层需要可靠的信息来比较可利用的不同方案之间的差异，以及理解选择了每一个方案后的结果。

在企业的生产经营活动中经常需要类似的决策制定，如企业的零件是外购还是自制、亏损产品是否继续生产、半成品是继续加工还是直接出售、生产何种产品或产品组合是否会带来更多的盈利等。

小测试

企业活动	计划	控制	决策制定
编制年度预算			
修改下个期间的预算			
依据提供的信息实施决策			
制定下个期间的企业目标			
比较一个期间实际和预期的成果			

要求：
完成上面的表格，界定每一项企业活动是属于计划、控制或决策制定。

二、管理会计信息的质量特征

企业经营会产生巨量的数据，过量的数据会导致决策过于迟缓或过于草率。亚洲地区47%的CFOs表示决策受阻于信息超载。数据是由原始素材和未经处理的统计数值构成。

数据一旦经过加工变成有用的形式就被称之为信息。有用的信息必须具备以下特征：

（一）相关性

相关性是指管理报告里包含的信息必须是和决策相关的。决策的结果是在未来实现的，为了与决策相关，信息必须具有预测的因素在内，而不相关的信息通常包括诸如沉淀或已发生的成本等，当然，并非所有的历史信息都不相关。信息中多余的部分应予以剔除，以保证决策的相关性。数据的相关性包括：①时间相关——信息既来自于过去和现在，也包括对于未来的远见卓识；②边界相关——信息不止于传统的组织边界。它既来自于组织内部，也来自组织外部，包括来自组织和运营系统、客户、商业伙伴、供应商、市场和宏观经济信息；③数据相关——信息既有定量的（既有财务信息，也有非财务信息—包括环境和社会问题），也有定性的。[①]

（二）准确性

准确性是指管理会计所提供的信息在相关范围内必须准确地反映客观事实。有用的信息并不意味着越精确越好，信息的准确程度取决于需要信息的事由。

（三）完整性

管理层应该获取所有他们需要的信息，但是信息也不应当过载。例如，一份完整的差异控制报告应当包括所有必要的标准和实际成本来帮助管理层理解差异的计算。

（四）成本效益性

信息的价值应当超过生产它的成本。管理信息是有价值的，因为它有助于决策制定。依据信息所做的决策如果和没有信息所做的决策有差异，则信息的价值就等于这个结果节约的金额。

（五）可理解性

信息的可理解性要求必须有限运用技术语言或专业术语。管理会计师必须能够关注到他们所呈报的财务信息是给非财务经理的。

（六）可靠性

用于决策分析的数据应该是清楚的、经过分类的和过滤好的，这样的信息是可以被信任的，管理层可以有信心用它们来做决策。如果不得不提供不完整和未经验证的数据，应该予以标示，以便决策者可以考虑他们在何种程度上愿意相信该数据。

（七）及时性

信息应当及时被提供给管理层，方便他们在此基础上做出决策。过时的信息可能会导致决策失误。

2016年6月我国财政部颁布的《管理会计基本指引》中，明确指出"单位生成的管理会计信息应相关、可靠、及时、可理解"，阐明了管理会计信息应具有的四个主要特征。

---

① 参考《全球管理会计原则》P10 相关内容。

第四节
管理会计师专业机构和职业道德

一、管理会计师专业机构

英美等西方国家一直致力于管理会计的职业化和专业化,自20世纪起,相继成立了管理会计专业机构指导管理会计的理论研究和实务以及组织管理会计师资格考试等,其中影响力最大的两家机构为英国特许管理师公会和美国管理会计师协会。

(一) **英国特许管理会计师公会**(The Chartered Institute of Management Accountants, CIMA)

英国在1919年成立了"成本和劳工协会",1986年更名为英国特许管理会计师公会(CIMA),是全球最大的管理会计师认证、管理和监督的机构,同时它也是国际会计师联合会(IFAC)的创始成员之一,属非营利性组织,截至2017年9月,拥有逾22.9万名会员和学员,遍布176个国家,活跃于工商业界、政府部门以及各类非营利机构。2016年6月,CIMA与AICPA共同宣布将联手创建一个能够代表完整会计职业广度的全新会计师协会.新协会旨在成为全球最具影响力的会计师组织,并将代表当前和未来超过60万名会计专业人士。

CIMA设立了英国特许管理会计师(Chartered Management Accountant, CMA)资格考试,资格考试分为基础级、运营级、管理级和战略级四个阶段,内容不仅涵盖了会计知识,还包括战略、管理、市场、人力资源和信息系统等多方面的商业知识和技能。CMA在通过每一级别的考试后,学员将被授予该级别的证书。通过战略级综合案例分析考试并提供三年的相关工作经验后可申请CMA会员资格,成功申请了CMA会员资格后,将被同时授予英国皇家特许管理会计师(ACMA或FCMA)和全球特许管理会计师(CGMA);而拥有三年决策管理高层工作经验的ACMA可申请成为特许管理会计师公会资深会员(Fellow of the Chartered Institute of Management Accountants, FCMA)。根据CIMA2016全球会员及学员薪酬调研,中国的CIMA会员平均年薪超过80万人民币,在职学员年薪达到45万人民币。

(二) **美国管理会计师协会**(Institute of Management Accountants, IMA)

美国同样在1919年成立了"美国成本会计师协会",1991年更名为美国管理会计师协会(IMA)。IMA是一家在全球具有重要影响的国际管理会计师组织,作为COSO委员会的创始成员以及国际会计师联合会的主要成员,IMA在管理会计、公司内部规划与控制、风险管理等领域均参与到全球最前沿实践。此外,IMA还在美国财务会计准则委员会(FASB)和美国证券交易委员会(SEC)等组织中起着非常重要的作用。截至2017年9月,IMA在全球140个国家有300多个地方分会,85000余名会员。

IMA 旗下的美国注册管理会计师（CMA）考试共有两门，提供英文和中文两种考试语言，是唯一提供中文考试的管理会计认证。两门考试课程的第一部分为财务报告、计划、业绩考核和控制，考试内容包括外部财务报告决策、计划预算和预测、业绩管理、成本管理和内部控制；第二部分为财务决策，考试内容包括财务报表分析、公司财务、决策分析、风险管理、投资决策和职业道德。在最长 3 年时间内通过两门考试，具备 2 年连续的在管理会计或者财务管理领域中

的工作经验及相关条件后可获得 CMA 会员资格认证。

> **知识链接**
>
> CIMA 是全球最大的管理会计师组织，AICPA（美国注册会计师协会）是全球最大的职业会计师组织，会员遍及财务与会计的各种岗位。CIMA 和 AICPA 于 2012 年初联合推出管理会计新头衔——全球特许管理会计师（CGMA, Chartered Global Management Accountant），旨在全球范围内推广、提升管理会计这个财务与战略结合的职业。一旦完成 CIMA 或 AICPA 的所有学业并认证为其会员，学员将自动拥有 CGMA 头衔。CGMA 资格代表着拥有高超的财务技能和管理技能的复合型人才，凭借 AICPA 和 CIMA 这两大全球最负盛名的会计组织所享有的资源与声誉，CGMA 得到了全球范围的通认。
>
> 2014 年 4 月 28 日，CIMA 和 AICPA 联合发布了《全球特许管理会计能力框架（CGMA Competency Framwork）》，对管理会计人才提出了全面的能力标准及要求。它以道德、诚信和专业精神为基础，构建了全球 CGMA 的四方面职业技能：技术技能、商业技能、人际技能和领导技能（2019 年修订后，新增数字技能）。2014 年 10 月 24 日，CGMA 发布《全球管理会计原则（Global Management Accounting Principles）》，描述了管理会计职业人员理应拥护的基本价值、品质、规范和特征，实现这个目标的关键因素包括：通过沟通提供有影响力的建议、提供相关性的信息、分析对价值的影响和履行受托责任并建立相互信任。

（三）其他管理会计师专业机构

加拿大特许专业会计师协会（Chartered Professional Accountants of Canada, CPA Canada）是加拿大唯一的专业会计师团体，由加拿大原 3 大会计师协会——加拿大特许会计师协会（CICA），加拿大注册会计师协会（CGA – Canada），加拿大管理会计师协会（CMA Canada）合并而成，拥有 130 多年的悠久历史，全球会员人数超过 20 万。加拿大特许专业会计师协会旨在为整合后的加拿大会计行业提供统一服务，包括注册会计师、特许会计师以及管理会计师。其目标是通过致力于公众利益，支持会员发展，促进经济和社会发展来提高影响力、相关性和加拿大会计行业的价值。

中国总会计师协会成立于 1990 年，是跨地区、跨部门、跨行业的全国非营利一级社团组织，受财政部业务指导。中国总会计师协会于 2015 年试点开展"管理会计师专业能力培训"工作，2017 年 6 月 1 号起提升为管理会计师能力认证项目，2019 年 5 月进行第一次考试。管理会计师能力认证考试内容分为专业知识水平考试和能力水平考试。专业知识水平考试包含的知识模块为管理会计职业道德基本规范、管理会计概论（中级）、企业

战略与风险管理、内部控制与审计、经营分析、管理会计与信息技术应用、全面预算管理与实务、税务管理与企业价值再造等；能力水平考试包括管理会计师专业能力考试案例指导及问答和管理会计案例撰写两部分。管理会计师专业能力考试案例指导及问答考查应考人员综合运用管理会计专业知识与工具进行分析、判断和处理实际问题的能力。案例撰写要结合本人单位或工作环境实际情况。

二、管理会计师职业道德

职业道德是指人们在职业生活中应遵循的基本道德，即一般社会道德在职业生活中的具体体现，是职业品德、职业纪律、专业胜任能力及职业责任等的总称，属于自律范围，它通过公约、守则等对职业生活中的某些方面加以规范。管理会计师在进行资源分配决策、战略规划、管理控制等活动中，都会面临着种种道德判断，这就需要通过相应的职业道德标准来约束和调整其行为。

1983年6月，美国管理会计师协会（IMA）的管理会计实务委员会（Management Accounting Practices Committee）发表了一份公告，这是美国第一部管理会计师道德行为准则，描述了管理会计师应遵循的道德行为准则，其主要内容包括业务能力、机密性、正直和客观性四个方面。

英国特许管理会计师公会（CIMA）认为，作为特许管理会计师，其会员和学员有责任遵守最高标准的职业操守以保持他们在全球的良好声誉。CIMA更新了其2010年颁布的管理会计师职业道德守则，并于2015年1月1日起执行新的职业道德守则（CIMA Code of Ethics for Professional Accountants，2015）。CIMA2015年颁布的《管理会计师职业道德守则》分为守则的一般运用（Part A：General application of the Code）、事务所执业的管理会计师（Part B：Professional Accountants in Public Practice）和企业中管理会计师（包括CGMA头衔）（Part C：Professional Accountants in Business，including CGMA designation holders）三个部分。[①]

CIMA道德守则的第一部分阐述了管理会计师应遵循的职业道德守则的基本原则，以及运用这些原则的概念框架。

（一）职业道德守则的基本原则

1. 诚信。诚信原则要求会员应当在所有的职业关系和商业关系中保持正直和诚实。

2. 客观。客观原则要求会员应当公正处事、实事求是，不得由于偏见、利益冲突以及他人的不当影响而损害自己在所有的职业关系和商业关系中的职业判断。

3. 专业胜任能力和应有的关注。会员应当保持专业胜任能力，将专业知识和技能始终保持在应有的水平之上，以适应当前实务、法律和技术的发展，确保为客户提供具有专业水准的服务；应有的关注要求会员勤勉尽责，其行为与适用的技术和专业准则保持一致。

4. 保密。保密原则要求会员应当对在职业和商业活动中获知的涉密信息予以保密，未经客户授权或法律法规允许，不得向第三方披露其所获知的涉密信息或利用所获知的涉

[①] 内容参阅CIMA Code of Ethics for Professional Accountants，2015. www.cimaglobal.com/ethics.

密信息为自己或第三方谋取利益。

5. 职业。会员应当遵守相关法律法规，避免发生任何损害职业声誉的行为。

（二）职业道德守则概念框架的运用

职业道德概念框架旨在为会员提供解决职业道德问题的思路，要求会员：

1. 识别对遵循职业道德基本原则的不利影响；
2. 评价不利影响的严重程度；
3. 在必要时，采取防范措施来消除或降低不利影响到可接受的水平。

可能对遵循职业道德基本原则产生不利影响的因素包括自身利益、自我评价、过度推介、密切关系和外在压力。

1. 自身利益不利影响——财务上或其他方面的利益将不恰当地影响管理会计师的判断或行为。

2. 自我评价不利影响——管理会计师不能恰当地评估由前任会计师或同一事务所或组织的另一个人所做出的判断、提供的行动或服务，而会计师又必须依赖这些判断作为当前行动或提供服务的一部分。

3. 过度推介不利影响——管理会计师推介委托人或雇主的地位以致使其客观性受到影响。

4. 密切关系不利影响——因为和委托人或雇主的长期或密切的关系，管理会计师可能会过度支持他们的利益或接受他们的工作。

5. 外在压力不利影响——因为真实或察觉到的压力，包括试图对管理会计师实施的过度影响，都可能使管理会计师丧失行动的客观性。

在 CIMA 的职业道德守则中指出，防范措施是可以消除或将不利影响降至可接受水平的行动或措施，应对不利影响的防范措施包括两大类，即由行业、法律、法规产生的和由工作环境产生的防范措施。

（三）利益冲突及解决办法

管理会计师在执业活动中可能会面临利益冲突，利益冲突会对管理会计师行动的客观性及其他基本原则产生影响，利益冲突可能在下列情况中产生：

1. 管理会计师承担了一项业务，这项业务与存在利益冲突的双方或多方之间有特殊关系；
2. 在这种特殊关系中，管理会计师的利益与其提供业务活动的一方的利益有冲突。

当遇到利益冲突时，守则认为下列因素可能与解决利益冲突相关：

1. 相关事实；
2. 涉及的道德问题；
3. 与问题相关的基本原则；
4. 建立内部程序；
5. 行动的替代方案。

考虑了上述相关因素后，管理会计师应确定行动步骤，权衡行动的每一步可能带来的影响。如果问题仍未被解决，管理会计师应该向企业或被雇组织内部适当的人选请教以获得解决方案。

CIMA 道德守则的第二部分（Part B：Professional Accountants in Public Practice）适用于在事务所执业的特许管理会计师，描述了怎样将道德守则概念框架运用于某些特定情况，以及如何采取措施来防范在遵循职业道德基本原则中产生的不利影响因素，同时指出对防范措施不能解决的不利因素的情况或关系应当避免。第二部分还说明了专业服务委托，包括接受客户关系和承接业务，以及专业委托服务的变化。该部分还解释了在事务所执业情形下的利益冲突、第二次提供意见、收费、专业服务营销、礼品和款待、保管客户资产和所有服务中应保持的客观性。针对事务所执业中的审计、审阅和其他鉴证业务必须保持的独立性是以单独的附录文件呈现。

CIMA 道德守则的第三部分（Part C：Professional Accountants in Business，including CGMA designation holders）适用于服务于企业的特许管理会计师，该部分是和美国注册会计师协会（AICPA）合作完成。第三部分阐述了道德冲突，包括对 CIMA 和 AICPA 的正直和客观原则的解释。该部分对服务于企业情形下产生的利益冲突进行界定、评估和披露，并针对企业中常出现的礼品、娱乐和其他诱惑进行界定和防范。第三部分还对在企业中特许管理会计师编制和报告信息、专业胜任能力和应有的关注等内容做出了规定。

> **知识链接**
>
> 目前，我国管理会计的发展还处于初级阶段，尚未制定相关的管理会计师职业道德守则，但我国注册会计师职业道德守则伴随着会计准则的制定正逐步完善。中国注册会计师协会分别于 1992 年 9 月发布《中国注册会计师职业道德守则（试行）》，1996 年 12 月发布《中国注册会计师职业道德基本准则》，2002 年发布《中国注册会计师职业道德规范指导意见》。2009 年 10 月，中注协印发了《中国注册会计师职业道德守则》、《中国注册会计师协会非执业会员职业道德守则》，于 2010 年 7 月 1 日起施行。执业注册会计师应遵守的《中国注册会计师职业道德守则》包括下列五个组成部分：
>
> 《中国注册会计师职业道德守则第 1 号——职业道德基本原则》
> 《中国注册会计师职业道德守则第 2 号——职业道德概念框架》
> 《中国注册会计师职业道德守则第 3 号——提供专业服务的具体要求》
> 《中国注册会计师职业道德守则第 4 号——审计和审阅业务对独立性的要求》
> 《中国注册会计师职业道德守则第 5 号——其他鉴证业务对独立性的要求》
>
> 《中国注册会计师职业道德守则》的基本原则包括诚信、独立性、客观和公正、专业胜任能力和应有的关注、保密、良好职业行为，与国际通行的注册会计师职业道德守则的内容基本保持了一致。
>
> 资料来源：中国注册会计师协会官网，www.cicpa.org.cn

思考题

1. 经济的发展如何影响管理会计理论的发展？这些影响在管理会计的不同发展阶段

是如何表现的？

2. 管理会计的含义是什么？与财务会计存在哪些区别？

3. 管理会计是通过哪些职能来帮助企业实现价值目标的？

4. 管理会计的信息质量特征有哪些？

5. 管理会计师职业道德应具备哪些基本原则？

第 2 章
成本核算的基础

主要知识点

成本与费用的概念；
成本按成本性态的分类；
混合成本的分解；
变动成本法与完全成本法的比较。

关键概念

成本（cost）
费用（expenses）
成本性态（cost behavior）
变动成本（variable costs）
固定成本（fixed costs）
混合成本（mixed costs）

第一节　成本与费用

企业作为以营利为目的的经济组织开展经营活动，不可避免地要发生一系列支出。为了使得经济利益最大化，企业需要将这些支出进行分类管理，通常将它们划分为成本和费用。

一、成本与费用的概念

成本与费用这两个名词通常被视为同义语,其实它们是一组既有区别又有复杂联系的两个不同概念。

(一) 费用的概念

企业发生支出必定有其原因,这些原因可能是分配利润、非常损失、生产或销售商品以及对外投资等。依据支出的原因,可以确定某项支出是否属于费用。

费用有广义和狭义之分。从广义上讲,费用是指企业在日常活动中发生的、会导致所有者权益减少的、与向所有者分配利润无关的经济利益的总流出。从狭义上讲,费用是指企业在日常活动中发生的、与本期营业收入相配比的经济利益的总流出。相对于狭义的费用,广义的费用包括了直接计入当期损益的损失,例如处置固定资产的净损失、罚款支出和非常损失等。如无特别说明,本书所指的费用是狭义的费用。

(二) 成本的概念

成本贯穿于企业经济活动全过程,是企业管理与决策的核心,在不同的管理要求下表述各不相同。因此,管理会计将成本解释为企业在经营过程中对象化的、以货币计量的、为实现目标而牺牲或放弃的经济资源的价值或代价。简而言之,成本是为实现目标而发生的可以对象化的耗费。

管理目的不同,成本的含义也会有所不同。从企业长远战略管理角度出发,企业关注的是产品的生命周期,因而就有了以实现产品的生命周期最优化为目的的成本,即产品生命周期成本。类似的,管理会计中还有生产经营成本、责任成本、机会成本、资本成本等服务于不同管理目的的成本概念。

由于商品或劳务的生产与销售是企业经营活动管理的基础,因此生产经营成本是管理会计中一系列成本概念的基础。所以,通常人们谈论的成本是指生产经营成本。企业生产商品或劳务,一般而言需要消耗原材料、生产工人的劳动和机器设备等资源,故而成本一般由直接材料、直接人工和制造费用三项成本组成。

二、成本与费用的关系

从成本与费用的概念不难看出,它们之间有着复杂的关系。厘清这种关系有助于我们更好的理解成本与费用的概念。图2-1形象地揭示了成本与费用之间的复杂关系。

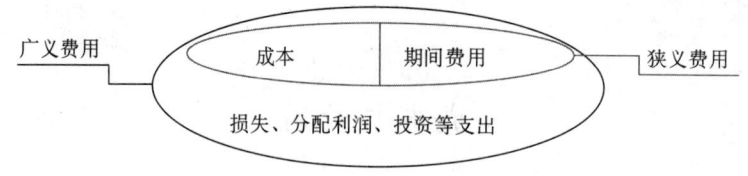

图2-1 成本费用关系图

(一) 成本与费用的联系

成本是对象化的费用,因此费用是形成成本的母体和基础,这也正是令人们难以区分成本和费用的关键所在。广义的费用包括成本、期间费用、损失、分配利润和投资等支出,狭义的费用可以分为成本和期间费用两部分。但是,如果将企业某一时期的全部生产经营活动视作一个整体的成本核算对象,那么从这一角度而言,费用即是成本,成本即是费用,二者没有区别。

(二) 成本与费用的区别

在精细管理的要求下,企业需要细化成本核算对象,因此它们之间有着以下三个方面的区别:

1. 两者的计算依据不同。费用是指一定期间内发生的耗费,它与一定期间相联系。可以说,费用的计算主要是依据会计期间来确定。而成本则不同,它不仅需要像费用那样确定一个期间(即成本计算期),还需要确定一个成本计算对象。只有那些能够计入某个成本计算期的某个成本对象的费用才能称之为成本,而那些不能计入的则只能称为期间费用。因此,可以说费用等于成本与期间费用之和。

2. 两者的计算目标不同。成本一般是用于核算企业生产或经营的某种商品或劳务的盈利水平。通过成本核算,来确定某种商品或劳务是否能够盈利及其盈利能力的强弱。而费用一般是用于核算企业某一特定会计期间的盈利水平。通过费用核算,来确定某一特定会计期间是否能够盈利及其盈利能力的强弱。

3. 两者的计算口径不同。对象化的费用已计入成本,能否再计入当期的费用呢?这主要取决于该成本对象的存在状态,如果它已经消失并且取得了相应的收入,那么它的成本就能够计入当期的费用,否则只能作为当期的存货或营业外支出处理。

依据上述特征可以将某企业 20×8 年 3 月份的部分支出划分为成本和费用两类,结果如表 2-1 所示:

表 2-1　　　　　某企业 20×8 年 3 月份的部分支出分类表

时间	支出内容	所属类别
01 日	生产某小家电领用 A 材料 5 000 元	成本
02 日	生产车间领用生产设备用润滑油 300 元	
31 日	支付生产工人 3 月份工资 30 000 元	
01 日	企业办公室领用 A 材料 200 元	费用
20 日	支付销售部门店面租金 1 5000 元	
31 日	支付行政人员 3 月份工资 25 000 元	

三、成本的分类

成本信息服务于企业各项管理目标和环节,为了满足企业对成本信息的需求,可以选择适当的标准对成本进行细分。

(一) 按实际发生的时态不同

依据成本实际发生的时态,可以将其划分为实际成本和预计成本。实际成本是指在某一特定时期内某种成本对象所实际发生的成本。它是对成本对象发生的耗费进行事后核算的结果,可以说是一种被动的事后反映行为。预计成本是基于企业的成本目标和管理要求,在企业相关经营活动之前事先测算的成本。它是对成本对象发生的耗费进行事前合理规划和控制的结果，可以说是一种主动的事前管理行为。

（二）按受益对象不同

依据成本受益对象的不同，可以将其划分为直接成本和间接成本。直接成本是指与某个特定成本对象有直接联系，从而可直接归属于它的成本。间接成本是指可以同时使多个成本对象共同受益，既与某个特定成本对象无直接联系又无法确认受益程度，从而无法客观地直接计入某个特定成本对象的成本。这种分类方法的结果主要是为了满足成本核算的需要。例如生产部门领用角钢 7 000 元用于生产甲产品，领用圆钢 3 000 元用于生产甲乙丙等多种产品，则角钢 7 000 元属于直接成本，圆钢 3 000 元属于间接成本。

（三）按成本的可控性不同

依据成本的可控性，可以将其划分为可控成本和不可控成本。可控成本是指责任单位在会计期间内可以预计、计量和采取措施施加影响从而落实责任的成本。不可控成本是指责任单位在会计期间内无法采取措施进行调控的成本。可控成本和不可控成本主要服务于企业责任中心，它有利于成本控制责任的区分，从而进行合理的业绩评价。例如因生产设备偶然性的系统故障而产生的修理支出即是不可控成本，因为该项故障非人力因素所能控制。

（四）按经营决策的要求不同

依据经营决策的不同要求，可以将成本划分为差量成本、边际成本、付现成本和沉没成本等若干类别，分述如下：

1. 差量成本。 差量成本是指不同方案之间或生产能力不同利用程度之间的成本差异。它主要用于多个备选方案或生产能力利用程度之间的最优生产决策。例如，假设公司生产现有产品有两种方案，方案甲是利用现有设备进行生产，成本为 18 元/件；方案乙是购买新设备进行生产，成本为 15 元/件，则它们的差量成本为 3 元/件。

2. 边际成本。 边际成本是指增加或减少一个单位产品或服务所引起的成本变化量。它主要用于多个营销方案之间的利润最大化决策。

3. 付现成本与沉没成本。 付现成本是指企业由于实施某项方案时需要立即支付现金的成本。沉没成本是指过去已经支付的，在当前或今后仍会受益的成本。正确区分付现成本与沉没成本，有利于理清思路，加快经营决策速度。

4. 重置成本与机会成本。 重置成本是指重新购置相同的资产所需支付的成本。机会成本是指选择一种方案从而放弃次优方案所发生的潜在损失。重置成本与机会成本主要应用于当前方案是否需要进行优化的决策。

5. 可避免成本与不可避免成本。 可避免成本是指金额大小或是否发生会受到经营决策影响的成本，反之即是不可避免成本。正确区分可避免成本与不可避免成本，有利于加快经营决策步伐，正确选择最优方案。

6. 可延缓成本与不可延缓成本。 可延缓成本是指与选定的方案相关的，可以延缓到以后支付而暂时不影响当前经营活动的成本。不可延缓成本是指与选定的方案相关的，但不可延缓到以后支付，或可延缓但对当前经营活动有较大影响的成本。

7. 相关成本与无关成本。 相关成本是指对企业经营决策有影响而应当充分考虑的成本。无关成本是指对企业经营决策没有影响可以不需考虑的成本。上述的差量成本、边际成本、付现成本、重置成本、机会成本、可避免成本和可延缓成本都是相关成本；沉没成本、不可避免成本和不可延缓成本则都是无关成本。

成本分类的方法很多，除了上述分类方法之外，还可以按成本性态对成本进行划分，这也是管理会计中的一项重要分类方法。

小测试

某公司是一家专业生产多用轴承的高新技术企业，现有主要产品为滑动轴承和滚动轴承。公司为开拓市场拟新开销售门店和研发新产品——关节轴承。公司为实现这一目标发生下列支出，试判断哪些支出为费用，哪些支出为成本，并进一步分析支出所属成本的类型。

序号	支出项目	用途
1	领用材料 30 000 元	用于现有产品滑动轴承和滚动轴承的生产
2	支付调查费 10 000 元	用于关节轴承的市场调查
3	支付本月租金 20 000 元	公司销售门店的租金
4	支付股票款 100 000 元	用于二级市场购买其他公司的股票
5	领用 A 材料 10 000 元	用于生产滑动轴承
6	支付修理费 3 000 元	用于滚动轴承应不可控原因造成的废品的修复
7	支付利息 10 000 元	用于支付公司补充流动资金的贷款的利息

第二节 成本性态

一、成本性态的概念及分析

成本性态是指在一定业务量和一定期间内，成本总额与业务量之间的关系。由于成本总额与业务量之间的变化关系是相对而非绝对的，在不超过某一业务量的前提下，成本总额与业务量具有某种关系，但当业务量超越某个界限时，这种关系可能不复存在，或是发生了演变。同理，这种关系也可能会随着会计期间的不同而发生变化。因此，这种"一定业务量和一定期间"的范围界定对于成本性态分析是非常重要的，我们称之为相关范围。依据成本性态，可以将企业的成本分为固定成本、变动成本和混合成本三类。

（一）固定成本

固定成本是指在相关范围内总额不随业务量的变化而变化的成本。例如，固定折旧费用、房屋租金、行政管理人员工资、财产保险费、广告费、职工培训费、办公费、产品研究与开发费用等均属于固定成本。固定成本可分为约束性固定成本和酌量性固定成本。

约束性固定成本是指管理者的经营决策不能改变其具体数额的固定成本。如保险费、房屋租金、设备折旧、管理人员的基本工资等，是企业的生产能力一经形成就必然要发生的最低支出，即使生产中断也仍然要发生，故而最能反映固定成本的特性。降低约束性固定成本的基本途径，只能是合理利用企业现有的生产能力，提高生产效率，以取得更大的经济效益。

酌量性固定成本是指管理者的经营决策能改变其数额的固定成本，如广告费、职工培训费、新产品研究开发费用等。酌量性固定成本并非可有可无，它关系到企业的竞争能力，因此，要想降低酌量性固定成本，只有编制出积极可行的费用预算并严格执行。

固定成本具有两点特征：（1）成本总额不随业务量变化，表现为一固定金额；（2）单位业务量负担的固定成本（即单位固定成本）随业务量的增减呈反比例变动。

（二）变动成本

变动成本是指在相关范围内总额随业务量的变化而正比例变动的成本。例如，直接材料费、产品包装费、增值税金等均属于变动成本。变动成本可分为约束性变动成本和酌量性变动成本。

约束性变动成本是指管理者的经营决策不能改变其具体数额的变动成本，如生产产品所必须消耗的直接材料、直接人工和变动制造费用等。约束性变动成本也是经营决策无法改变的，降低约束性变动成本的途径一般是改进生产工艺，研发新技术等。

酌量性变动成本是指管理者的经营决策能改变其数额的变动成本。例如是否需要对现有产品进行功能性改善以更好地适应市场，这一决策对产品变动成本的影响额即是酌量性变动成本。

变动成本具有两点特征：（1）成本总额随业务量变化而正比例变动；（2）单位变动成本固定不变，表现为一固定金额。

知识链接

汽车租赁公司 Zipcar 帮助 Twitter 减少固定成本

在美国的一些城市，选择汽车租赁公司 Zipcar 已经成为企业减少自有汽车的燃油、保险和停车费用的一种方式。Zipcar 为城市居民和企业提供"按需服务"，他们可以按周、天甚至小时来租赁 Zipcar 的汽车，费用为每小时 8 美元，每天 78 美元（其中包括燃油和保险费，每天的行驶里程为 180 公里）。

让我们想想 Zipcar 的存在对企业意味着什么。许多小企业都拥有一两辆汽车，用于参加会议，接待客户以及处理公司的大小事务。当然，大企业拥有的汽车更多，主要用于接送高管和客户参加会议、商务午餐和往返机场。通常，拥有这些汽车给企业带来了非常高的固定成本，包括购车费用、维修费用和多名司机的各种保险费用。

然而，现在像 Twitter 之类的公司可以在需要汽车时找到 Zipcar，从而减少交通费用和其他成本费用。在旧金山市中心，Twitter 的管理者向 Zipcar 租赁汽车去会见风险投资者以及硅谷的合作伙伴。微博开创者，Twitter 联合创始人杰克·多西指出："我们更愿意使用 Zipcar 到圣何塞去接投资者或者穿越城市做事情。"从商业角度来说，Zipcar 将 Twitter 和其他公司的自有汽车的固定成本转化成了变动成本。当企业增长放缓，或者企业不需要汽车接待客户时，Twitter 就不会受到拥有汽车的固定成本的拖累。当然，当企业发展态势良好的时候，Twitter 的管理者会更频繁地使用 Zipcar，他们不会再为购买和维修汽车掏自己的腰包。

资料来源：转引自斯坎特·达塔，马达夫·拉詹著；王立彦等译《管理会计—决策制定与业绩激励》，中国人民大学出版社 2015 年版。

（三）混合成本

混合成本是指总额随业务量的变动而不规则变动的成本。它同时具有固定成本和变动成本的特征，一般可以细分为半固定成本、半变动成本和延伸变动成本。

半固定成本是指业务量在某一界限内时，总额不变；业务量突破界限时，总额在新的水平保持不变的成本，其总额与业务量的关系如图 2-2（1）所示。例如某城市地铁票 12 公里以内票价 3 元，12 公里到 24 公里票价 4 元，24 公里到 36 公里票价 6 元，那么地铁票价对于乘客而言即是半固定成本。

半变动成本是指总额在某一基数上随业务量的变化而正比例变动的成本，其总额与业务量的关系如图 2-2（2）所示。例如，采用底薪加提成工资制的工人工资即是半变动成本。

延伸变动成本是指业务量在某一临界点下时，总额保持不变；业务量突破临界点时，总额开始正比例变动的成本。延伸变动成本总额与业务量的关系如图 2-2（3）所示。通常乘坐出租车的费用对于乘客而言即是延伸变动成本。

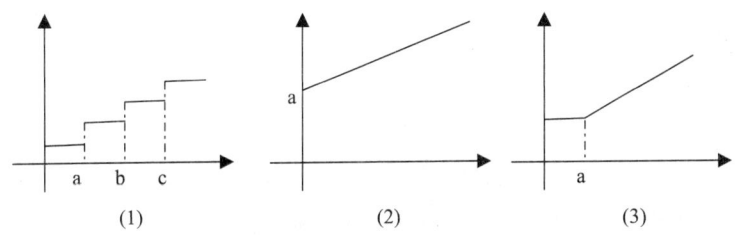

图 2-2 混合成本类型示意图

混合成本的基本特征是其总额虽然直接受业务量的影响，但又不存在严格的比例关系。实际上，企业很少存在严格意义上的固定成本和变动成本，多数情况下都是混合成本。

二、混合成本的分解

企业最大的混合成本就是企业的总成本，出于经营决策的需要，企业往往会将其分解为固定成本和变动成本两大部分。混合成本的分解可用如下公式表示：

混合成本 = 固定成本 + 单位变动成本 × 业务量 (2-1)

即　$y = a + bx$

公式中的有关符号含义如下：y 为混合成本；a 为固定成本；b 为单位变动成本；x 为业务量。

成本核算的基础

混合成本的分解方法很多，常用的分解方法有历史成本法、账户分析法和工程分析法等。

（一）历史成本法

历史成本法是根据以往若干时期的数据分解出混合成本中的固定成本和变动成本部分，该法通常又细分为高低点法、散布图法和回归直线法三种。其中，散布图法由于主要通过目测观察而误差较大，且与回归直线法没有本质区别，因此本书主要介绍高低点法和回归直线法。

1. 高低点法。 高低点法的基本原理是选取最高点业务量和最低点业务量的成本数据，采用两点确定一条直线的数学公式实现混合成本的分解。

设高点的成本性态为：

$y_1 = a + bx_1$

低点的成本性态为：

$y_2 = a + bx_2$

用高点的成本性态减去低点的成本性态有

$y_1 - y_2 = b(x_1 - x_2)$

将上式移项可求得 b：

$$b = \frac{y_1 - y_2}{x_1 - x_2}$$

然后将 b 代入高点的成本性态可得 a：

$a = y_1 - bx_1$

将 b 代入低点的成本性态可得 a：

$a = y_2 - bx_2$

【例 2 - 1】 新新物流公司 20×8 年运输服务和运输成本数据如表 2 - 2，试采用高低点法对公司的运输成本进行分解，并预测运输服务量为 21 000 吨公里时的运输成本。

表 2 - 2　　　　　　　　　新新物流公司物流数据表

月份	运输服务量（吨公里）	运输成本（元）
1	25 000	130 000
2	17 000	110 000
3	15 000	100 000
4	16 000	110 000
5	18 000	120 000
6	17 000	120 000
7	20 000	120 000
8	22 000	120 000
9	25 000	125 000
10	28 000	125 000
11	26 000	123 000
12	30 000	128 000

新新物流公司 20×8 年运输服务量最高点和最低点分别在 12 月份和 3 月份。由两点确定一条直线的数学公式有：

$$b = \frac{y_{\text{高}} - y_{\text{低}}}{x_{\text{高}} - x_{\text{低}}} = \frac{128\ 000 - 100\ 000}{30\ 000 - 15\ 000} = 1.8667$$

$$a = y_{\text{高}} - bx_{\text{高}} = x_{\text{低}} - by_{\text{低}} = 100\ 000 - 1.8667 \times 15\ 000 = 72\ 000$$

因此，新新公司的成本模型为 y = 72 000 + 1.8667x，当运输服务量为 21 000 吨公里时的运输成本为 y = 72 000 + 1.8667×21 000 ≈ 111 201 元。

应用高低点法须注意以下几个问题。(1) 高点和低点业务量是混合成本相关范围的两个极点，超出这个范围所得模型可能不适用；(2) 当高点和低点不止一个时，高点应取成本最大者，低点应取成本最小者；(3) 高点和低点的代表性较弱，因此模型误差较大，一般只用于历史数据较少的情况。

2. 回归直线法。相对于高低点法，回归直线法的计算量大且较为复杂，但是分解结果相对准确，误差较小。回归直线法的计算公式如下：

$$b = \frac{n\sum xy - \sum x \sum y}{n\sum x^2 - (\sum x)^2} \qquad (2-2)$$

$$a = \frac{\sum y - b\sum x}{n} \qquad (2-3)$$

公式中的有关符号含义如下：b 为单位变动成本；n 为成本（或业务量）个数；x 为业务量；y 为混合成本；a 为固定成本。

【例 2-2】 利用表 2-2 的数据，试采用回归直线法对新新公司的运输成本进行分解，并预测运输服务量为 21 000 吨公里时的运输成本。

表 2-3　　　　　　　　　　　回归直线法计算表

月份	运输服务量（x）	运输成本（y）	xy	x^2
1	25 000	130 000	3 250 000 000	625 000 000
2	17 000	110 000	1 870 000 000	289 000 000
3	15 000	100 000	1 500 000 000	225 000 000
4	16 000	110 000	1 760 000 000	256 000 000
5	18 000	120 000	2 160 000 000	324 000 000
6	17 000	120 000	2 040 000 000	289 000 000
7	20 000	120 000	2 400 000 000	400 000 000
8	22 000	120 000	2 640 000 000	484 000 000
9	25 000	125 000	3 125 000 000	625 000 000
10	28 000	125 000	3 500 000 000	784 000 000
11	26 000	123 000	3 198 000 000	676 000 000
12	30 000	128 000	3 840 000 000	900 000 000
∑	259 000	1 431 000	31 283 000 000	5 877 000 000

$$b = \frac{12 \times 31\,283\,000 - 259\,000 \times 1\,431\,000}{12 \times 5\,877\,000\,000 - 259\,000^2} = 1.3845$$

$$a = \frac{1\,431\,000 - 1.3845 \times 259\,000}{12} = 89\,366.8313$$

所以新新公司的成本模型为 y = 89 366.8313 + 1.3845x,当运输服务量为 21 000 吨公里时的运输成本为 y = 89 366.8313 + 1.3845 × 21 000 ≈ 118 441 元。

小测试

旭升加工厂代工生产某品牌手机,2×18 年上半年的产量成本数据如下表所示,试分别采用高低点法和回归直线法进行成本分解,并估计代工量为 8 000 部时的成本。

月份	产量(部)	成本(元)
1	7 000	190 000
2	5 000	150 000
3	5 000	140 000
4	9 000	240 000
5	10 000	250 000
6	10 000	240 000

(二) 账户分析法

账户分析法是根据各个成本、费用账户的内容,直接判断其与业务量之间的相互依存关系,从而确定其成本性态的分解方法。

【例 2 - 3】宏远公司本月生产硅酸盐水泥 20 万吨,成本如表 2 - 4,试对公司生产的硅酸盐水泥进行成本分解。

表 2 - 4　　　　　　　　硅酸盐水泥成本数据表　　　　　　　　单位:万元

账户	总成本
生产成本——材料	1 000
——工资	200
制造费用——燃料、动力	500
——修理费	100
——工资	200
——折旧费	1 500
——办公费	500
合　计	4 000

由于直接材料与人工和水泥产量直接相关,燃料动力费、修理费与间接人工虽不随水泥产量正比例变动,但也存在明显的变动关系,因此它们都属于变动成本。折旧费和办公费与产量没有明显的变动关系,因此它们都属于固定成本。分解结果如表 2 - 5。

表 2-5　　　　　　　　　　　硅酸盐水泥成本分解表

账户	总成本（万元）	固定成本 总额（万元）	变动成本 总额（万元）	变动成本 单位成本（元/吨）
生产成本——材料	1 000		1 000	50
——工资	200		200	10
制造费用——燃料、动力	500		500	25
——修理费	100		100	5
——工资	200		200	10
——折旧费	1 500	1 500		
——办公费	500	500		
合计	4 000	2 000	2 000	100
成本性态模型	$y = 2\,000 + 100x$			

(三) 工程分析法

工程分析法是利用工业工程的方法分析成本项目的影响因素，进而直接估算出固定成本和单位变动成本的分解方法。其分解混合成本的步骤如下：(1) 确定研究的成本项目；(2) 分析成本对象的生产过程；(3) 确定生产过程的最优操作方法；(4) 确定成本项目的构成内容，并随之确定为固定成本或变动成本。

【例 2-4】新飞公司采用一次模压成型、电磁炉烧结的方式生产精密金属零件。现以电费为成本项目，且与电磁炉预热和烧结两项操作有关。分析发现预热开始到可烧结的温度耗电 1 200 度，烧结每公斤零件耗电 400 度。公司每日采用三班倒的方式进行加工，每班电磁炉需预热一次，全月无休，电价 0.8 元/度。试对该零件每月用电的总成本进行分解。

设每月电费总成本为 y，固定成本为 a，单位变动成本为 b，x 为每月加工零件重量，则有

$a = 1\,200 \times 3 \times 30 \times 0.8 = 86\,400$（元）

$b = 400 \times 0.8 = 320$（元）

所以，该零件每月用电的总成本模型为 $y = 86\,400 + 320x$。

工程分析法需要对生产过程进行分析测定，因此分析成本较高，同时也不适用于有间接成本存在的项目，但它也具有十分宝贵的优点：(1) 无须历史成本数据，并能验证其他方法的分解结果；(2) 可以排除无效或异常支出，优化经济资源的利用；(3) 分析结果有助于制定客观、科学和先进的标准成本与预算。

第三节 变动成本法

20世纪30年代末的经济危机极大地推进了变动成本法理论与实践的发展，使之广泛应用于西方企业的内部管理。与完全成本法相比，变动成本法能够为预测、决策和控制提供更为有用的信息。

一、变动成本法和完全成本法

完全成本法是指在计算产品成本时，不仅包括产品生产过程中所消耗的直接材料和直接人工，还包括全部的制造费用（变动性的制造费用和固定性的制造费用）。由于完全成本法是将所有的制造成本，不论是固定的还是变动的，都吸收到单位产品上，因而也称为"成本吸收法"。

变动成本法是指产品成本中只包括生产过程中消耗的直接材料、直接人工和变动制造费用的一种成本计算方法。变动成本法不将固定制造费用计入成本而计入期间费用，它具有如下两大特点：

第一，成本计算以成本性态分析为基础。变动成本法将产品的制造成本按成本性态划分为变动制造费用和固定制造费用，认为固定制造费用属于为取得收益而已丧失的资产，应作为期间费用处理；

第二，强调销售环节对利润的贡献。变动成本法将固定制造费用视作期间成本而全部计入当期费用，那么在产量一定的条件下，这将导致损益对销量的变化更为敏感，客观上起到了刺激销售的作用。

二、变动成本法与完全成本法的比较

对固定制造费用的处理差异导致了变动成本法和完全成本法在成本构成内容和各期损益等方面有所不同。

（一）在成本构成内容方面的差异

完全成本法将企业的费用分为直接材料、直接人工、制造费用、管理费用、销售费用和财务费用五类，将前三类计入产品成本，后三类计入期间费用。变动成本法却将制造费用进一步细分为变动制造费用和固定制造费用，同时只将直接材料、直接人工和变动制造费用计入产品成本，其他计入期间费用。两相比较，变动成本法下的产品成本比完全成本法下的产品成本少了固定制造费用这一块。这一差异不仅体现于产品的成本方面，在企业的所有自产存货的成本乃至已销产品的成本中也有体现。图2-3清晰地体现了这种差异。

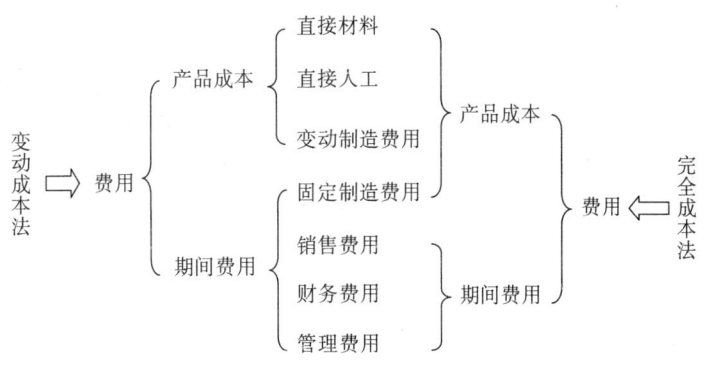

图 2-3 变动成本法与完全成本法成本构成差异图

(二) 在存货成本构成内容方面的差异

由于两种方法下产品成本构成内容不同,因此产成品和在产品存货的成本构成内容也不同。采用变动成本法,不论是库存产成品、在产品还是已销产品,其成本均只包括制造成本中的变动部分。而采用完全成本法时,不论是库存产成品、在产品还是已销产品,其成本除了包括制造成本中的变动部分外,还均包括一定份额的制造费用。很显然,变动成本法下的期末存货计价必然小于完全成本法下的期末存货计价。

两种方法下的产品成本构成内容方面的差异与存货成本构成内容方面的差异是相关联的两个问题,也可以说是同一问题的两个方面。产品成本构成内容有差异,存货成本构成内容自然也就有差异,进而导致对损益的计算有影响。

【例 2-5】宏远公司月初在产品和产成品均为零,本月共生产并完工产品 30 万吨,销售产品 20 万吨。产品成本如表 2-6,试分别采用变动成本法和完全成本法计算完工产品和期末存货的成本。

表 2-6　　　　　　　　　产品成本数据表　　　　　　　　　单位:万元

账户	总成本
生产成本——材料	1 000
——工资	200
制造费用——燃料、动力	500
——修理费	100
——工资	200
——折旧费	1 500
——办公费	500
合　计	4 000

生产成本中的材料和工资、制造费用中的燃料、动力、修理费和工资一般会随着产量

的增加而增加,因此应该作为变动成本,而其他科目一般与产量的多少没有直接关联,因此作为固定成本。两种方法计算的完工产品的成本如表 2-7 所示。因本月生产产品全部完工,所以变动成本法和完全成本法的完工产品总成本分别为 2 000 万元和 4 000 万元,单位完工产品成本分别为 66.67 元和 133.33 元;本期生产并完工产品 30 万吨,销售 20 万吨,则期末存货为 10 万吨,所以变动成本法和完全成本法的期末存货成本分别为 666.7 万元(66.67×10 万吨)和 1 333.3 万元(133.33×10 万吨)。

表 2-7　　　　　　　　　　　　产品成本计算表

方法	成本项目	总成本(万元)	单位成本(元)
变动成本法	直接材料	1 000	1 000/30 = 33.33
	直接人工	200	200/30 = 6.67
	变动制造费用	500 + 100 + 200 = 800	800/30 = 26.67
	合　计	2 000	66.67
完全成本法	直接材料	1 000	1 000/30 = 33.33
	直接人工	200	200/30 = 6.67
	制造费用	500 + 100 + 200 + 1500 + 500 = 2 800	2 800/30 = 93.33
	合　计	4 000	133.33

(三)在盈亏计算公式方面的差异

变动成本法计算营业利润的公式如下:

$$\text{营业利润} = \text{销售收入总额} - \text{变动成本总额} - \text{固定成本总额} \tag{2-4}$$

完全成本法计算营业利润的公式如下:

$$\text{营业利润} = \text{销售收入总额} - \text{已销售产品成本总额} - \text{期间费用} \tag{2-5}$$

值得注意的是变动成本法下营业利润的公式中变动成本总额除了变动生产成本总额,还包括了变动期间费用总额。同样地,固定成本总额除了固定生产成本总额,还包括了固定期间费用总额。这是变动成本法下计算利润的基本公式,本量利分析中的一系列公式都是以这个基本公式为基础的。

(四)在各期损益方面的差异

由于两种方法计算的存货成本存在差异,所以我们通过三个例题分三种情况来讨论它们在各期损益方面的差异。

1. 期初存货为零时的损益差异。

【例 2-6】嘉兴公司生产销售甲产品,20×9 年甲产品年初存货为 0,产量为 30 件,销售量为 25 件,价格为 100 元/件,直接材料总额为 700 元,直接人工总额为 550 元,制造费用总额为 310 元(其中变动部分为 100 元),销售费用总额为 350 元(其中变动部分为 90 元),管理费用总额为 150 元(其中变动部分为 30 元)。试分别采用变动成本法和完全成本法计算公司利润。

表 2-8　　　　　　　　　　　嘉兴公司利润表

变动成本法		完全成本法	
项目	金额（元）	项目	金额（元）
销售收入	25×100=2 500	销售收入	25×100=2 500
变动成本	1125+90+30=1 245	销售成本	1 560-260=1 300
变动生产成本	（700+550+100）×25/30=1 125	期初存货成本	0
变动销售费用	90	本期生产成本	700+550+310=1 560
变动管理费用	30	可供销售成本	0+1 560=1 560
贡献毛益	1 255	期末存货成本	1 560×5/30=260
固定成本	210+260+120=590	销售毛利	2 500-1 300=1 200
固定制造费用	310-100=210	管理费用	350
固定销售费用	350-90=260	销售费用	150
固定管理费用	150-30=120		
营业利润	665	营业利润	700

从表 2-8 中可以看出两种方法计算的利润相差 35 元，这是由于变动成本法将 210 元固定制造费用作为了期间费用，全部在当期扣除，而完全成本法只在当期扣除了已销售产品所包含的 175 元固定制造费用，剩下的 35 元计入了期末存货。

2. 各期产量相同销量不同时的损益差异。

【例 2-7】嘉兴公司生产销售甲产品，连续 3 年产量均为 300 件，销量分别为 300 件、200 件和 400 件，价格为 15 元/件，第一年期初存货为 0。单位变动成本（含直接材料、直接人工和变动制造费用）7 元，固定制造费用年度总额为 510 元，管理费用与销售费用年度总额（均全为固定的）分别为 490 和 450 元。试分别采用变动成本法和完全成本法计算公司利润。

两种方法计算的利润分别见表 2-9、2-10，可以看出，变动成本法与完全成本法下第一年的利润相同，第二年变动成本法的利润小于完全成本法的利润，第三年变动成本法的利润大于完全成本法的利润，但是三年的总利润却相等。

表 2-9　　　　　　　　嘉兴公司利润表（变动成本法）

项目	金额（元）		
	第一年	第二年	第三年
销售收入	300×15=4 500	200×15=3 000	400×15=6 000
变动成本	300×7=2 100	200×7=1 400	400×7=2 800
贡献毛益	4500-2100=2 400	3000-1400=1 600	6000-2800=3 200
固定成本	510+450+490=1 450	510+450+490=1 450	510+450+490=1 450
制造费用	510	510	510
销售费用	450	450	450
管理费用	490	490	490
营业利润	2 400-1 450=950	1 600-1 450=150	3 200-1 450=1 750

成本核算的基础

表 2-10   嘉兴公司利润表（完全成本法）

项目	金额（元）		
	第一年	第二年	第三年
销售收入	300×15=4 500	200×15=3 000	400×15=6 000
销售成本			
期初存货成本	0	0	870
本期生产成本	300×7+510=2 610	300×7+510=2 610	300×7+510=2 610
可供销售成本	0+2 610=2 610	0+2 610=2 610	870+2 610=3 480
期末存货成本	0	(7+510/300)×100=870	0
销售成本总额	2 610-0=2 610	2 610-870=1 740	3 480-0=3 480
销售毛利	4 500-2 610=1 890	3 000-1 740=1 260	6 000-3 480=2 520
管理费用	450	450	450
销售费用	490	490	490
营业利润	1 890-450-490=950	1 260-450-490=320	2 520-450-490=1 580

3. 各期销量相同产量不同时的损益差异。

【例 2-8】嘉兴公司生产销售甲产品，连续 3 年销量均为 300 件，产量分别为 300 件、400 件和 200 件，价格为 15 元/件，第一年初存货为 0。单位变动成本（含直接材料、直接人工和变动制造费用）7 元，固定制造费用年度总额为 540 元，管理费用与销售费用年度总额（均全为固定的）分别为 490 和 450 元。试分别采用变动成本法和完全成本法计算公司利润。

两种方法计算的利润分别见表 2-11、表 2-12。可以看出，变动成本法的利润由于每年的销售量相同而保持不变。另外，变动成本法与完全成本法下第一年的利润相同，第二年变动成本法的利润小于完全成本法的利润，第三年变动成本法的利润大于完全成本法的利润，但是三年的总利润却相等。

表 2-11   嘉兴公司利润表（变动成本法）

项目	金额（元）		
	第一年	第二年	第三年
销售收入	300×15=4 500	300×15=4 500	300×15=4 500
变动成本	300×7=2 100	300×7=2 100	300×7=2 100
贡献毛益	4500-2100=2 400	4500-2100=2 400	4500-2100=2 400
固定成本	540+450+490=1 480	540+450+490=1 480	540+450+490=1 480
制造费用	540	540	540
销售费用	450	450	450
管理费用	490	490	490
营业利润	2 400-1 450=920	2 400-1 450=920	2 400-1 450=920

表 2-12　　　　　　　　　嘉兴公司利润表（完全成本法）

项目	金额（元）		
	第一年	第二年	第三年
销售收入	300×15=4 500	300×15=4 500	300×15=4 500
销售成本			
期初存货成本	0	0	835
本期生产成本	300×7+540=2 640	400×7+540=3 340	200×7+540=1 940
可供销售成本	0+2 640=2 640	0+3 340=3 340	835+1 940=2 775
期末存货成本	0	(7+540/400)×100=835	0
销售成本总额	2 640-0=2 640	3 340-835=2 505	2 775-0=2 775
销售毛利	4 500-2 640=1 860	4 500-2 505=1 995	4 500-2 775=1 725
管理费用	450	450	450
销售费用	490	490	490
营业利润	1 890-450-490=920	1 995-450-490=1 055	1 725-450-490=785

综上所述，变动成本法和完全成本法计算的利润产生差异的根本原因在于它们对固定制造费用的不同处理方式，而这种处理差异透过产销状况使得两种利润呈现出不同的数量关系。即，(1) 产销量相等时：按变动成本法计算的利润等于按完全成本法计算的利润；(2) 产量大于销量时：按变动成本法计算的利润小于按完全成本法计算的利润；(3) 产量小于销量时：按变动成本法的计算利润大于按完全成本法计算的利润。

> **小测试**
>
> 旭升加工厂生产销售某食品，近3个月产销量数据如下表所示。2×19年末库存1 000盒，单位完全成本为60元（其中固定制造费用10元）；4月初存货500盒单位完全成本为60元（其中）。固定制造费用月度总额为56 000元，管理费用与销售费用月度总额（均全为固定的）分别为24 000和20 000元，销售价格为90元。试分别采用变动成本法和完全成本法计算工厂利润。
>
> | 月份 | 产量（盒） | 销量（盒） |
> |---|---|---|
> | 1 | 8 000 | 7 500 |
> | 2 | 7 000 | 7 500 |
> | 3 | 7 000 | 7 500 |

三、变动成本法的优缺点

变动成本法得到普遍重视和广泛应用，究其原因是其具有一些完全成本法所不具备的优点。

（一）变动成本法的优点

1. 有利于进行正确的预测和短期决策。变动成本法所提供的信息能够揭示成本、产销量和利润之间的依存关系和内在变化规律。这有利于企业开展本量利分析，以便进行经营预测和决策。

2. 更符合配比原则中的"期间配比"。变动成本法中变动成本应由已销售产品负担的部分需要与当期销售收入配比，应由未销售产品负担的部分需要与未来销售收入配比差异。固定成本是维持正常生产能力所必须负担的成本，它们与生产能力的利用程度无关，只会随着时间的流逝而消失，是为取得收益而丧失的沉没成本。因此，将固定成本全部列为期间费用更符合期间配比原则。

3. 便于各部门进行业绩评价。变动成本一般是生产和供应部门的可控成本，可通过事前制定标准成本和弹性预算进行日常控制。固定成本一般是管理部门的可控成本，可通过制定费用预算的方法进行控制。与此同时，变动成本法提供的信息还可清晰区分成本的升降是由于产量的变动还是由于成本控制工作的好坏。这就有利于正确评价各部门的业绩和责任。

4. 促使企业重视销售，防止盲目生产。按照变动成本法计算的利润随着销售量的变化而同向变动，消除了产量对利润的影响。这样可以防止销售量增加而利润下降的乱象，从而促使企业努力开拓销售渠道，重视产品的销售环节，防止盲目生产。

5. 可以简化成本计算。在变动成本法下，固定制造费用全部作为期间费用在当期一次性扣除，既省却了分摊固定制造费用的步骤，也消除了分摊固定制造费用时的主观臆断性。尤其在多品种生产的企业，这一点表现得更为突出。

（二）变动成本法的缺点

1. 不符合传统成本概念的要求。变动成本法不能反映生产产品所发生的全部耗费，无法确定产品的实际成本和损益，从而无法满足传统成本的概念要求。同时，变动成本法会降低期末存货的计价，在期末存货有所增加的情况下，企业的当期利润会减少，影响了税务、投资者等有关各方的利益，目前还不符合税法的有关要求。

2. 不能适应长期决策的需要。长期决策通常考虑未来若干年的发展状况，一般会涉及经营规模、生产能力等问题，在这种状况下，成本性态的相关范围假设难以得到满足。换言之，在长期决策中既不存在一成不变的总成本，也不存在一成不变的单位成本。

3. 难以适应技术经济的发展。在技术经济不断发展的状态下，企业资本的有机构成逐步提高，产品中的固定性制造费用比重也将越来越大，直接成本尤其是直接人工所占比重也就相应的越来越小，在这种情况下变动成本法的成本信息对决策的有用性会削弱。

思考题

1. 什么是成本？什么是费用？两者有何区别？
2. 按经营决策的不同要求，可以将成本分为哪几类？
3. 什么是固定成本？可分为哪几类，各有何特点？
4. 什么是变动成本？可分为哪几类，各有何特点？
5. 什么是混合成本？可分为哪几类，各有何特点？
6. 什么是混合成本分解模型？分解混合成本的常用方法有哪些？
7. 什么是变动成本法？它与完全成本法有何差异？
8. 变动成本法有何优缺点？

第3章
标准成本法

主要知识点

标准成本的含义；
标准成本的制定；
成本差异的计算与分析。

关键概念

标准成本（standard cost）
标准成本控制（standard cost control）
成本差异（cost difference）
成本差异模型（cost difference model）

第一节 标准成本法概述

实际成本法有利于简化成本核算工作，但其主要缺陷之一是无法提供成本控制所需要的信息，不利于企业成本管理水平的提高，进而影响企业的整体管理水平。因此，标准成本法也就应运而生。

一、标准成本法的含义

20世纪20年代，受泰勒生产过程标准化思潮的影响，美国首先使用标准成本法对企业的成本进行管理控制。

（一）标准成本法的概念

标准成本法，亦称标准成本控制或标准成本会计，是以预先制定的标准成本为基础，将实际发生的成本与标准成本进行比较，核算和分析成本差异以及评价经营业绩的一种成本控制制度。

标准成本法将成本计划、成本控制、成本计算和成本分析进行有机结合，变被动的事后成本核算为主动的事前计划、事中控制和事后核算反馈的完整过程，因而在企业成本控制工作中具有重大意义。标准成本法具有以下优点：

1. 有利于成本控制。标准成本法通过事前制定标准成本，可以在事前避免各种不合理的消耗；在成本形成过程中，可按标准成本控制各项支出，及时发现和纠正误差；在成本形成之后，可将实际成本与标准成本进行比较分析，总结生产经验，为企业成本管理指明方向。

2. 有利于增强企业的成本意识。企业采用科学的方法事先制定标准成本，通常要求全体员工，尤其是一线员工和基层管理者积极参与，在此基础上形成的标准成本是全体员工工作努力的方向，也是衡量其工作绩效的尺度。因此，这些都会增强企业全体员工的成本意识，从而有利于企业加强成本管理。

3. 有利于定价决策和业绩评价。标准成本法提供的成本数据是在适当控制下产品应当发生的合理成本，它消除了低效率、浪费和偶然性因素的影响。因而，以标准成本为基础的定价更接近实际情况和满足竞争对市场定价的及时性要求，同时避免了价格随实际成本波动而波动的情况。另外，将本期实际成本与标准成本进行比较，更能正确评价企业的工作质量。

（二）实施标准成本法的步骤和条件

1. 实施标准成本法的步骤。实施标准成本法一般可以分六步进行：（1）制定产品的单位标准成本；（2）汇总计算产品的实际成本；（3）根据实际产量和单位标准成本汇总计算产品的标准成本；（4）计算实际成本与标准成本的差异；（5）分析产生成本差异的原因，如果将标准成本纳入账簿体系的，还要进行标准成本及成本差异的账务处理；（6）向负责人提交成本控制报告。

2. 实施标准成本法的条件。实施标准成本法一般需要两大前提条件：

（1）成本管理的基础工作完善。首先，生产产品所必需的各项要素都可标准化。例如零部件、半成品、设备使用状况、原材料和人工消耗情况等都可标准化。其次，生产必须科学合理。例如，作业动因分析、工时定额制定、原始记录完整等均关系到标准成本控制能否顺利实施。

（2）成本管理的组织健全。企业应能明确确定成本责任中心，各成本责任中心的成本责任与权限须一致，对实际成本进行控制，分析成本差异的原因和责任者，并定期向上级报告。

二、标准成本的含义

标准成本是指根据现有生产技术水平，在有效的经营管理条件下，经过努力工作可以达到的目标成本。标准成本基本排除了不应该发生的浪费，是一种"应该成本"，它具有单位标准成本和标准成本总额两种含义。

单位标准成本是指单位产品的标准成本。单位标准成本等于单位产品的标准消耗量与标准单价的乘积。标准成本总额是指根据实际产量和单位标准成本汇总计算出来的总额。标准成本总额等于实际产量与单位标准成本的乘积。

标准成本依据实际情况采用科学的方法制定，具有客观性和科学性；并且只要制定的依据不变可以不必重新修订，具有相对稳定性；同时，标准成本也是成本控制的目标和衡量实际成本的依据，因而具有目标性和尺度性。

三、标准成本的种类

可采用多种分类依据对标准成本进行分类，常用的分类依据主要有三种：

（一）按所依据的资料不同

按照制定标准成本时所依据的资料不同，可以将其划分为历史标准成本和预期标准成本。

1. 历史标准成本。历史标准成本是指将过去已实现的实际成本作为标准确定的一种标准成本。它既可以将过去的实际平均成本作为标准，也可以将过去的实际最低成本作为标准。历史标准成本数据资料容易取得，计算也比较简单，但是不够先进，难以反映企业的成本目标，无法在成本管理中较好的发挥作用。

2. 预期标准成本。预期标准成本是指在现有生产技术与管理水平的条件下，考虑到未来可能变化的因素而制定的一种标准成本。预期标准成本考虑了生产经营过程中无法避免的材料损耗、人工效率下降和设备的停工检修等不确定因素的影响，同时也需经过努力工作才能达到。因此，预期标准成本既可行又比较先进，既严格又实际，但是其计算却相对复杂。

（二）按使用时间的长短不同

按照标准成本制定后使用时间的长短，可以将其划分为基本标准成本和现行标准成本。

1. 基本标准成本。基本标准成本是指将一经制定后，只要基本生产条件不发生大的变化就不予变更的一种标准成本。基本生产条件一般是指产品的物理结构、生产技术与工艺、重要原材料和劳动力价格等，只有当这些基本条件发生根本变化，才会重新修订标准成本。市场行情的变化、工作效率的改变等非基本条件的变化并不影响标准成本的改变。所以基本标准成本不宜用于评价工作效率和成本控制的有效性。

2. 现行标准成本。现行标准成本是指在现有基本生产条件下，结合当前原材料价格、生产效率等非基本条件状况而确定的一种标准成本。一般情况下，现行标准成本随企业非基本生产条件的变化而变化，因而使用时间较短，也更能贴近当前市场行情，故而用于对存货和销货成本计价，作为评价实际成本的依据。

（三）按所依据的生产技术与经营管理水平不同

按照制定标准成本时所依据的生产技术与经营管理水平，可以将其划分为理想标准成本和正常标准成本。

1. 理想标准成本。理想标准成本是指生产经营条件达到最优状态时的标准成本。理想标准成本不允许任何形式的浪费和低效率，是最低限度的成本，一般很难实现。由于这种成本要求太高，通常会挫伤员工的积极性，同时也缺乏改进的余地，一般不作为考核的依据，故而在实践中也比较少见。

2. 正常标准成本。正常标准成本是指根据正常的工作效率、生产能力利用程度和价格等条件制定的标准成本。它具有如下特点：（1）科学性和客观性。正常标准成本是根据客观实验和历史实践运用科学方法研究制定的，实现它既非轻而易举又非高不可攀，经过主观努力是可以实现的；（2）现实性。正常标准成本既排除了各种偶然性和意外情况，又保留了目前条件下难以避免的损失，代表了正常情况下的消耗水平；（3）激励性。正常标准成本作为应该发生的成本，可以作为评价业绩的尺度和员工的努力目标；（4）稳定性。正常标准成本可以在基本生产条件变化不大时持续使用，不需要经常修订。有鉴于此，正常标准成本在标准成本控制中得到了广泛的应用。

第二节 标准成本的制定

产品成本主要有直接材料、直接人工和制造费用等项目，在制定标准成本时一般先确定直接材料和直接人工的标准成本，再确定制造费用的标准成本，最后确定单位产品的标准成本。

一、直接材料标准成本的制定

直接材料标准成本是指单位产品耗用直接材料的成本目标，它由直接材料价格标准和用量标准两个因素确定。其计算公式如下：

$$直接材料标准成本 = \sum (价格标准 \times 用量标准) \quad (3-1)$$

1. 价格标准。价格标准是指事先确定的购买直接材料所支付的价格，包括买价、运杂费、检验费和正常损耗等。利用价格标准有助于检查直接材料成本的高低和考评采购部门的工作绩效。

2. 用量标准。用量标准是指在现有生产技术条件下，生产单位产品所需要的直接材料数量，包括构成产品主体的材料、生产中的必要耗费和不可避免的损失等。用量标准可以根据历史经验和工艺研究与操作人员的意见来制定。利用用量标准有助于检查直接材料消耗水平的高低和考评生产部门的工作绩效。

【例3–1】天润食品加工厂生产甲产品，其消耗的直接材料的标准成本数据如表3–1。

表 3-1　　　　　　　　　　甲产品直接材料标准成本数据表

项目		A 材料	B 材料	C 材料
价格标准（元/斤）	发票单价	2.5	1.3	0.5
	运杂费	0.2	0.1	0.04
	装卸检验费	0.3	0.2	0.06
	小计	3	1.6	0.6
用量标准（斤）	配方用量	5.9	1.95	0.47
	允许损耗量	0.1	0.05	0.03
	小计	6	2	0.5
材料标准成本		3×6=18	1.6×2=3.2	0.6×0.5=0.3
单位产品材料标准成本		18+3.2+0.3=21.5		

二、直接人工标准成本的制定

直接人工标准成本是指单位产品耗用直接人工的成本目标，它由单位产品标准工时和标准工资率两个因素确定。其计算公式如下：

　　直接人工标准成本 = $\sum$（标准工时 × 标准工资率）　　　　　　　　　(3-2)

　　标准工资率 = 直接人工工资总额 ÷ 直接人工标准总工时　　　　　　　　(3-3)

1. 标准工时。 标准工时是指在现有生产技术条件下生产单位产品所需要的工作时间。它包括对产品直接加工所用工时、工间休息时间、设备调整时间和不可避免的废品所耗时间等等。制定标准工时，应以作业研究和工时研究为基础，先按零件及所经工序和车间分别计算，然后按产品进行汇总。

2. 标准工资率。 标准工资率是指每一标准工时应分配的工资，它等于预计应付直接人工工资总额与标准总工时的比值。标准工资率一般由劳动工资部门提供，大部分企业为不同类型的工人分别制定了标准工资率。

【例 3-2】 天润食品加工厂生产甲产品，其直接人工的标准成本数据计算如表 3-2。

表 3-2　　　　　　　　　　甲产品直接人工标准成本数据表

项目		第一车间	第二车间	第三车间
标准工时（工时）	理想作业时间	2.8	3.3	2.5
	公休时间	0.28	0.33	0.25
	设备调整时间	0.03	0.1	0.06
	其他	0.02	0.02	0.01
	小计	3.13	3.75	2.82
直接人工工资总额（元）		2 000	3 000	3 000
标准总工时（工时）		2 000	1 500	1 000
标准工资率（元/工时）		2 000÷2 000=1	3 000÷1 500=2	3 000÷1 000=3
人工标准成本		3.13×1=3.13	3.75×2=7.5	2.82×3=8.46
单位产品人工标准成本		3.13+7.5+8.46=19.09		

三、制造费用标准成本的制定

制造费用标准成本是按部门分别编制，然后将同一产品所涉及的各部门的单位制造费用标准进行汇总，得出整个产品的制造费用的标准成本。由于制造费用分为变动制造费用和固定制造费用，因而制造费用标准成本也分两部分进行确定。

1. 变动制造费用标准成本。 变动制造费用标准成本由单位产品标准工时和变动制造费用标准分配率两个因素确定。其计算公式如下：

变动制造费用标准成本 = $\sum$（标准工时 × 变动制造费用标准分配率）　　　（3－4）

变动制造费用标准分配率 = 变动制造费用预算总额 ÷ 直接人工标准总工时　　（3－5）

【例3－3】 天润食品加工厂生产甲产品，变动制造费用的标准成本数据计算如表3－3。

表3－3　　　　　　　　　甲产品变动制造费用标准成本数据表

项　目		第一车间	第二车间	第三车间
变动制造费用（元）	间接材料	1 200	1 300	1 000
	间接人工	500	650	700
	燃料费	300	450	300
	小计	2 000	2 400	2 000
直接人工标准总工时（工时）		2 000	1 500	1 000
变动制造费用标准分配率		2 000÷2 000=1	2 400÷1 500=1.6	2 000÷1 000=2
标准工时		3.13	3.75	2.82
变动制造费用标准成本		3.13×1=3.13	3.75×1.6=6	2.82×2=5.64
单位产品变动制造费用标准成本		3.13+6+5.64=14.77		

2. 固定制造费用标准成本。 固定制造费用标准成本应根据采用的成本计算方法来确定，如果采用变动成本法，则固定制造费用作为期间费用全额列入利润表，不必在产品之间进行分配。如果采用完全成本法，固定制造费用标准成本由单位产品标准工时和固定制造费用标准分配率两个因素确定。其计算公式如下：

固定制造费用标准成本 = $\sum$（标准工时 × 固定制造费用标准分配率）　　　（3－6）

固定制造费用标准分配率 = 固定制造费用预算总额 ÷ 直接人工标准总工时　　（3－7）

【例3－4】 天润食品加工厂生产甲产品，变动制造费用的标准成本数据计算如表3－4。

表3－4　　　　　　　　　甲产品固定制造费用标准成本数据表

项　目		第一车间	第二车间	第三车间
固定制造费用（元）	折旧费	1 200	1 300	1 500
	保险费	200	200	220
	间接人工	1 000	700	730
	车间管理人员工资	1 500	1 000	1000
	其他	100	100	50
	小计	4 000	3 300	3 500
直接人工标准总工时（工时）		2 000	1 500	1 000
固定制造费用标准分配率		4 000÷2 000=2	3 300÷1 500=2.2	3 500÷1 000=3.5

续表

项 目	第一车间	第二车间	第三车间
标准工时	3.13	3.75	2.82
固定制造费用标准成本	3.13×2=6.16	3.75×2.2=8.25	2.82×3.5=9.87
单位产品固定制造费用标准成本	6.16+8.25+9.87=24.28		

将甲产品的直接材料、直接人工和制造费用的标准成本进行汇总,就可确定甲产品的标准成本。通常,企业编制"标准成本卡"反映产成品标准成本的具体构成,详见表3-5所示。

表3-5 甲产品标准成本卡 单位:元

计算方法	成本项目		用量标准	价格标准	标准成本
完全成本法	直接材料	A材料	6斤	3元/斤	18
		B材料	2斤	1.6元/斤	3.2
		C材料	0.5斤	0.6元/斤	0.3
		小 计			21.5
	直接人工	第一车间	3.13工时	1元/工时	3.13
		第二车间	3.75工时	2元/工时	7.5
		第三车间	2.82工时	3元/工时	8.46
		小 计			19.09
	变动制造费用	第一车间	3.13工时	1元/工时	3.13
		第二车间	3.75工时	1.6元/工时	6
		第三车间	2.82工时	2元/工时	5.64
		小 计			14.77
	固定制造费用	第一车间	3.13工时	2元/工时	6.16
		第二车间	3.75工时	2.2元/工时	8.25
		第三车间	2.82工时	3.5元/工时	9.87
		小 计			24.28
	单位产品标准成本总计		21.5+19.09+14.77+24.28=79.64		
变动成本法	直接材料	A材料	6斤	3元/斤	18
		B材料	2斤	1.6元/斤	3.2
		C材料	0.5斤	0.6元/斤	0.3
		小 计			21.5
	直接人工	第一车间	3.13工时	1元/工时	3.13
		第二车间	3.75工时	2元/工时	7.5
		第三车间	2.82工时	3元/工时	8.46
		小 计			19.09
	变动制造费用	第一车间	3.13工时	1元/工时	3.13
		第二车间	3.75工时	1.6元/工时	6
		第三车间	2.82工时	2元/工时	5.64
		小 计			14.77
	单位产品标准成本总计		21.5+19.09+14.77=55.36		

小测试

旭升加工厂生产销售某食品，本月生产的有关标准成本资料如下，试分别按完全成本法和变动成本法制定该食品的标准成本卡。

项　　目		A 材料	B 材料
价格标准（元/斤）	发票单价	2	1
	运杂费	0.1	0.1
	装卸检验费	0.15	0.1
用量标准（斤）	配方用量	5	1.5
	允许损耗量	0.05	0.02

项　　目		第一车间	第二车间
标准工时（工时）	理想作业时间	2.5	3
	公休时间	0.2	0.3
	设备调整时间	0.03	0.1
	其他	0.01	0.02
直接人工工资总额（元）		1 000	2 000
标准总工时（工时）		800	1 000
变动制造费用（元）	间接材料	1 000	800
	间接人工	400	500
	燃料费	200	300
固定制造费用（元）	折旧费	1 500	1 000
	保险费	200	100
	间接人工	1700	500
	车间管理人员工资	800	600

第三节　成本差异的计算与分析

标准成本是企业管理层制定的预期成本水平。在生产经营过程中，由于种种原因，实际成本可能与标准成本并不一致。实际成本与标准成本之间的差额称为成本差异。实际成本高于标准成本的部分称为不利差异，也称为超支差异或逆差；实际成本低于标准成本的部分称为有利差异，也称为节约差异或顺差。

一、变动成本差异计算的一般模型

成本差异包括直接材料成本差异、直接人工成本差异和制造费用成本差异三大部分。其中,制造费用成本差异又有变动制造费用成本差异和固定制造费用成本差异两个组成部分。据其成本性态,可将直接材料成本差异、直接人工成本差异和变动制造费用成本差异统称为变动成本差异。计算变动成本差异的一般模型如下:

成本差异 = 实际成本 − 标准成本
= 实际数量×实际价格 − 标准数量×标准价格
= 实际数量×实际价格 − 实际数量×标准价格 + 实际数量×标准价格 − 标准数量×标准价格
= 实际数量×(实际价格 − 标准价格) + (实际数量 − 标准数量)×标准价格
= 价格差异 + 数量差异   (3 − 8)

在变动成本法下,尽管直接材料、直接人工和变动制造费用三大项目的成本计算各有特点,发生差异的名称也不尽相同,但其成本及差异的计算都可归结为变动成本差异计算的一般模型。

二、直接材料成本差异的计算与分析

直接材料成本差异形成的原因主要有两个,即材料价格脱离标准或材料用量脱离标准。

(一) 直接材料成本差异的计算

材料价格脱离标准引起的差异称为直接材料价格差异,材料用量脱离标准引起的差异称为直接材料数量差异。其计算公式如下:

直接材料价格差异 = 实际数量×(实际价格 − 标准价格)   (3 − 9)
直接材料数量差异 = 标准价格×(实际数量 − 标准数量)   (3 − 10)
直接材料成本差异 = 实际成本 − 标准成本
= 直接材料价格差异 + 直接材料数量差异   (3 − 11)

【例 3 − 5】日鑫护肤品公司生产销售甲护肤品,其变动制造费用的标准成本数据如表 3 − 6。公司计划本月生产护肤品 1 000 件,实际生产 1 000 件,耗用 4 900 斤材料和 6 200 工时,同时支付直接人工 32 240 元,支付变动制造费用 11 160 元,材料买价为 4.2 元,试计算该护肤品的直接材料成本差异。

表 3 − 6　　　　　　　　　甲护肤品单位标准成本　　　　　　　　　金额:元

成本项目	价格标准	用量标准	标准成本
直接材料	4 元/斤	5 斤	20
直接人工	5 元/工时	6 工时	30
变动制造费用	2 元/工时	6 工时	12
合计	—	—	62

根据上述资料，计算护肤品的直接材料成本差异如下：
直接材料价格差异 = 4 900 × (4.2 - 4) = 980（元）
直接材料数量差异 = 4 × (4 900 - 1 000 × 5) = -400（元）
验算如下：
直接材料成本差异
= 价格差异 + 数量差异 = 980 + (-400) = 580（元）
= 实际成本 - 标准成本 = 4 900 × 4.2 - 1 000 × 5 × 4 = 580（元）
经验算，该护肤品的直接材料成本差异等于直接材料价格差异与直接材料数量差异之和。

（二）直接材料成本差异的分析

对直接材料成本差异进行计算后，如有较大差异额或差异率的项目存在，还需进一步调查和分析形成差异的具体原因，以便制定相应措施解决问题。

材料价格产生差异的原因可能有市场价格变动、采购地点或运输方式改变、采购不及时以及损耗率增加等等。一般来说，材料价格变动主要是由外界因素引起的，但往往也与企业内部相关部门的工作质量有关。如供应商调价、供货地点和厂家变化、未按经济采购批量订货、因缺货而紧急采购使成本上升、违反合同被罚款、折扣期内延期付款失去优惠、不必要的快速运输等等，对此需要具体分析和调查，最终明确责任归属。

材料耗用量产生差异的原因也很多，一般有产品设计变更、制造方法改变、机器设备性能变化、机器设备和工具使用不合理、材料质量或规格不合要求、材料代用、工人技术熟练水平不同、操作疏忽以及加工搬运过程中损耗等原因。查明原因后，还应该采取相应的措施予以解决。若是材料质量等问题一般应由供应部门负责，若是制造工艺等问题可由技术部门和设计部门负责等等。

三、直接人工成本差异的计算与分析

直接人工成本差异形成的原因主要有两个，即实际工时脱离标准或实际工资率脱离标准。

（一）直接人工成本差异的计算

实际工资率脱离标准引起的差异称为直接人工价格差异，也称为直接人工工资率差异。实际工时脱离标准引起的差异称为直接人工数量差异，也称为直接人工效率差异。其计算公式如下：

直接人工价格差异 = 实际工时 × （实际工资率 - 标准工资率）　　　　　（3-12）
直接人工数量差异 = 标准工资率 × （实际工时 - 标准工时）　　　　　　（3-13）
直接人工成本差异 = 实际成本 - 标准成本
　　　　　　　　 = 直接人工价格差异 + 直接人工数量差异　　　　　　（3-14）

【例3-6】日鑫护肤品公司相关数据见例3-5，试计算该护肤品的直接人工成本差异。

护肤品的直接人工成本差异计算如下：
实际工资率 = 32 240 ÷ 6 200 = 5.2（元/工时）

直接人工价格差异 = 6 200 × (5.2 − 5) = 1 240（元）
直接人工数量差异 = 5 × (6 200 − 1 000 × 6) = 1 000（元）
验算如下：
直接人工成本差异
= 价格差异 + 数量差异 = 1 240 + 1 000 = 2 240（元）
= 实际成本 − 标准成本 = 6 200 × 5.2 − 1 000 × 6 × 5 = 2 240（元）
经验算，该护肤品的直接人工成本差异等于直接人工价格差异与直接人工数量差异之和。

（二）直接人工成本差异的分析

对直接人工成本差异进行计算后，如有较大差异额或差异率的项目存在，还需进一步调查和分析形成差异的具体原因，以便制定相应措施解决问题。

直接人工价格差异的形成原因较为复杂，一般有工资标准调整、工资计算方法改变、季节性生产、加班工资或津贴变动等，但多为人工代用引起。例如，用技术等级高、工资级别高的工人去做技术要求不高的工作，或者在高层次的岗位上安排了低层次人工等就会出现价格差异。总之，要控制直接人工价格差异就必须合理配置人力资源。

引起直接人工数量差异的因素很多，一般有生产计划安排不当、材料供应不及时、材料质量不合格、机器设备故障、制造方法改变以及设计不当等客观原因，也可能存在技术的熟练程度、劳动纪律和劳动态度等主观原因。如果属于客观原因，应及时通知责任单位解决，如果是主观原因，应加强培训和管理。

四、制造费用成本差异的计算与分析

制造费用成本差异的分析方法可分为两种，一是直接对全部制造费用进行差异分析，一是将制造费用分为变动制造费用和固定制造费用分别进行差异分析。直接对全部制造费用进行成本差异计算与分析的方法与步骤和直接人工成本差异分析相同，下面将分别讲述变动制造费用成本差异和固定制造费用成本差异的计算与分析。

（一）变动制造费用成本差异的计算

和其他变动成本差异一样，变动制造费用的差异也有两个因素，一是分配率，一是工时。由分配率引起的差异称为变动制造费用价格差异，也叫变动制造费用耗费差异；由工时引起的差异称为变动制造费用数量差异，也叫变动制造费用效率差异。其计算公式如下：

变动制造费用价格差异 = 实际工时 × (实际分配率 − 标准分配率)　　　　(3 − 15)
变动制造费用数量差异 = 标准分配率 × (实际工时 − 标准工时)　　　　(3 − 16)
变动制造费用成本差异 = 实际成本 − 标准成本
　　　　　　　　　　 = 变动制造费用价格差异 + 变动制造费用数量差异　　(3 − 17)

【例 3 − 7】日鑫护肤品公司相关数据见例 3 − 5，试计算该护肤品的变动制造费用成本差异。

护肤品的变动制造费用成本差异计算如下：
实际分配率 = 11 160 ÷ 6 200 = 1.8（元/工时）

标准成本法

变动制造费用价格差异 = 6 200 × (1.8 − 2) = −1 240（元）
变动制造费用数量差异 = 2 × (6 200 − 1 000 × 6) = 400（元）
验算如下：
变动制造费用成本差异
= 价格差异 + 数量差异 = −1 240 + 400 = −840（元）
= 实际成本 − 标准成本 = 6 200 × 1.8 − 1 000 × 6 × 2 = −840（元）

经验算，该护肤品的变动制造费用成本差异等于变动制造费用价格差异与变动制造费用数量差异之和。

（二）固定制造费用成本差异的计算

固定制造费用通常采用编制固定预算的方式进行总额控制，并且对固定制造费用的实际总额与预算总额进行比较，确定其差异。同时，由于实际产量可能与预计产量不一致，导致单位产品分摊的固定制造费用的预算额与实际额不同，从而产生差异，这种差异也需要进行计算分析和控制。分析固定制造费用成本差异的方法有两因素分析法和三因素分析法。

1. 两因素分析法。 两因素分析法是将固定制造费用成本差异分解为耗费差异和能量差异。耗费差异，又称开支差异或预算差异，是指固定制造费用实际金额与固定制造费用预算金额之间的差额。能量差异是指固定制造费用预算金额与固定制造费用标准成本之间的差额。其计算公式如下：

固定制造费用耗费差异 = 固定制造费用实际数 − 固定制造费用预算数　　（3 − 18）
固定制造费用能量差异 = 固定制造费用预算数 − 固定制造费用标准成本
　　　　　　　　　　 = 固定制造费用标准分配率 × 标准工时 ×（生产能力 − 实际产量）　　（3 − 19）
固定制造费用成本差异 = 固定制造费用实际数 − 固定制造费用标准成本
　　　　　　　　　　 = 固定制造费用耗费差异 + 固定制造费用能量差异　　（3 − 20）

【例 3 − 8】 顺宏器械公司生产体育用品，公司月生产能力为 1 500 套，每套标准工时为 100 工时，固定制造费用标准分配率为 30 元/工时。公司本月实际生产 1 200 套，消耗 112 000 工时，发生固定制造费用 3 500 000 元。试利用两因素分析法分析本月固定制造费用成本差异。

本月固定制造费用成本差异计算如下：
固定制造费用耗费差异 = 3 500 000 − 30 × 100 × 1 500 = −100（万元）
固定制造费用能量差异 = 30 × 100 ×（1 500 − 1 200）= 90（万元）
验算如下：
固定制造费用成本差异 = 3 500 000 − 30 × 100 × 1 200 = −10（万元）
= 固定制造费用耗费差异 + 固定制造费用能量差异

经验算，本月的固定制造费用成本差异等于固定制造费用耗费差异与固定制造费用能量差异之和。

2. 三因素分析法。 生产经营过程中除了实际产量可能与生产能力不一致外，还有可能实际消耗工时与标准工时也不一致，因此需要采用三因素分析法进一步分析实际工时与标准工时不一致造成的差异。

三因素分析法是在两因素分析法的基础上，将固定制造费用能量差异进一步分解为固定制造费用生产能力利用差异和固定制造费用效率差异。固定制造费用生产能力利用差异，又称固定制造费用闲置能量差异，是指实际生产量没有达到生产能力时的成本差异，固定制造费用效率差异是指实际工时与标准工时不一致引发的成本差异。其计算公式如下：

固定制造费用耗费差异 = 固定制造费用实际数 − 固定制造费用预算数　　　(3−21)

固定制造费用生产能力利用差异 = 固定制造费用预算数 − 实际消耗工时标准成本

= 固定制造费用标准分配率 × (标准总工时 − 实际总工时)　　　(3−22)

固定制造费用效率差异 = 实际消耗工时标准成本 − 固定制造费用标准成本

= 固定制造费用标准分配率 × (实际总工时 − 实际产量标准工时)　　　(3−23)

固定制造费用成本差异 = 固定制造费用实际数 − 固定制造费用标准成本

= 固定制造费用耗费差异 + 固定制造费用生产能力利用差异 + 固定制造费用效率差异　　　(3−24)

【例3−9】根据例3−8所给数据资料，试利用三因素分析法分析本月固定制造费用成本差异。

本月固定制造费用成本差异计算如下：

固定制造费用耗费差异 = 3 500 000 − 30 × 100 × 1 500 = −100（万元）

固定制造费用生产能力利用差异 = 30 × (1 500 × 100 − 112 000) = 114（万元）

固定制造费用效率差异 = 30 × (112 000 − 1 200 × 100) = −24（万元）

验算如下：

固定制造费用成本差异 = 3 500 000 − 30 × 100 × 1 200 = −10（万元）

= −1 000 000 + 1 140 000 − 240 000 = −10（万元）

= 固定制造费用耗费差异 + 固定制造费用生产能力利用差异 + 固定制造费用效率差异

经验算，本月的固定制造费用成本差异等于固定制造费用耗费差异、固定制造费用生产能力利用差异与固定制造费用效率差异三者之和。

（三）制造费用成本差异的分析

为了管理和调整制造费用标准成本的差异，需要进一步分析差异的具体原因。变动制造费用是一个综合性费用项目，实际工作中，通常先编制变动制造费用弹性预算，然后将弹性预算的明细项目与同类项目的实际发生数进行对比分析，寻找出差异的原因及责任归属。变动制造费用耗费差异主要原因有各费用项目的价格变动或用量变动以及预算失误等，如水电费的价格调整、用水用电量的节约等。变动制造费用效率差异是由于实际工时脱离了标准，具体原因与直接人工数量差异的原因相同。

固定制造费用也是一个综合性费用项目，为了分析固定制造费用标准成本的差异，可按固定制造费用明细项目编制管理会计报告，将预算发生数与实际发生数进行对比。固定制造费用耗费差异一般是由各费用项目变动引起的，如管理人员工资变动、折旧方法改变、修理费增加、租赁保险费调整以及公共事业费上升等等。固定制造费用生产能力利用差异形成的原因有市场萎缩导致开工不足、供应不足出现停工待料、设备出现问题而停工、燃料能源短缺、人员技术水平有限、生产工人不足以及工具不够等等。固定制造费用效率差异的原因与变动制造费用效率差异的原因相同。

值得说明的是，企业并不需要对所有的差异项目进行调查分析，应当在成本效益原则的基础上综合权衡。在实际经营过程中，改进措施所带来的预期收益有多大，调查分析成本差异的原因会产生多少额外支出等，都是比较难以估计的。因此，企业应该根据自己的实际情况决定差异项目的调查分析。

知识链接

标准成本法的账务处理

采用标准成本法进行账务处理时，一般对产品的标准成本和成本差异进行分别核算。因此，标准成本法中应设置专门的成本差异核算账户。

一、成本差异核算账户

标准成本法下共设置九个成本差异账户，分别是"直接材料价格差异"、"直接材料数量差异"、"直接人工价格差异"、"直接人工数量差异"、"变动制造费用价格差异"、"变动制造费用数量差异"、"固定制造费用耗费差异"、"固定制造费用生产能力利用差异"和"固定制造费用效率差异"等。这些成本差异账户的借方核算超支差异，贷方核算节约差异。

二、成本归集及结转

企业在生产过程中借方按标准成本记"在产品"，贷方按消耗内容和实际成本记"直接材料"或"直接人工"或"变动制造费用"或"固定制造费用差异"。若有成本差异产生，按差异金额借记或贷记相关成本差异账户。生产完工时，将"在产品"按标准成本结转至"产成品"账户。

例1. 领用材料生产产品，产生节约差异。

  借：生产成本　　　　　标准成本
   贷：原材料　　实际成本
    直接材料价格差异　　　　差异额
    直接材料数量差异　　　　差异额

例2. 计提生产工人工资，产生超支差异。

  借：生产成本　标准成本
   直接人工价格差异　　差异额
   直接人工数量差异　　差异额
   贷：应付职工薪酬　　　　实际成本

例3. 产品生产完工转移至仓库。

  借：库存商品　标准成本
   贷：生产成本　　标准成本

三、期末成本差异的账务处理

标准成本法下"在产品"和"产成品"只核算了产品的标准成本,随着产品的销售和成本的结转,期末也应对成本差异进行结转。结转成本差异有直接结转法和递延结转法两种结转方法。

1. 直接结转法。 直接结转法是将本期发生的全部成本差异结转至"产品销售成本"账户,不在本期在产品、本期生产已销售产品和本期生产未销售产品三者之间进行分配。直接结转法避免了复杂的成本差异分配工作,将本期成本差异全部反映在本期利润上,使利润能如实反映本期生产经营工作和成本控制的全部成效,符合权责发生制的要求。因此,直接结转法是常用的成本差异结转方法。

例4. 期末结转成本差异

超支差异: 节约差异:
借:主营业务成本   差异额   借:有关成本差异账户 差异额
  贷:有关成本差异账户 差异额   贷:主营业务成本   差异额

2. 递延结转法。 递延结转法先将本期发生的全部成本差异按标准成本的比例在本期在产品、本期生产已销售产品和本期生产未销售产品三者之间进行分配,然后将本期生产已销售产品承担的差异结转至"主营业务成本"账户。这种方法成本差异分配工作较为复杂,且资产负债表和利润表有关项目反映的都是实际成本,不便于本期成本差异的分析和控制。因此,实务中一般较少采用这种结转方法。

思考题

1. 什么是标准成本控制?企业为什么要实行标准成本控制?
2. 什么样的企业可以实行标准成本控制?如何实行标准成本控制?
3. 什么是标准成本?可分为哪几类?各有何特点?
4. 什么是直接材料标准成本?它主要受哪些因素的影响?
5. 什么是直接人工标准成本?它主要受哪些因素的影响?
6. 什么是变动制造费用标准成本?它主要受哪些因素的影响?
7. 什么是固定制造费用标准成本?它主要受哪些因素的影响?
8. 什么是成本差异?它分为哪几类?
9. 什么是变动成本差异?变动成本差异计算的一般模型适用于哪些项目?
10. 固定制造费用成本差异的计算分析方法有哪些?分别适用哪些场合?

第4章 作业成本法

主要知识点

作业成本法的基本原理和相关概念；
作业成本法的具体实施步骤；
作业成本法在管理会计中的作用；
作业成本法在实际运用过程中的局限性。

关键概念

作业成本法（activity – based costing）
作业（activity）
成本动因（cost driver）
资源动因（resource driver）
作业动因（activity driver）

第一节 作业成本法的基本原理

一、作业成本法的产生与发展

作业成本法的产生最早可追溯到 20 世纪 30 年代末、40 年代初。埃里克·科勒（Eric Kohler）教授是第一个对作业成本法进行理论探讨的学者。科勒在实践中发现水能发电企业在发电过程中直接人工和直接材料占总成本的比重比较低，公共费用占总成本的比重很高。在这种情况下，基于"直接成本占总成本很大比重"条件下的传统成本核算方法便不再适合了。科勒（Kohler）在1941年《会计评论》上发表文章，首次对作业、作业账户的设置问题进行讨论，并且对作业进行定义。1952年科勒在《会计师词典》中提出了要为作业设置专门的账户，并说明了账户应核算的范围。

20世纪70年代发生了第三次技术革命，其主要特征是在电子技术革命的基础上形成生产过程高度的电脑化、自动化。在先进的技术手段辅助下，直接人工成本在生产成本中所占的比重大幅度下降，制造费用等间接费用大比例上升，按照传统的成本计算方法对制造费用进行分配所计算出来的产品生产成本不能合理的反映产品的实际成本，无法为企业经营管理提供有效的成本信息。1971至1988年，作业成本法的第二位研究者，美国的斯托布斯（G. J. Staubus）教授出版了《作业成本计算和投入产出会计》和《服务于决策的作业成本计算——决策有用性框架中的成本》等一系列著作。其理论观点主要有：（1）研究作业会计首先应该明确3个基本概念："作业"、"成本"、"会计目标——决策有用性"；（2）必须明确报表的目标。报表目标是为投资决策提供信息，减少不确定性，而成本直接影响着报表中的利润和收益；（3）要科学地解决成本计算和分配问题。这是斯托布斯教授的核心理念，他认为成本计算的对象应该是作业，而不是直接人工或机器工时等单一标准。成本不应生硬的分为直接材料、直接人工和制造费用，而是应该根据企业作业耗用的资源计算产品的成本。

20世纪80年代末90年代初，美国芝加哥大学的罗宾·库珀（Robin Cooper）和哈佛大学的罗伯特·卡普兰（Robert·S. Kaplan）首次明确提出了作业成本法这一概念，对作业成本法的现实意义、运作程序、成本动因选择、成本库的建立等重要问题进行了全面深入的分析。1987至1992年间，库珀和卡普兰分别发表了《相关性消失：管理会计的兴衰》、《论以作业法的实施：从分析到实施》等一系列文章，这些文章对从理论和应用上对作业成本法进行了研究，使作业成本法突破了纯理论研究，成为具有可操作性的成本核算方法。库珀和卡普兰的研究为作业成本法从理论走向实务应用起到了承上启下的作用，奠定了当代作业成本法研究的基石。

二、作业成本法的基本原理和概念

（一）作业成本法的基本原理

作业成本法，是指以"作业消耗资源、产出消耗作业"为原则，按照资源动因将资源费用追溯或分配至各项作业，计算出作业成本，然后再根据作业动因，将作业成本追溯或分配至各成本对象，最终完成成本计算的成本管理方法。[①]

作业成本法的研究基础是作业，其核心理论是"产出（产品）消耗作业，作业消耗资源"的二阶成本法。在分配直接费用时和传统成本核算方法基本一致，直接计入即可；而分配间接费用时采用作业作为分配的基础来进行分配。

---

① 本概念采用财政部发布的＜管理会计应用指引第304号——作业成本法＞。

作业成本法

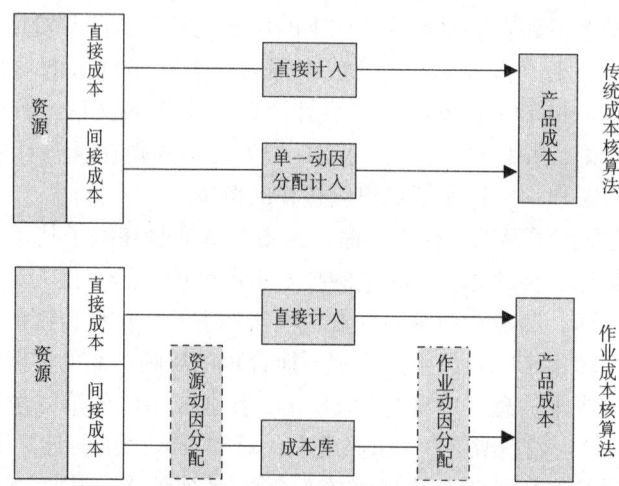

图 4-1 传统成本核算法和作业成本法流程图

从流程图 4-1 可以看出，传统成本核算法和作业成本核算法都是分两步进行，只是间接成本的分配路径不同。传统成本核算法下采用单一动因进行分配，将不同性质的间接费用按照部门归集在一起，然后以产量为基础，以直接人工工时或机器工时作为分配的标准，将间接费用分配到各种产品中，间接成本的分配路径为"资源→部门→产品"。作业成本核算法下将间接费用分配分为两个阶段，第一个阶段是把各项间接费用按照资源的消耗分配到各有关作业成本库；第二个阶段是按照作业消耗与产品之间不同的因果关系，将作业成本库中的作业成本分配到产品。因此，作业成本核算法下间接成本的分配路径是"资源→作业→产品"。

（二）作业成本法的基本概念

由于作业成本法的采用改变了传统模式下间接费用分配的基础，由此也产生了一系列新的概念，研究作业成本法有必要先对其中的重要概念进行阐述。作业成本法所涉及的概念主要有：资源、作业、成本动因、资源动因、作业动因等。资源通过资源动因分配至各个作业中心，形成作业成本库；作业成本库再通过作业动因分配至各个产品形成最终产品的成本。

1. 资源。作业成本法下，资源是指企业或者组织为了完成经营目标而消耗的各种费用的总和，是成本的来源。执行任何一项作业都需要消耗一定的资源。资源费用，是指企业在一定期间内开展经济活动所发生的各项资源耗费。资源费用既包括房屋及建筑物、设备、材料、商品等有形资源的耗费，也包括信息、知识产权、土地使用权等各种无形资源的耗费，还包括人力资源耗费以及其他各种税费支出等。企业为执行每一种作业所消耗的资源费用的总和，构成该种作业的总成本。

2. 作业。作业是连接资源和产品的纽带，它在消耗资源的同时生产出产品。作业，是指企业中特定组织（成本中心、部门或产品线）基于特定目的重复执行的任务或活动。一项作业既可以是一项非常具体的任务或活动，也可以泛指一类任务或活动。例如，签订材料采购合同、将材料运达仓库、对材料进行质量检验、办理入库手续、登记材料明细账等。

3. 成本动因。成本动因，是指诱导成本发生的原因，是作业成本或产品成本的驱动因素，是它决定着成本的产生。例如，产量增加时，直接材料成本就增加，产量是直接材料成本的驱动因素,即直接材料的成本动因;检验成本随着检验次数的增加而增加,检验次数就是检验成本的驱动因素,即检验成本的成本动因;对机器设备的调试会消耗人力和物力成本,那么调试的次数或调试的时间便是人力、物力消耗的成本动因。在传统的成本计算方法下,产量被认为是产品成本变动的唯一动因,并以此作为间接费用的分配标准;在作业成本计算方法下,成本动因被分解为多个因素。

选择合适的成本动因是作业成本法最为核心的内容,它关系到作业成本归集、分配的科学性、正确性和成本效益性。在作业成本法中,成本动因分为资源动因和作业动因。

4. 资源动因。所谓资源动因就是资源消耗背后的推动力,是作业消耗资源的方式和原因,它是资源分配到作业中心的依据,反映了作业中心对资源的消耗情况。

资源动因是引起作业成本增加的驱动因素,用来衡量一项作业的资源消耗量。依据资源动因可以将资源分配给各有关作业。例如,产品质量检验作业需要有检验人员、专用的设备,并耗用一定的能源(电力等)等。检验作业耗用的各项资源构成了检验作业的成本。其中,检验人员的工资、专用设备的折旧费等成本,一般可以直接归属于检验作业;而能源成本往往不能直接计入,需要根据设备额定功率(或根据历史资料统计的每小时平均耗电数量)和设备开动时间来分配。这里,"设备的额定功率乘以开动时间"就是能源成本的动因。设备开动导致能源成本发生,设备的功率乘以开动时间的数值(即动因数量)越大,耗用的能源就越多。按"设备的额定功率乘以开动时间"这一动因作为能源成本的分配基础,可以将检验专用设备耗用的能源成本分配到检验作业中。

5. 作业动因。所谓作业动因就是作业消耗背后的推动力,是产品消耗各项作业的方式和原因,它是作业成本库中的成本分配到产品的标准。

作业动因是衡量一个成本对象需要的作业量,是产品成本增加的驱动因素。作业动因计量成本对象耗用作业的情况,并被用来作为作业成本的分配基础。例如,每批产品完工后都需要进行质量检验,假设对任何产品的每一批次进行质量检验所发生的成本相同,则检验的"次数"就是检验作业的成本动因,它是引起产品检验成本增加的驱动因素。某一会计期间发生的检验作业的总成本(包括检验人工成本、设备折旧、能源成本等)除以检验的次数,即为每次检验所发生的成本。某种产品所应承担的检验作业成本,等于该种产品的批次乘以每次检验发生的成本。产品完成的批次越多,则需要进行检验的次数越多,应承担的检验作业成本越多;反之,则应承担的检验作业成本越少。

第二节

作业成本法的步骤和应用

一、作业成本法的一般步骤

作业成本法一般按照资源识别及资源费用的确认与计量、成本对象选择、作业认定、作业中心设计、资源动因选择与计量、作业成本汇集、作业动因选择与计量、作业成本分配、作业成本信息报告等程序进行。

（一）资源识别及资源费用的确认与计量

资源识别及资源费用的确认与计量，是指识别出由企业拥有或控制的所有资源，遵循国家统一的会计制度，合理选择会计政策，确认和计量全部资源费用，编制资源费用清单，为资源费用的追溯或分配奠定基础。

如果把整个制造中心看成一个与外界进行物质交换的投入–产出系统，则所有进入该系统的人力、物力、财力等都属于资源的范畴。资源费用清单一般应分部门列示当期发生的所有资源费用，其内容要素一般包括发生部门、费用性质、所属类别、受益对象等。资源识别及资源费用的确认与计量应由企业的财务部门负责，在基础设施管理、人力资源管理、研究与开发、采购、生产、技术、营销、服务、信息等部门的配合下完成。

（二）成本对象的选择

在作业成本法下，企业应将当期所有的资源费用，遵循因果关系和受益原则，根据资源动因和作业动因，分项目经由作业追溯或分配至相关的成本对象，确定其成本。企业应根据国家统一的会计制度，并考虑预算控制、成本管理、营运管理、业绩评价以及经济决策等方面的要求确定成本对象。作业成本法下的成本对象一般指的是产品、订单、服务或顾客等。

（三）作业的认定

建立作业成本核算系统从作业认定开始，即确认某个成本对象的每一项作业完成的工作以及执行该作业耗用的资源成本。作业的认定需要对每项消耗资源的作业进行定义，识别每项作业在生产活动中的作用、与其他作业的区别，以及每项作业与耗用资源的联系。

作业认定有两种形式：一种是根据企业总的生产流程，自上而下进行分解；另一种形式是通过和参与作业的工作人员进行交谈，自下而上地确定他们所做的工作，并逐一认定各项作业。在实务中，自上而下和自下而上这两种方式往往需要结合起来运用。

例如，根据生产流程分析和工厂的布局可知，由于原材料仓库与生产车间之间有1公里的距离，必然存在材料搬运作业，材料搬运作业就是将生产用的原材料从仓库运送到生产车间；通过与从事相关作业的工作人员交谈识别和认定该项作业，比如与进行搬运作业的员工进行交谈，询问他的具体工作性质，也很容易得出生产过程中有这样一项搬运作业，其主要作用是把原材料从仓库运往车间。

表4–1是一个制造业企业为背景的作业认定的实例。每一个企业应该根据自身的产品生产特点和工艺过程，在生产过程中认定作业数量的多少。

表4–1　　　　　　　　　　　　作业的认定

作业名称	作业说明
材料订购	选择供应商、签订合同、明确供应方式等
材料检验	对每批购入的材料进行质量、数量检验
生产准备	每批产品投产前，将生产所需材料发往各生产车间
加工	对原材料进行加工

续表

作业名称	作业说明
产品组装	将各半成品组装成产成品
产品质量检验	人工检验产品质量
包装	用纸箱包装产品
车间管理	组织和管理车间生产、提供维持生产的条件

为了对认定的作业进一步分析和归类,在作业认定后,应列出作业清单或编制作业字典。作业清单或作业字典一般应当包括作业名称、作业内容、作业类别、所属作业中心等内容。

(四)作业中心的设计

作业中心即作业成本库的设计,指的是企业将认定的所有作业按照一定的标准进行分类,形成不同的作业中心,作业中心可以是某一项具体的作业,也可以是由若干个相互联系的能够实现某种特定功能的作业的集合。作业中心通常包括如下五类:

1. 单位级作业中心。该中心归集的是每一个单位产品至少要执行一次的作业。例如,机器加工、组装。这些作业对每个产品都必须执行。这类作业的成本包括直接材料、直接人工工时、机器成本和直接能源消耗等。

单位级作业中心的成本是直接成本,可以追溯到每个单位产品上,即直接计入成本对象的成本计算单。

2. 批次级作业中心。该中心归集的是同时服务于每批产品或许多产品的作业。例如,生产前机器调试、成批产品转移至下一工序的运输、成批采购和检验等。它们的成本取决于批次,而不是每批中单位产品的数量。

批次级作业中心的成本需要单独进行归集,计算每一批的成本,然后分配给不同批次(如某订单),最后根据产品的数量在单个产品之间进行分配。

3. 产品级作业中心。该中心归集的是服务于某种型号或样式产品的作业,例如,产品设计、产品生产工艺规程制定、工艺改造、产品更新等。这些作业的成本依赖于某一产品线的存在,而不是产品数量或生产批次。

产品级作业中心的成本仅仅因为某个特定的产品线存在而发生,随产品品种而变化,不随产量、批次数而变化。例如,维护某一产品的工程师的数量取决于产品的复杂程度,而生产的复杂程度是产品零件多少的函数,因此可以按零件数量为基础分配品种级成本至每一种产品,然后再分配给不同的批次(如某订单),最后根据产品的数量在单个产品之间进行分配。

4. 客户级作业中心。该中心归集的是服务于某些特定客户所发生的作业,例如,特定客户发生的技术支持、产品包装等。这些作业的成本依赖于某一特定客户,该客户与产品订单往往有一定的联系。因此可以将客户级作业成本库中归集的成本,分配给不同的订单,然后根据订单中产品的数量在单个产品之间进行分配。

5. 生产维持级作业中心。该中心归集的是服务于整个工厂的作业,例如,工厂保安、维修、行政管理、保险、财产税等。它们是为了维护生产能力而进行的作业,不依赖于产品的数量、批次和种类。

无法追溯到单位产品,并且和产品批次、产品品种、特定客户无明显关系的成本,都属于生产维持级成本。这些成本首先被分配到不同产品品种,然后再分配到成本对象(如某订单),最后分配给单位产品。这种分配顺序不是唯一选择,也可以直接依据直接人工或机器工时分配给成本对象。这是一种不准确的成本分摊。

(五) 将资源成本分配至作业

将资源成本分配至作业就是通过对资源动因进行选择与计量,将资源归集到各作业成本中心(库)中。资源成本借助于资源动因分配到各项作业成本中心(库)。常用的资源动因见表4-2:

表4-2　　　　　　　　　　　　　资源动因

作业	资源动因
机器运行作业	机器小时
安装作业	安装小时
清洁作业	平方米
材料移动作业	搬运次数、搬运距离、吨公里
人事管理作用	雇员人数、工作时间
能源消耗	电表、流量表、装机功率和运行时间
制作订单作业	订单数量
顾客服务作业	服务电话次数、服务产品品种数、服务的时间

(六) 将作业成本分配计入成本对象

将作业成本分配计入成本对象首先要对作业动因进行选择与计量,然后将作业成本分配到具体的成本计算对象中去。作业成本分配一般按照以下两个程序进行:

1. 分配次要作业成本至主要作业,计算主要作业的总成本和单位成本。

企业应按照各主要作业每一次作业耗用的作业动因量,将次要作业的总成本分配至各主要作业,并结合直接追溯至次要作业的资源费用,计算各主要作业的总成本和单位成本。有关计算公式如下:

次要作业成本分配率 = 次要作业总成本 ÷ 该作业动因总量　　　　　　　　(4-1)

某主要作业分配的次要作业成本 = 该主要作业耗用的次要作业动因量 × 该次要作业成本分配率　　　　　　　　(4-2)

主要作业总成本 = 直接追溯至该作业的资源费用 + 分配至该主要作业的次要作业成本之和　　　　　　　　(4-3)

主要作业单位成本 = 主要作业总成本 ÷ 该主要作业动因总量　　　　　　　　(4-4)

2. 分配主要作业成本至成本对象,计算各成本对象的总成本和单位成本。

企业将次要作业成本分配至各主要作业后,结合直接追溯至成本对象的单位水平资源费用,计算各成本对象的总成本和单位成本。有关计算公式如下:

某成本对象分配的主要作业成本 = 该成本对象耗用的主要作业成本动因量 × 主要作业单位成本　　　　　　　　(4-5)

某成本对象总成本＝直接追溯至该成本对象的资源费用＋分配至该成本对象的主要作业成本之和 (4－6)

某成本对象单位成本＝该成本对象总成本÷该成本对象的产出量 (4－7)

如同传统成本计算法一样，作业成本分配时可以采用实际分配率或者预算分配率。采用预算分配率时，发生的成本差异可以直接结转本期营业成本，也可以计算作业成本差异率，并据以分配给有关产品。

（七）编制作业成本信息报告

作业成本信息报告的目的，是通过设计、编制和报送具有特定内容和格式要求的作业成本报表，向企业内部各有关部门和人员提供其所需要的作业成本及其他相关信息。作业成本报表的内容和格式应根据企业内部管理需要确定。作业成本报表提供的信息一般应包括以下内容：

1. 企业拥有的资源及其分布以及当期发生的资源费用总额及其具体构成的信息。
2. 每一成本对象总成本、单位成本及其消耗的作业类型、数量及单位作业成本的信息，以及产品盈利性分析的信息。
3. 每一作业或作业中心的资源消耗及其数量、成本以及作业总成本与单位成本的信息。
4. 与资源成本分配所依据的资源动因以及作业成本分配所依据的作业动因相关的信息。
5. 资源费用、作业成本以及成本对象成本预算完成情况及其原因分析的信息。
6. 有助于作业、流程、作业链（或价值链）持续优化的作业效率、时间和质量等方面非财务信息。
7. 有助于促进客户价值创造的有关增值作业与非增值作业的成本信息及其他信息。
8. 有助于业绩评价与考核的作业成本信息及其他相关信息。
9. 上述各类信息的历史或同行业比较信息。

二、作业成本法应用举例

新新公司的主要业务是生产小学生校服。该公司的服装车间生产3种款式的裙装校服和2种款式的裤装校服。裙装校服和裤装校服分别由两个独立的生产线进行加工，每个生产线都有自己的技术部门。5款校服均按批组织生产，每批100件。该企业本月每种款式的产量和直接成本见表4－3，制造费用发生额见表4－4所示。

表4－3　　　　　　　　产量、直接人工和直接材料资料　　　　　　　　单位：元

产品品种	裙装校服			裤装校服		合计
型号	裙装校服1	裙装校服2	裙装校服3	裤装校服1	裤装校服2	
本月批次	5	6	4	8	10	33
每批产量（件）	100	100	100	100	100	
本月总产量（件）	500	600	400	800	1000	3 300

续表

产品品种	裙装校服			裤装校服		合计
型号	裙装校服1	裙装校服2	裙装校服3	裤装校服1	裤装校服2	
每批次直接人工成本	2 000	1 800	2 100	2 200	2 600	
直接人工总成本	10 000	10 800	8 400	17 600	26 000	72 800
每批直接材料成本	3 000	3 200	2 800	2 500	2 600	
直接材料总成本	15 000	19 200	11 200	20 000	26 000	91 400

表 4-4　　　　　　　　　制造费用发生额　　　　　　　　　单位：元

项目	金额
生产准备、检验和供应成本（批次级成本）	98 000
裙装校服产品线成本（产品级作业成本）	60 000
裤装校服产品线成本（产品级作业成本）	70 000
其他成本（生产维持级成本）	26 800
制造费用合计	254 800

（一）按完全成本法计算成本

采用完全成本法计算时，制造费用以直接人工成本作为统一的分配率，计算如下：

制造费用分配率＝制造费用/直接人工成本＝254 800÷72 800＝3.5

根据制造费用分配率，将制造费用分配至各产品，完全成本法的成本汇总计算单见表4-5。

表 4-5　　　　　　　　完全成本法汇总成本计算单　　　　　　　　单位：元

产品型号	裙装校服1	裙装校服2	裙装校服3	裤装校服1	裤装校服2	合计
直接材料	15 000	19 200	11 200	20 000	26 000	91 400
直接人工	10 000	10 800	8 400	17 600	26 000	72 800
制造费用分配率	3.5	3.5	3.5	3.5	3.5	
制造费用	35 000	37 800	29 400	61 600	91 000	254 800
产品总成本	60 000	67 800	49 000	99 200	143 000	419 000
每批次成本	12 000	11 300	12 250	12 400	14 300	
单位成本	120	113	122.5	124	143	

（二）按作业成本法计算成本

作业成本分配的第一步是计算作业成本动因的单位成本，作为作业成本的分配率，如表4-6所示（为计算方便，表中小数位保留到整数）：

表 4-6　　　　　　　　　　作业成本分配率的计算

作业	成本（元）	批次（批次）	分配率
批次级作业成本库	98 000	33	2970（元/批）
裙装校服产品级作业成本库	60 000	15	4000（元/批）
裤装校服产品级作业成本库	70 000	18	3889（元/批）
生产维持级作业成本库	26 800		36.81%*
制造费用合计	254 800		

* 生产维持级作业成本分配率 = 生产维持级作业成本 ÷ 直接人工总成本
　　　　　　　　　　　　　= 26800 ÷ 72800 ≈ 36.81%

作业成本分配的第二步是根据单位作业成本和作业量，将作业成本分配到产品，如表 4-7 所示。

表 4-7　　　　　　　　　作业成本法汇总成本计算单　　　　　　　　　单位：元

产品型号	裙装校服1	裙装校服2	裙装校服3	裤装校服1	裤装校服2	合计
直接材料	15 000	19 200	11 200	20 000	26 000	91 400
直接人工	10 000	10 800	8 400	17 600	26 000	72 800
本月批次	5	6	4	8	10	31
批次级作业成本分配率（元/批）	2 970	2 970	2 970	2 970	2 970	
批次级作业总成本	14 850	17 820	11 880	23 760	29 690*	98 000
产品级作业成本分配率（元/批）	4 000	4 000	4 000	3 889	3 889	
产品级作业总成本	20 000	24 000	16 000	31 112	38 888*	130 000
生产维持级作业成本分配率（元/每元直接人工成本）	36.81%	36.81%	36.81%	36.81%	36.81%	
生产维持级作业成本	3 681	3 975	3 092	6 479	9 573*	26 800
制造费用合计	38 531	45 795	30 972	61 351	78 151	254 800
产品总成本	63 531	75 795	50572	98 951	130 151	419 000
每批次成本	12 706	12 633	12 643	12 369	13 015	
单位成本	127.06	126.33	126.43	123.69	130.15	

* 该处的数字用倒挤法计算。

（三）作业成本法与完全成本法的比较

表 4-8　　　　　　　作业成本法与完全成本法的比较　　　　　　　单位：元

产品型号	裙装校服1	裙装校服2	裙装校服3	裤装校服1	裤装校服2	合计
产品总成本（作业成本法）	63 531	75 795	50572	98 951	130 151	419 000

续表

产品型号	裙装校服1	裙装校服2	裙装校服3	裤装校服1	裤装校服2	合计
产品总成本（完全成本法）	60 000	67 800	49 000	99 200	143 000	419 000
产品总成本的差异（作业成本－完全成本）	3 531	7 995	1 572	－249	－12 849	0
单位成本（作业成本法）	127.06	126.33	126.43	123.69	130.15	
单位成本（完全成本法）	120	113	122.5	124	143	
单位成本差异（作业成本－完全成本）	7.06	13.33	3.93	－0.31	－12.85	
差异率（差异/完全成本）	5.89%	11.79%	3.21%	－0.25%	－8.99%	

通过比较完全成本法和作业成本法的计算结果，可以看出：

1. 完全成本法扭曲了产品成本。作业成本法下，所有裙装校服的单位成本都比完全成本法高，而裤装校服的单位成本比完全成本法低，引起差别的原因是由完全成本法按直接人工比例法分配全部制造费用，而不管这些费用的驱动因素是什么。作业成本法下，制造费用归集于三类（共4个）成本库，分别按不同成本动因分配，提高了合理性。

2. 作业成本法和完全成本法都是对全部生产成本进行分配，不区分固定成本和变动成本，这与变动成本法不同，从长远来看，所有成本都是变动成本，都应当分配给产品。

第三节 作业成本法的作用与局限

一、作业成本法的作用

（一）可以获得更准确的产品和产品线成本

作业成本法的主要优点在于减少了传统成本信息可能对于决策的误导。一方面作业成本法扩大了追溯到个别产品的成本比例，减少了成本分配对于产品成本的扭曲；另一方面采用了多种成本动因作为间接成本的分配基础，使得分配基础与被分配成本的相关性得到改善。准确的成本信息，可以提高经营基础的质量，包括定价决策、扩大生产规模、放弃产品线等经营决策。作业成本法能够提供更加准确的各维度成本信息，有助于企业提高产品定价、作业与流程改进、客户服务等决策的准确性。

(二) 为战略管理提供信息支持

战略管理需要相应的信息支持。例如，价值链分析是企业用于评估企业价值感知重要性的一个战略分析工具。它包括确定当前成本和绩效标准，是评估整个供应链中哪些环节可以增加客户价值、减少成本费用的一整套工具和程序。由于产品价值是由一系列作业创造的，作业链是企业价值链的重要构成部分。价值链分析需要识别供应作业、生产作业和分销作业，并且识别每项作业的成本驱动因素，以及各项作业之间的关系。作业成本法可以为价值链分析提供信息支持。再比如，成本领先战略是企业竞争战略的选择之一，实现成本领先战略，除了规模经济之外，需要具备能够低成本完成作业的资源和技能。这种有别于竞争对手的资源和技能，来源于技术创新和持续的作业管理。作业管理包括成本动因分析、作业分析和绩效衡量等，其主要数据来源于作业成本计算。

(三) 可以有效促进企业管理的改善

作业成本法在资源消耗与产品成本之间建立起了一条由作业构成的"成本流"渠道，通过它们可以更加科学合理地进行成本核算，改善成本信息。作业成本法提供更为准确的成本资料，帮助决策者进行产品的盈利性分析，为是否停产老产品、开发新产品和指导价格定位等提供准确的决策信息，以保证企业战略得以实施。同时，作业成本法能够对作业所消耗的成本进行追溯和反映，提供了解产品作业过程的途径，使管理者知道成本是如何发生的；成本动因的确定，使管理者将注意力集中于成本动因的耗用上，而不仅仅是关注产量和直接人工。从成本动因上改进成本控制，包括改进产品设计和生产流程等，不断发现作业环节的不足之处，进而能够通过作业改善、提高价值链效率等方法来优化作业活动，不断减少不增值作业，提高增值作业的效率。因此，作业成本法不仅是一种适应现代生产的、更为精确的成本核算体系，更重要的是，它还可以大大提高企业内部的管理水平。

知识链接

增值作业与非增值作业

增值作业与非增值作业是站在顾客角度划分的。最终顾客认为可以增加其购买的产品或服务的有用性、有必要保留在企业中的作业是增值作业；否则就是非增值作业。增值作业一般应同时满足以下三个条件：①该作业导致了状态的改变；②该状态的变化不能由其他作业来完成；③该作业使其他作业得以进行。

二、作业成本法的局限

(一) 开发和维护费用较高

作业成本法的成本动因多于完全成本法，成本动因的数量越大，开发和维护费用越高。即使有了计算机和数据库技术，采用作业成本法仍然是一件成本很高的事情。如果将作业成本法仅仅作为一项会计创举，不能通过作业成本数据的使用来改善决策和作业管理，提高企业的竞争力，则很可能得不偿失。部分作业的识别、划分、合并与认定、成本动因的选择以及成本动因计量方法的选择等均存在较大的主观性，操作较为复杂，开发和维护费用较高。

（二）作业成本法不符合对外财务报告的需要

采用作业成本法的企业，为了使对外财务报表符合会计准则的要求，需要重新调整成本数据。这种调整与变动成本法的调整相比，不仅工作量大，而且技术难度大，有可能出现混乱。

（三）确定成本动因比较困难

并不是所有的间接成本都和特定的成本动因相关联。有时找不到成本相关的驱动因素，或者几个假设的驱动因素与成本的相关程度都很低，或者取得驱动因素的数据成本很高。此时，就会出现人为主观分配方法，扭曲产品成本数据。

（四）不利于管理控制

完全成本法按部门建立成本中心，为实施责任会计和业绩评价提供了方便。作业成本系统的成本库与企业的组织结构不一致，不利于提供管理控制的信息，因此许多管理人员和会计人员持反对态度。作业成本法倾向于以牺牲管理控制信息为代价，换取经营决策信息的改善，减少了会计数据对管理控制的有用性。

三、作业成本法适用企业的范围

作业成本法一般适用于具备以下特征的企业：

1. 制造费用在产品成本中占有较大比重。这类企业作业类型较多且作业链较长，若使用单一的分配率分配制造费用，企业成本信息的扭曲会比较严重。

2. 产品品种较多。这包括产品品种的多样性和规模的多样性，原材料的多样性和产品组装的多样性。产品的多样性是引起传统成本系统在计算产品成本时发生信息扭曲的原因之一。

3. 企业的规模比较大。由于大企业拥有更为强大的信息沟通渠道和完善的信息管理基础设施，管理层对产品成本准确性要求较高，对信息的需求更为强烈，所以他们比小企业对作业成本法更感兴趣。

4. 有相应的技术支持。一般企业会成立由生产、技术、销售、财务、信息等部门的相关人员构成的设计和实施小组，负责作业成本系统的开发设计与组织实施工作。企业应拥有先进的计算机及网络技术，配备完善的信息系统，能够及时、准确提供各项资源、作业、成本动因等方面的信息，为资源费用以及作业成本的追溯或分配提供合理的依据。

现阶段适合用作业成本法的行业大致有：快递物流、电信运营、能源等，其特点是多点网络式经营，且以提供劳务为主要业务活动。间接成本占总成本比例低的行业不必实施作业成本法，而以制造产品为主要业务流程的制造业不适合全面采用作业成本法，主要原因在于实施作业成本法的成本高于收益。但是在管理信息系统高度发展的信息时代，作业成本法的应用成本得到有效降低，因此制造业企业也应逐步开展作业成本法辅助成本核算和管理。

思考题

1. 什么是作业成本法？什么是作业？什么是成本动因？
2. 资源动因和作业动因的区别是什么？如何应用？
3. 作业成本法和传统成本核算方法有什么区别？
4. 应用作业成本法的一般步骤是什么？
5. 作业成本法有哪些优点和缺陷？

第5章
本－量－利分析

主要知识点

本－量－利分析的基本概念；
本－量－利分析的基本假设；
保本点分析；
目标利润分析；
敏感性分析。

关键概念

本－量－利分析（cost – volume – profit analysis）
边际贡献（marginal contribution）
边际贡献率（marginal contribution rate）
经营杠杆（degree of operational leverage）

第一节　本－量－利分析的基本概念

一、本－量－利分析方法

本－量－利分析（cost – volume – profit analysis）是对成本、产量（销量）、利润之间相互关系进行分析的一种方法，又称 CVP 分析。这一分析方法是建立在成本按照成本性态进行划分的基础上,具体研究销(产)量、价格、成本和利润之间的相互关系。本-量-利分析的基本原理和分析方法在公司预决策、计划和控制等方面具有非常广泛的用途,也是管理会计中非常重要的分析方法。

二、边际贡献与边际贡献率

(一) 边际贡献

在成本性态分析中,变动成本与销售收入直接呈同比例变化,因此,每形成一元的收入将使变动成本有相应的增长。边际贡献(marginal contribution)是指销售收入扣除变动成本后的金额,也称为贡献毛益。它并不等同于企业利润,但是直接影响着利润。单位边际贡献就是销售单价和单位变动成本之间的差额。根据单位边际贡献和销售量,也可以计算出这些产品为企业带来多少边际贡献。具体公式如下:

边际贡献 = 销售收入 - 变动成本 = (P - AVC)V   (5-1)

单位边际贡献 = 销售单价 - 单位变动成本 = P - AVC   (5-2)

其中:P 表示单位价格;AVC 表示单位变动成本;V 表示销售量。

【例 5-1】星辉公司今年 6 月份销售了 5 000 台产品,产品单价 200 元,单位变动成本 120 元。

根据星辉公司提供的信息可知,P = 200 元,AVC = 120 元,V = 5 000 可以分别计算出公司的单位边际贡献和边际贡献,具体如下:

单位边际贡献 = 200 - 120 = 80 (元)

边际贡献 = 80 × 5 000 = 400 000 (元)

(二) 边际贡献率

贡献,除了用绝对数的形式来表示之外,还可以用相对数的形式来表示。用边际贡献与销售收入之间的比率来表示在销售收入中边际贡献占多大比重,称为边际贡献率。边际贡献率也可以用单位金额来表示,即单位边际贡献占销售单价的比例。对于多品种产品的企业,用各品种产品带来的贡献总额与各品种产品的销售收入总额的比率,称为综合边际贡献率。公式如下:

边际贡献率 = (销售收入 - 变动成本)/销售收入

= (销售单价 - 单位变动成本)/销售单价

$$= \frac{P - AVC}{P} \quad (5-3)$$

$$综合边际贡献率 = \frac{\sum (P - AVC)V}{\sum PV} \quad (5-4)$$

由边际贡献率,可以引申出变动成本率,即单位变动成本与单位售价的比率。公式如下:

$$变动成本率 = 单位变动成本/单位售价 = \frac{AVC}{P} \quad (5-5)$$

根据例 5-1 的资料,可以计算星辉公司的边际贡献率和变动成本率,具体如下:

$$边际贡献率 = \frac{200-120}{200} \times 100\% = 40\%$$

$$变动成本率 = \frac{120}{200} \times 100\% = 60\%$$

星辉公司的边际贡献率达到40%，变动成本率为60%。公司只销售单一产品，因此不存在综合边际贡献率。

通常成本按照性态区分为固定成本和变动成本两类，对于计算保本点是十分有用的，而计算某产品的边际贡献则对产品的定价决策和是否接受某项订单的决策有帮助。

三、经营杠杆

（一）经营杠杆

经营杠杆（degree of Operational leverage）又称营业杠杆或营运杠杆，是指在企业生产经营中由于存在固定成本而导致息税前利润变动率大于产销量变动率的规律。

根据成本性态假设，在一定产销量范围内，产销量的增加一般不会影响固定成本总额，但会使单位产品固定成本降低，从而提高单位产品利润，并使利润增长率大于产销量增长率；反之，产销量减少，会使单位产品固定成本升高，从而降低单位产品利润，并使利润下降率大于产销量的下降率。所以，产品只有在没有固定成本的条件下，才能使边际贡献等于经营利润，实现利润变动率与产销量变动率同步增减，但这种情况在现实中是不存在的。

对于一家企业而言，固定成本的数额越大，则其相应的杠杆越大，企业的经营风险也越大。在一家杠杆值很大的企业中，很小百分比的销量变化，都将引起企业利润的剧烈变化。这种变动程度，可以用经营杠杆系数来表示，公式为：

$$经营杠杆系数(DOL) = \frac{(P-AVC)V}{(P-AVC)V - FC} \tag{5-6}$$

其中FC表示固定成本。

【例5-2】 众和公司本月销售额为40万元，总的变动成本为销售额的60%，固定成本为8万元，试计算该公司的经营杠杆系数。

$$经营杠杆系数 DOL = \frac{40 \times (1-60\%)}{40 \times (1-40\%) - 8} = 2$$

DOL为2，意味着随着销售额变化a%，会引起息税前收益变化2a%。若销售额增长50%，则息税前收益有100%的增长。

为说明经营杠杆的重要性，以下列出A、B两家公司的相关资料，详见例5-3。

【例5-3】 A、B两家公司产销量均为10 000件，两家公司的产品均以每件8元的价格售出。A公司产品的单位变动成本为4元，固定成本为30 000元，B公司产品的单位变动成本为2元，固定成本为50 000元。

两家公司各自的销售收入 = 8 × 10 000 = 80 000（元）

A公司变动成本 = 4 × 10 000 = 40 000（元）

B公司变动成本 = 2 × 10 000 = 20 000（元）

A公司总成本 = 40 000 + 30 000 = 70 000（元）

B公司总成本＝20 000＋50 000＝70 000（元）
两家公司的利润＝80 000－70 000＝10 000（元）

两家公司的销售收入相等，都等于80 000元，两家公司的总成本也相等，都为70 000元，两家公司的利润也相等，都为10 000元。表面上看，AB两家公司情况一样，没有什么差别，但仔细分析，会发现两家公司的成本结构不一样，A公司的固定成本在总成本中比重较低，而B公司则比重较高。如果假设两家公司的产销量都下跌25%，两家公司会呈现怎样的结果呢？

两家公司各自的销售收入＝8×10 000×（1－25%）＝60 000（元）
A公司变动成本＝4×10 000×（1－25%）＝30 000（元）
B公司变动成本＝2×10 000×（1－25%）＝15 000（元）
A公司总成本＝30 000＋30 000＝60 000（元）
B公司总成本＝15 000＋50 000＝65 000（元）
A公司利润＝60 000－60 000＝0（元）
B公司利润＝60 000－65 000＝－5 000（元）

从计算结果可以清晰地发现，经营杠杆的高低对于公司销售业务下跌情况就会产生明显的差异。当产销量下跌25%时，A公司低杠杆无利润，B公司高杠杆，亏损5000元。不妨试试当两公司的销售量上升25%，又会出现怎样的差异呢？

知识链接

经营风险

经营风险（Johnson H. Thomas）是指由于商品经营上的原因给公司的收益（指息税前收益）或收益率带来的不确定性。影响经营风险的主要因素包括产品需求变动、产品价格变动和产品成本变动等等。

第二节　本－量－利分析的基本假设

一、相关范围假设

本－量－利分析是建立在成本按成本性态划分基础上的一种分析方法，成本性态划分的基本假设也是本－量－利分析的基本假设。成本依照其与业务量的关系分为固定成本和变动成本，但前提条件是在一定的时间和一定的业务量范围之内，这个相关范围假设是成本性态划分的基本假设，也构成了本－量－利分析的基本假设之一。相关范围假设包含了期间假设和业务量假设。

（一）期间假设

对于固定成本和变动成本，其固定性与变动性都与特定期间相关，并且归属于这个特定的期间内，成本金额的大小也是在这个期间内计量而得的。随着时间的改变，固定成本的总额及其内容也会发生变化，单位变动成本的数额及其内容也会发生变化。比如说机器设备会更新、原材料的价格和工人的工资会上涨等。

（二）业务量假设

按成本性态划分的固定成本和变动成本，也是在一定业务量范围内确定和计算出来的。当业务量发生变化，尤其是变化比较大时，会引起固定成本较大的变化，此时需要重新确认固定成本与变动成本。

期间假设与业务量假设之间关系非常紧密，相互依存。不同期间受各种因素的影响不同，业务量往往会发生变化，有时变化较大，尤其是不同期间的差距较大时，业务量的差异更是如此。

二、模型线性假设

公司的总成本按性态可以直接或者近似地用线性模型 $y = a + bx$ 来表示。从本－量－利分析方法本身来考虑，利润只是借助于收入与支出来计算确定的，因此，本假设只涉及成本与业务量两个方面。模型线性假设具体包括以下几个假设。

（一）固定成本不变假设

本－量－利分析中的模型线性假设需要固定成本保持不变，即公司在相关范围内，固定成本为一固定常数 a。也就是说，在企业经营能力的相关范围内，固定成本保持不变，即在一定期间和业务量范围内固定成本表现为一条水平线。

（二）单位变动成本不变假设

与固定成本不变假设近似，单位变动成本不变假设是在相关范围内，假设变动成本与业务量之间的关系可以用完全线性模型来表示，即 $C = bx$。其中：C 为变动成本，b 为单位变动成本，x 为业务量。当超出了相关范围假设，变动成本与业务量之间就会形成一种新的关系。

（三）销售单价不变假设

这一假设前提是公司的销售价格保持不变，这样在本－量－利分析中，销售价格是一个固定的常数，销售收入与销售数量之间呈完全线性关系。用模型表示为 $I = px$。其中：I 为销售收入，p 为销售单价，x 为销售数量。

三、产销平衡假设

本－量－利分析的核心是分析业务量作为驱动因素如何引起成本和利润的变化，而业务量的变化对应着产量和销量两种指标，如果产销不平衡将会出现存货等问题，从而使得分析复杂化。为简化问题，基本的本－量－利分析假定产销平衡，即产量和销量相等。对现实中存在的产销不平衡情形和存货问题，都可以基于本－量－利分析的原理予以扩展。

四、品种结构不变假设

对于多元经营的企业来说，其收入构成来源于多品种的销售收入。由于企业品种多，加之市场经营状况复杂，各品种在不同时间上所带来的收入是在不断变化的。这样就会导致预计的收入与实际的收入差异很大。因此，在分析时，需要假设各品种在企业的销售收入中所占的比重保持不变。

上述本－量－利分析的假设中相关范围假设是最基本的假设，是本－量－利分析的出发点；模型线性假设是相关范围的延伸；产销平衡假设与品种结构不变假设又是对模型线性假设的进一步补充；同时，品种结构不变假设又是多品种条件下产销平衡假设的前提条件。

总之，通过以上几个假设，可以有效地保证本－量－利分析。

第三节 本－量－利分析

一、保本点分析

保本点是一个非常重要的数量指标，直接关系到企业能否获得利润，企业销售凡是达不到保本点就意味着企业没有盈利。因此，保本点的确定是本－量－利分析中非常重要的内容，也是建立在本－量－利分析所有假设的基础之上。保本点又称为盈亏临界点，在该点处企业不亏不盈，即企业利润为零时的销售量或销售额。保本点分析是本－量－利分析的基础，企业在规划目标利润、控制利润完成情况、估计经营风险时都需要考虑它。

保本点分析就是根据成本、销售收入、利润等因素之间的函数关系，预测企业在什么情况下达到盈亏平衡状态。保本点分析所提供的信息，对于企业合理计划和有效控制经营过程极为有用，如预测成本、收入、利润和预计售价、销量、成本水平的变动对利润的影响等。应该指出的是，保本点分析是在研究成本、销售收入和利润三者之间相互关系的基础上进行的，所以除了销售量因素外，销售价格、固定成本与变动成本等因素的变动，同样可以让企业达到盈亏平衡状态，只不过在进行保本点分析时，某一因素与其他因素之间表现为互为因果关系。

（一）保本图

保本图就是通过直角坐标图来分析，展示保本点。这是一种通过图形的方式来进行保本点分析，具有直观形象、简单易懂的优点，但需要通过目测保本图的方式来获得保本点的数据，因此准确度会受到主观因素的影响。但如果只是想大致了解企业的保本情况，则可以运用保本图来体现，具体有四种类型：**传统式、贡献毛益式、利量式和单位式。**

1. 传统式。传统式是保本图中最基本的形式，其特点就是将变动成本置于固定成本之上，可以清楚地表明固定成本不随业务量变动的特征。图形在具体绘制中有以下要求：

（1）直角坐标系中，以纵轴表示成本和销售收入，横轴表示业务量，比如销售量、工时、服务量等等。

(2) 固定成本线是一条与横轴平行的直线，与纵轴的交点就是固定成本总额。

(3) 在横轴上任取一点的销售量，计算出相应的总成本，在坐标图中找到这一点，并与固定成本线的起点连接并延伸出去，就形成总成本线。

(4) 在横轴上任取一点的销售量，计算出相应的销售收入，在坐标图中找到该点，并与原点连接并延伸出去，就形成销售收入线。

根据以上要求绘制出传统式保本图，如图 5-1 所示。图中 c 线是固定成本线，b 线是总成本线，a 线是销售收入线。其中总成本线与销售收入线的交点 e 就是保本点。保本点以上总成本线与销售收入线夹角的区域为盈利区域，保本点以下销售收入线与总成本线的夹角区域为亏损区域。

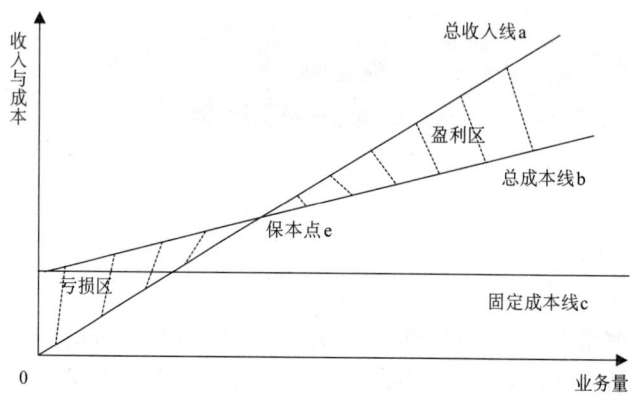

图 5-1

2. 贡献毛益式。贡献毛益是指销售收入扣除变动成本后的余额。贡献毛益式的特点是把变动成本置于固定成本之下。在坐标图形中，仍然保持横轴为业务量，纵轴为价值量（包括成本、收入等等）。进行图形绘制时有以下要求：

(1) 先选择任意销售量，计算变动成本，并在坐标图形中找到该点，并与原点连接并延伸，得到变动成本线，如图 5-2 中 c 线。

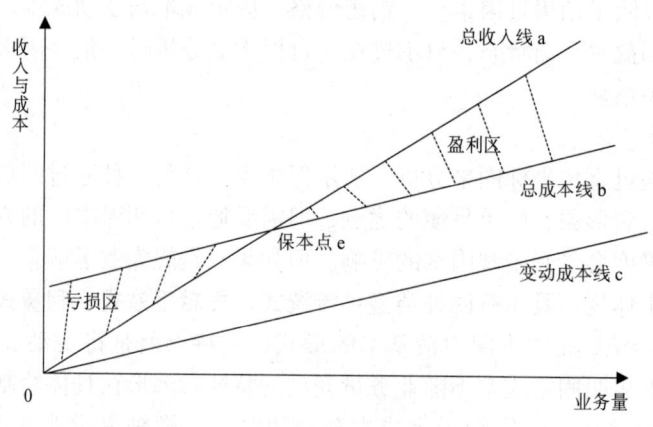

图 5-2

（2）将变动成本线沿着纵轴向上平行移动至固定成本高度，就得到总成本线，如图 5-2 中的 b 线。

（3）选择任意销售量，计算销售收入，并在坐标图形中找出该点，与原点连接并延伸，得到销售收入线，如图中 a 线。

根据以上要求绘制出的图形就是贡献毛益保本图，如图 5-2 所示。图中两条平行的斜线，其中较低的 c 线是变动成本线，较高 b 线是总成本线，两者之间的距离体现固定成本的大小。过原点的 a 线是销售收入线。销售收入线与总成本线相交的点 e 就是保本点。保本点以上销售收入线与总成本线的夹角区域为盈利区域，保本点以下销售收入线与总成本线的夹角区域为亏损区域。

3. 利量式。利量式保本图的特点是坐标图上只反映利润与销售量之间的关系，不反映销售收入与成本，具体要求如下：

（1）坐标图形中，横轴表示业务量（销售量），纵轴表示利润。

（2）当企业业务量为 0 时，企业的利润就是负的固定成本。因此，在纵轴下方找到该点。

（3）选择任意业务量，计算该业务量下的利润，并在坐标系中确定该点，与负的固定成本点连接并延伸，形成利润线 a。

根据以上要求绘制出利量式保本图，如图 5-3 所示。图中 b 线为业务量线，a 线为利润线，两条线的交点 e 就是保本点。保本点以上业务量线与利润线的夹角区域为盈利区域，保本点以下业务量线与利润线的夹角区域为亏损区域。

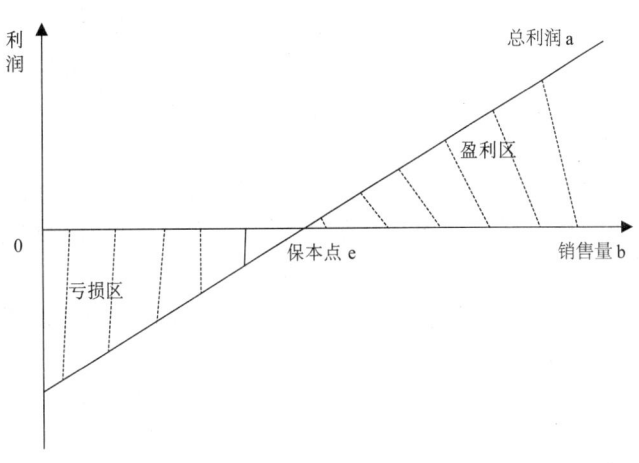

图 5-3

4. 单位式。前面三种保本图都是从总量的角度去描述总成本、销售总额和总利润，而单位式保本图则是描述商品单价、单位成本、单位利润、单位变动成本和单位固定成本之间的关系。单位式保本图绘制要求如下：

（1）坐标图中，横轴代表业务量，纵轴表示单位价格、单位成本、单位利润等等。

（2）单位变动成本是固定值，用一条平行于横轴的直线来表示，如图 5-4 中 b 线。

（3）单位价格也是固定值，同样用一条平行于横轴的直线来表示，如图 5-4 中 a 线。

本-量-利分析

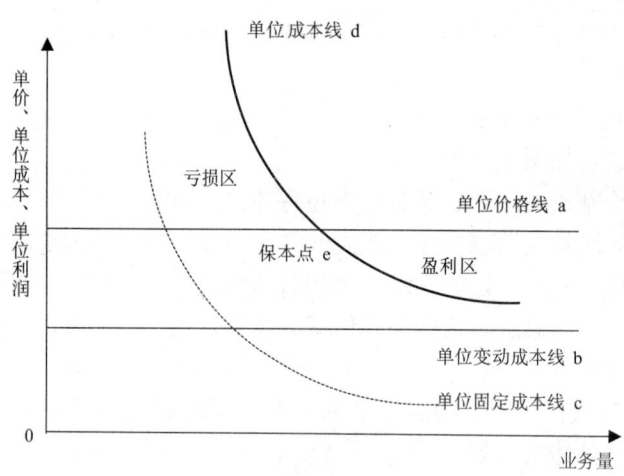

图 5-4

(4) 单位固定成本则是变动的,会随着销售量的增加不断下降,但下降的速度逐渐变缓,且与横轴永远不相交。如图5-4中c线。

(5) 单位成本则是变动的,在单位成本达到最低点以前,单位成本会随着销售量的增加不断下降,但下降的速度逐渐变缓。将单位固定成本线平行向上移动单位变动成本的高度,就得到单位成本线。如图5-4中d线。

根据具体要求绘制的单位式保本图,如图5-4所示。图中,b线为单位变动成本线,a线为单位价格线,c曲线为单位固定成本线,d曲线为单位成本线。单位价格线a与单位成本线d的交点就是保本点。保本点之前的单位价格线和单位成本线构成的区域为亏损区域,保本点之后的单位价格线和单位成本线构成的区域为盈利区域。

(二) 保本点的计算

保本图可以直观地看到企业的保本点,但想要准确知道保本点的数值,需要运用公式进行具体计算。企业的经营活动既有比较简单的单一品种,也有比较复杂的多品种的经营,下面分别计算不同情况下的保本点。

1. 企业单一品种下的保本点计算。 保本点分析是以成本性态分析和变动成本法为基础,在变动成本法下,利润计算公式为:

利润 = 销售收入 - 变动成本 - 固定成本　　　　　　　　　　　　　　　(5-7)

保本点就是利润为0时的销售收入或销售量,即

销售收入 = 变动成本 + 固定成本

或 单价 × 销量 = 单位变动成本 × 销量 + 固定成本

保本点有两种形式,一种是实物量形式,一种是价值量形式。由上面的公式整理后得到保本点的实物量形式的公式:

$$V = \frac{FC}{P - AVC} \tag{5-8}$$

其中: V为保本点的销售量,P为售价,AVC为单位变动成本,FC为固定成本。

由于售价减去单位变动成本即单位边际贡献,所以上述公式也可表示为:

$$\text{保本点销售量} = \frac{\text{固定成本}}{\text{单位边际贡献}} \tag{5-9}$$

由保本点的销售量可以得到保本点价值量形式的公式:

$$\text{保本点销售额} = \frac{\text{固定成本}}{\text{边际贡献率}} \tag{5-10}$$

【例 5-4】 意达公司只生产和销售一种产品,该产品单价为每台 150 元,单位变动成本每台 100 元,固定成本为 100 000 元,试计算公司保本点。

下面分别从实物形态和价值量形态来计算公司保本点。

(1) 实物量形态下公司保本点的销售量为:

$$V = \frac{FC}{P - AVC} = \frac{100\,000}{150 - 100} = 2\,000\ (\text{台})$$

(2) 价值量形态下公司保本点的销售额为:

$$PV = 150 \times 2\,000 = 300\,000\ (\text{元})$$

保本点的临界值实物形态和价值形态除了以绝对数表示的形式以外,还有一种以相对数形式表示的方式,称为保本点作业率,是指保本点的销售量占企业正常销售量的比重。正常销售量,是指企业在正常开工和正常市场环境下产品的销售数量。保本点作业率的计算公式:

$$\text{保本点作业率} = \frac{\text{保本点销售量}}{\text{正常销售量}} \times 100\% \tag{5-11}$$

保本点作业率公式表明企业实现保本业务量在正常业务量中所占的比重。由于企业通常按照正常的销售量来安排产品的生产,在合理库存条件下,产品产量与正常的销售量应该大体相同,因此,保本点作业率还可以表明企业在保本状态下生产能力的利用程度。

【例 5-5】 接例 5-4,假设意达公司正常的销售量为 5 000 台,试计算公司的保本点作业率。

$$\text{保本点作业率} = \frac{2\,000}{5\,000} \times 100\% = 40\%$$

计算结果表明,公司想要盈利,其保本点作业率必须高于 40% 以上,否则就会发生亏损。

与保本点密切相关的还有一个概念,即安全边际。所谓安全边际,是指正常销售量或现有销售量与保本点销售量的差额。这一差额表明企业现有的销售量降低多少就会发生亏损。安全边际公式:

安全边际 = 现有(或预计)销售量—保本销售量

保本点状态意味着企业当期销售量下的贡献毛益刚好等于固定成本,即被固定成本所抵消,只有当销售量超过保本点销售量时,其超出部分就是安全边际,它所提供的贡献毛益才能形成企业的利润。通常,正常销量与保本点销量差距越大,所提供的利润也就越多,企业也就越安全。因此从另一个视角来看,安全边际也是研究保本点问题。安全边际除了用绝对数表示以外,也可以用相对数来表示,称为安全边际率,其公式如下:

$$\text{安全边际率} = \frac{\text{安全边际量}}{\text{现有或预计销量}} \times 100\% \tag{5-12}$$

按照国际惯例,安全边际率可用于经营安全性的测试:

<10%	非常危险
10%~20%	危险
20%~30%	值得注意
30%~40%	安全
>40%	非常安全

【例5-6】 接例5-4，假设意达公司预计销量为4 000台，试计算安全边际和安全边际率。

安全边际 = 4 000 - 2 000 = 2 000（台）

安全边际率 = $\frac{2\ 000}{4\ 000} \times 100\% = \frac{300\ 000}{600\ 000} \times 100\% = 50\%$

可见，只有安全边际才能为企业提供利润，而保本点的销售额只能为企业收回固定成本，因此企业利润可以借助安全边际来计算，公式如下：

利润 = 安全边际销量 × 单位产品边际贡献

＝ 安全边际销量 × 销售单价 × $\frac{\text{单位产品边际贡献}}{\text{销售单价}}$

＝ 安全边际销售收入 × 边际贡献率　　　　　　　　　　　　　　　　(5-13)

根据例5-4和5-6，可以计算意达公司的利润：

利润 = 2000 ×（150 - 100）= 100 000（元）

即意达公司如果按照预计现有销售量达到4 000台，其他影响因素保持不变，可以为公司带来100 000元的利润。

小案例

史上最大的摇滚秀如何创造巨额利润

在2009年6月开始的跨越北美、欧洲和亚洲的世界巡演中，摇滚乐队U2在一个高164英尺的壮观的舞台上表演，该舞台就像一艘宇宙飞船，带有巨大屏幕和直达环形通道的人行天桥。U2使用了三个独立舞台，每个舞台的成本接近4 000万美元。此次巡演每天额外花销达到750 000美元。因此，这场巡演的成功不仅取决于每晚演唱会的质量，还取决于收回巨大的固定成本——不随观众中歌迷数量变化的成本。

为了收回高昂的固定成本并实现盈利，U2需要出售大量门票。为最大化巡演的收入，每张门票只卖区区30美元，并增加了一个独特的环形舞台使体育馆容量增大20%左右。该计划果然有效。U2打破了它大多数演出场地的观众人数纪录。巡演结束时，参加演唱会的歌迷超过700万，门票和商品销售收入接近7.36亿美元，并作为史上最大的巡演而载入史册。

资料来源：Charles T. Horngren 等著，王立彦、刘应文 译《成本与管理会计》（第15版）中国人民大学出版社201 版。

2. 企业多品种产品的保本点计算。 企业多品种产品保本点计算思路有别于单一品种产品保本点计算。单一品种产品是先计算实物形态的保本点，再计算价值形态的保本点。但多品种因为涉及多种实物，无法直接计算出各品种的实物形态的保本点，只能先计算出多品种价值形态的综合保本点，在此基础上，结合各自的比重计算出各品种的价值形态保本点，最后根据公式再推算出各品种实物形态的保本点。多品种产品的综合保本点计算公式为：

$$综合保本点销售额 = \frac{固定成本}{加权平均边际贡献率} \tag{5-14}$$

具体计算步骤如下：

（1）计算全部品种销售额：

$$全部品种销售额 = \sum PV$$

（2）计算各品种销售额比重：

$$各品种销售额比重 = \frac{PV}{\sum PV}$$

（3）计算加权平均边际贡献率：

$$加权平均边际贡献率\ R = \sum \left(\frac{P - PVC}{P} \times \frac{PV}{\sum PV} \right)$$

（4）计算多品种综合保本点销售额：

$$多品种综合保本点销售额\ I = \frac{FC}{R}$$

（5）计算各品种保本点销售额：

$$各品种保本点销售额\ i = I \times \frac{PV}{\sum PV}$$

（6）计算各品种保本点销售量：

$$各品种保本点销售量\ v = \frac{i}{P}$$

【例5-7】隆鑫公司生产销售A、B、C三种产品，销售单价分别为10元，16元，20元，预计销售量分别为20 000件、10 000件和7 000件，预计各产品的单位变动成本分别为6元、12元和14元，预计固定成本总额为800 000元。求A、B、C保本点销售额。

根据例5-6的资料得表5-1：

表5-1　　　　　　　　　隆鑫公司加权边际贡献率计算表

	A产品	B产品	C产品	合计
销售量 v	20 000	10 000	7 000	
销售单价 P	10	16	20	—
单位变动成本 AVC	6	12	14	—
单位贡献毛益	4	4	6	—
贡献毛益率	40%	25%	30%	—

续表

	A产品	B产品	C产品	合计
销售收入	200 000	160 000	140 000	500 000
销售收入比重	40%	32%	28%	100%
加权贡献毛益率	16%	8%	8.4%	32.4%

隆鑫公司综合保本点销售额 $I = \dfrac{FC}{R} = \dfrac{800\ 000}{32.4\%} \approx 2\ 469\ 135.80$

隆鑫公司 A 产品保本点销售额 $i_A = 2\ 469\ 135.80 \times 40\% \approx 987\ 654.32$

隆鑫公司 B 产品保本点销售额 $i_B = 2\ 469\ 135.80 \times 32\% \approx 790\ 123.46$

隆鑫公司 C 产品保本点销售额 $i_C = 2\ 469\ 135.80 \times 28\% \approx 691\ 358.02$

隆鑫公司 A 产品保本点销售量 $v_A = 987\ 654.32 \div 10 \approx 98\ 765$

隆鑫公司 B 产品保本点销售量 $v_B = 790\ 123.46 \div 16 \approx 49\ 383$

隆鑫公司 C 产品保本点销售量 $v_C = 691\ 358.02 \div 20 \approx 34\ 568$

（三）相关因素变动对保本点的影响

保本点是保持企业不亏不盈状态下的销售量或销售额。在计算保本点时，是假设固定成本、单位变动成本、销售价格和产品品种结构等因素不变。而在现实中，上述这些因素是经常变动的，并由此导致保本点的升降变动。通常来说，固定成本与变动成本的下降、销售价格的提高会使保本点的取值趋小；反之固定成本与变动成本上升、销售价格下降，会使保本点的取值变大；而产品品种结构变化的影响会比较复杂，与各种产品的获得能力有关。现具体分析各因素变动对保本点的影响。

1. 销售价格变动的影响。 单位产品销售价格的变动对保本点的影响最为直接和明显。在一定的成本水平下，单位产品的销售价格越高，则保本点越小，相同的销售量下实现的利润也就越高；反之则保本点越大，利润也就越低。

【例5－8】 恒创科技公司当前 A 产品的每件销售单价为100元，单位变动成本为60元，每月固定成本为400 000元。该公司现打算将销售单价提高到110元，其他因素不变。试比较提价前后保本点的变化。

根据恒创科技公司提供的信息，得到公司提价前的销售单价100元，提价后为110元，单位变动成本60元，固定成本400 000元，则提价前后保本点计算如下：

提价前保本点销售量 $= \dfrac{400\ 000}{100 - 60} = 10\ 000$

提价前保本点销售额 $= 100 \times 10\ 000 = 1\ 000\ 000$

提价后保本点销售量 $= \dfrac{400\ 000}{110 - 60} = 8\ 000$

提价后保本点销售额 $= 110 \times 8\ 000 = 880\ 000$

从计算结果可见，当公司销售价格从100元提高到110元时，保本点的销售量由10 000件下降到8 000件，下降了20%；保本点的销售额从1 000 000元下降到880 000元，下降了12%。

2. 单位变动成本变动的影响。 单位变动成本的变动对保本点的影响也非常直接和明显。在一定的销售价格水平下,单位变动成本越低,则保本点越小,相同的销售量下实现的利润也就越高;反之则保本点越大,利润也就越低。

【例 5-9】恒创科技公司当前 A 产品的每件销售单价为 100 元,单位变动成本为 60 元,每月固定成本为 400 000 元。受原材料市场价格下调的影响,该公司的单位变动成本预计下降到 50 元,其他因素不变。试比较单位变动成本下降前后保本点的变化。

根据恒创科技公司提供的信息,单位变动成本降价前后保本点计算如下:

降价前保本点销售量 $= \dfrac{400\ 000}{100-60} = 10\ 000$

降价前保本点销售额 $= 100 \times 10\ 000 = 1\ 000\ 000$

降价后保本点销售量 $= \dfrac{400\ 000}{100-50} = 8\ 000$

降价后保本点销售额 $= 100 \times 8\ 000 = 800\ 000$

从计算结果可见,当公司单位变动成本从 60 元降低到 50 元时,保本点的销售量由 10 000 件下降到 8 000 件,下降了 20%;保本点的销售额从 1 000 000 元下降到 800 000 元,下降了 20%。

3. 固定成本变动的影响。 固定成本虽然不随业务量的变动而变动,但企业经营能力的变化和管理决策都会导致固定成本升降,特别是酌量性固定成本更容易发生变化。当酌量性固定成本降低时,其他因素不变,保本点也会跟着变小,同等销售量下,企业获得的利润更多。

【例 5-10】恒创科技公司当前 A 产品的每件销售单价为 100 元,单位变动成本为 60 元,每月固定成本为 400 000 元。由于裁减管理人员,因此预计固定成本每月下降到 300 000 元,其他因素不变。试比较固定成本下降前后保本点的变化。

根据恒创科技公司提供的信息,得到公司提价前的销售单价 100 元,单位变动成本 60 元,固定成本 400 000 元,预计下降后的固定成本 300 000 元,则固定成本降价前后保本点计算如下:

下降前保本点销售量 $= \dfrac{400000}{100-60} = 10000$

下降前保本点销售额 $= 100 \times 10000 = 1000000$

下降后保本点销售量 $= \dfrac{300000}{100-60} = 7500$

下降后保本点销售额 $= 100 \times 7500 = 750000$

从计算结果可见,当公司固定成本从 400 000 元降低到 300 000 元时,保本点的销售量由 10 000 件下降到 7 500 件,下降了 25%;保本点的销售额从 1 000 000 元下降到 750 000 元,下降了 25%。

(四)产品品种结构变动的影响

如果企业生产和销售多种产品,一般来说各品种产品的获利能力不会完全相同,有时差异还会比较大,所以当产品品种结构发生变化时,同样会影响保本点的变化。假设与保本点相关的其他影响因素不变,保本点变动的大小取决于以各品种销售收入比例为权重的加权平均贡献毛益率。当然在多品种结构中,当边际贡献高的产品销售的比例比较高,则保本点会降低。反之,则会升高。

【例5-11】保罗公司生产和销售两种产品,过去每月生产和销售稳定,其中A产品,单位售价100元,单位变动成本60元,销售量为1 000件;B产品,单位售价80元,单位变动成本60元,销售5 000件,固定成本为400 000元。由于市场变化,预计未来公司每月A产品销售量将达到4 000件,B产品将减少到2 000件。试比较公司品种结构发生变化前后保本点的变化。

根据公司所提供的信息,得到表5-2和表5-3。

表5-2　　　　　　　　保罗公司品种结构变动前相关资料

产品	V（件）	P（元）	AVC（元）	销售收入 金额（元）	销售收入 比重（%）	贡献毛益（元）	贡献毛益（%）
A	1 000	100	60	100 000	20	40 000	40
B	5 000	80	60	400 000	80	10 000	25
合计				500 000	100	50 000	

表5-3　　　　　　　　保罗公司品种结构变动后相关资料

产品	V（件）	P（元）	AVC（元）	销售收入 金额（元）	销售收入 比重（%）	贡献毛益（元）	贡献毛益（%）
A	4 000	100	60	400 000	71	160 000	40
B	2 000	80	60	160 000	29	40 000	25
合计				560 000	100	200 000	

保罗公司变动前加权平均贡献毛益率 = 40% × 20% + 25% × 80% = 28%

保罗公司品种结构变动前保本点销售额 = $\dfrac{400\ 000}{28\%}$ ≈ 1 428 571.43

保罗公司变动后加权平均贡献毛益率 = 40% × 71% + 25% × 29% = 35.65%

保罗公司品种结构变动后保本点销售额 = $\dfrac{400\ 000}{35.65\%}$ ≈ 1 122 019.64

从计算结果可见,当公司品种结构发生变化后,尤其是其中贡献较高的A产品从原来的20%提高到71%,而贡献相对较低的B产品从原来的80%降低到29%,使得公司加权平均贡献率由原来的28%上升到35.65%,最终使保本点由原来的1 428 571.43元降低到1 122 019.64元。

二、目标利润分析

当企业的销售量超过保本点时,企业可以实现利润。保本并非是企业目标,而是尽可能多地超越保本点,实现更多的利润,这才是企业最终的目标。目标利润分析是保本点分析的延伸和拓展。为了方便分析和预测目标利润,需要考虑税前和税后两种模型。

(一)目标利润税前模型

根据保本点模型中的相关变量,设P为单价,AVC为单位变动成本,FC为固定成本,π_t为目标利润,V_t为目标利润销售量,则有

$$\pi_t = (P - AVC)V_t - FC$$

$$V_t = \frac{\pi_t + FC}{P - AVC} \qquad (5-15)$$

即 实现目标利润的销售量 = $\dfrac{\text{目标利润} + \text{固定成本}}{\text{单位边际贡献}}$

上述模型表明企业产品销售补偿固定成本后,需要多少销量才能实现目标利润。也可以用目标利润销售额来表示,设为 I_t,公式如下:

$$I_t = PV_t \qquad (5-16)$$

利用上述单位边际贡献求出目标利润销售量的公式,也可得出实现目标利润的销售额公式如下:

实现目标利润的销售额 = $\dfrac{\text{目标利润} + \text{固定成本}}{\text{边际贡献率}} \qquad (5-17)$

【例 5-12】 申达公司生产销售电风扇,每台售价 200 元,AVC 为 120 元,FC 为 200 000 元,如果今年的目标利润为 280 000 元,求目标销售量和销售额。

$$V_t = \frac{\pi_t + FC}{P - AVC} = \frac{280\,000 + 200\,000}{200 - 120} = 6\,000(\text{台})$$

$$I_t = PV_t = 200 \times 6\,000 = 1\,200\,000(\text{元})$$

(二) 目标利润税后模型

在现实中,企业的利润是指净利润,是支付完所得税后的利润。因此需要考虑税后模型。在税前模型的基础上,设 R 为所得税税率,则有

$$\pi_t = [(P - AVC)V_t - FC] \times (1 - R)$$

$$V_t = \frac{\pi_t/(1-R) + FC}{P - AVC}$$

即 实现目标利润的销售量 = $\dfrac{\dfrac{\text{税后目标利润}}{1 - \text{所得税税率}} + \text{固定成本}}{\text{单位边际贡献}}$

上述模型表明企业产品销售补偿固定成本,并支付所得税后,需要多少销量才能实现目标利润。同样在已知实现目标利润的销售量时,乘以销售单价即得到目标利润销售额,公式如下:

$$I_t = PV_t \qquad (5-18)$$

通过边际贡献率等因素也可推导实现目标利润的销售额公式如下:

实现目标利润的销售额 = $\dfrac{\dfrac{\text{税后目标利润}}{1 - \text{所得税税率}} + \text{固定成本}}{\text{边际贡献率}} \qquad (5-19)$

【例 5-13】 申达公司生产电风扇,每台售价 200 元,AVC 为 120 元,FC 为 200 000 元,如果今年税后目标利润为 670 000 元,所得税率为 33%,求目标销售量和销售额。

$$V_t = \frac{\pi_t/(1-R) + FC}{P - AVC} = \frac{670\,000/(1-33\%) + 200\,000}{200 - 120} = 15\,000(\text{台})$$

$$I_t = PV_t = 200 \times 15\,000 = 3\,000\,000(\text{元})$$

申达公司实现税后目标利润的销售量为 15 000 台，目标销售额为 3 000 000 万元。

（三）相关因素变动对目标利润的影响

目标利润的模型是保本点模型的拓展和延伸，导致保本点变化的各个因素都可能对目标利润产生影响。而税后模型中，所得税因素变动同样会对目标利润产生影响。现分别进行具体分析。

1. 销售单价变动对目标利润的影响。 在保本点分析中，销售单价的变动对保本点的影响最为直接，同时对目标利润的影响也是最直接、最明显的。

【例 5 – 14】接例 5 – 12，假设公司单位售价由原来的 200 元提高到 220 元，其他因素保持不变，则分析销售单价变动对目标利润的影响。

$$V_t = \frac{\pi_t + FC}{P - AVC} = \frac{280\ 000 + 200\ 000}{220 - 120} = 4\ 800(台)$$

$$I_t = PV_t = 220 \times 4\ 800 = 1\ 056\ 000(元)$$

根据计算结果可得，公司单位售价提高 10%，则目标利润销售量下降 20%，目标利润销售额下降 12%。可见销售单价与目标利润销售量呈反向变动。

2. 单位变动成本变动对目标利润的影响。 在保本点分析中，单位变动成本的变动对保本点的影响也很明显，同时对目标利润的影响也很明显。

【例 5 – 15】接例 5 – 12，假设公司单位变动成本由原来的 120 元降低到 100 元，其他因素保持不变，则分析单位变动成本变动对目标利润的影响。

$$V_t = \frac{\pi_t + FC}{P - AVC} = \frac{280\ 000 + 200\ 000}{200 - 100} = 4\ 800(台)$$

$$I_t = PV_t = 200 \times 4\ 800 = 960\ 000(元)$$

根据计算结果可得，公司单位变动成本降低 16.67%，则目标利润销售量下降 20%，目标利润销售额下降 20%。可见单位变动成本与目标利润销售量呈同向变动。

3. 固定成本变动对目标利润的影响。 从目标利润模型来看，在其他影响因素不变的前提下，固定成本与目标利润之间是此消彼长的关系。当固定成本降低时，目标利润就增大，反之则目标利润就减小。

【例 5 – 16】接例 5 – 12，假设公司固定成本由原来的 200 000 元增加到 280 000 元，其他因素保持不变，则分析固定成本变动对目标利润的影响如下：

$$V_t = \frac{\pi_t + FC}{P - AVC} = \frac{280\ 000 + 280\ 000}{200 - 120} = 7\ 000(台)$$

$$I_t = PV_t = 200 \times 7\ 000 = 1\ 400\ 000(元)$$

根据计算结果可得，公司固定成本提高 40%，则目标利润销售量增加 16.67%，目标利润销售额要增加 16.67%。可见固定成本与目标利润销售量呈同向变动。

4. 固定成本变动对目标利润的影响。 如果企业的目标利润确定为税后目标利润，那么除了以上影响因素会对目标利润产生影响外，所得税税率变动也会对目标利润产生影响。

【例 5 – 17】接例 5 – 13，假设公司所得税税率由原来的 33% 提高到 50%，试分析所得税税率变动后对目标利润产生怎样的影响。

$$V_t = \frac{\pi_t/(1-R) + FC}{P - AVC} = \frac{670\,000/(1-50\%) + 200\,000}{200 - 120} = 19\,250(台)$$

$$I_t = PV_t = 200 \times 19\,250 = 3\,850\,000(元)$$

根据计算结果可得，公司所得税税率提高到50%，则目标利润销售量需增加28.33%，目标利润销售额要增加28.33%。可见所得税税率与目标利润销售量呈同向变动。

三、敏感性分析

本－量－利关系中的敏感性分析是一种应用广泛的分析方法，该方法主要研究当一个系统的周围条件发生变化时，会导致这个系统的状态发生怎样的变化，是敏感（变化大）还是不敏感（变化小）。

保本点分析和目标利润分析，都涉及销售量、单价、单位变动成本、固定成本等诸因素中的某个或某几个因素的变动，都会对保本点和目标利润产生影响。但由于各因素在计算保本点和目标利润的过程中作用不同，影响程度当然也不一样。本－量－利关系中的敏感性分析主要是研究两方面的问题：一是有关因素发生多大变化时会使企业由盈利变为亏损；二是有关变化对利润变化的影响程度。

（一）有关因素临界值的确定

销售量、单价、单位变动成本和固定成本的变化，都会对利润产生影响。当这种影响是消极的且达到一定程度时，就会使企业的利润为0而进入亏损临界状态；如果这种变化超过上述程度，企业就转入了亏损状态，发生了质的变化。敏感性分析的目的就是确定能引起这种质变的各因素变化的临界值。换句话说，就是求达到保本点的销售量和单价的最小允许值以及单位变动成本和固定成本的最大允许值。因此该方法称为最大最小值法。

根据目标利润模型 $\pi = (P - AVC)V - FC$，可以推导出当 $\pi = 0$ 时，最大、最小值的相关公式：

$$V = \frac{FC}{P - AVC}$$

$$P = \frac{FC}{V} + AVC$$

$$AVC = P - \frac{FC}{V}$$

$$FC = (P - AVC)V$$

【例5－18】 明达公司生产销售单一产品，预计年度内有着数据资料如下：销售单价50元，单位变动成本20元，销售量为5 000件，固定成本为40 000。试计算目标利润、销售量和单价的最小值、单位变动成本和固定成本的最大值。

$$\pi = (P - AVC)V - FC = (50 - 30) \times 5\,000 - 40\,000 = 60\,000(元)$$

$$V_{最小值} = \frac{FC}{P - AVC} = \frac{40\,000}{50 - 30} = 2\,000(件)$$

$$P_{最小值} = \frac{FC}{V} + AVC = \frac{40\,000}{5\,000} + 3\,038(元)$$

本-量-利分析

$$AVC_{最大值} = P - \frac{FC}{V} 50 - \frac{40\ 000}{5\ 000} 42(元)$$

$$FC_{最大值} = (P - AVC)V(50 - 30) \times 5\ 000\ 100\ 000(元)$$

从上面的计算结果来看，产品销售量的最小允许值为 2 000 件，低于 2 000 件企业就会亏损，即企业实际销量达到计划销量的 40%，企业就可以保本；产品的单价最低不能低于 38 元，否则就会发生亏损，即企业实际单价下降幅度不得超过 24%，否则就会亏损；单位变动成本最高不得超过 42 元，否则企业就会亏损，即单位成本变动幅度最高不得超过 40%；固定成本最高不得高于 100 000 元，否则企业亏损，即固定成本变动幅度最高不得超过 150%。

（二）有关因素变化对利润变化的影响程度

销售量、单价、单位变动成本和固定成本等因素的变化，都会对利润产生影响，但在影响程度上存在差异。有的因素比较活跃，虽然只发生了较小的变动，却导致利润发生了较大变化，也就是说，利润对这些因素的变化非常敏感，通常把这种因素称为敏感因素。相反，有些因素虽然变化比较大，但利润的变化相对不大，也就是说，利润对这些因素的变化不太敏感，这样的因素称为非敏感因素。企业决策层需要知道利润对哪些因素敏感，哪些因素不敏感，以便抓住关键，做好决策管理，确保目标利润实现。反映敏感程度的指标称为敏感系数，公式为：

$$敏感系数 = \frac{目标值变动百分比}{因素值变动百分比} \tag{5-20}$$

【例 5-19】申达公司生产电风扇，每台售价 P 为 200 元，AVC 为 120 元，FC 为 200 000元，如果预计销售量仅为 3 000 台，如果各因素变动 1%，则对利润的影响程度如何？

根据申达公司的资料，P = 200 元，AVC = 120 元，FC = 200 000 元，V = 3 000 台，计算得到表 5-4。

表 5-4　　　　　　各因素变化对利润变化的影响程度

因素	变动程度	原利润	新利润	利润变化	敏感系数
P	1%	40 000	46 000	15.00%	15
V	1%	40 000	42 400	6.00%	6
AVC	±1%	40 000	43 600	9.00%	9
FC	±1%	40 000	42 000	5.00%	5

由上表 5-4 计算结果可得：P 最敏感；其次是 AVC；再次是 V；FC 最不敏感。

【例 5-20】接例 5-19，假设申达公司将目标利润定为 60 000 元，分析各敏感因素。

由例 5-19 和例 5-20 提供的数据信息，可以计算增量利润：

$\Delta \pi = 60\ 000 - 40\ 000 = 20\ 000$（元）

要实现目标利润，就需要在原来利润基础上增加 20 000 元利润，可以采取如下措施：

（1）提高单价 P：

$$P = 120 + \frac{200\ 000 + 60\ 000}{3\ 000} = 207（元）$$

$\Delta P = 207 - 200 = 7$（元）

（2）降低单位变动成本 AVC：

$$AVC = 200 - \frac{200\,000 + 60\,000}{3\,000} = 113\text{（元）}$$

$\Delta AVC = 200 - 113 = 7$（元）

（3）增加销售量 V：

$$V = \frac{(200\,000 + 60\,000)}{200 - 120} = 3\,250\text{（台）}$$

$\Delta V = 3\,250 - 3\,000 = 250$（台）

（4）降低固定成本 FC：

$FC = (200 - 120) \times 3\,000 - 60\,000 = 180\,000$（元）

$\Delta FC = 200\,000 - 180\,000 = 20\,000$（元）

申达公司要实现目标利润60 000元，可以通过以下措施来实现：（1）销售单价提高7元；（2）单位变动成本降低7元；（3）销售量增加250台；（4）固定成本降低20 000元。

思考题

1. 本－量－利分析基本假设有哪些？
2. 保本图的种类有哪些？试用图形表示。
3. 各因素变动对保本点和目标利润有何影响？
4. 举例说明本－量－利分析的优缺点？

第 6 章
企业经营预测分析

主要知识点

企业经营预测分析的一般方法；
企业经营预测分析的程序；
销售预测的程序与方法；
成本预测的程序与方法；
利润预测的程序与方法；
资金需要量预测的程序与方法。

关键概念

经营预测（operating forecast）
定性分析法（qualitative analysis method）
定量分析法（quantitative analysis method）
因素分析法（factor analysis method）
加权平均法（weighted average method）
回归分析法（regression analysis method）
经营杠杆系数法（operating leverage coefficient method）

第一节 企业经营预测分析概述

一、企业经营预测分析的涵义

预测是指在掌握现有信息的基础上，依照一定的方法和规律对未来的事情进行测算，以预先了解事情发展的过程与结果。企业经营预测分析是指在掌握历史资料和现有信息的基础上，依照一定的科学预测方法和规律，对企业生产经营活动的未来发展趋势和经济效益所做出的预计和推测的过程。企业经营预测分析一般包括销售预测、成本预测、利润预测、资金量预测等方面。

预测是决策的基础，也是编制预算的基础。没有科学的预测，是不可能做出正确的决策和准确的预算的。

二、企业经营预测分析的一般方法

企业可以采用一定的方法进行经营预测分析，主要方法有定量分析法和定性分析法，也可以将定性分析法和定量分析法结合使用。

（一）定量分析法

经营预测的定量分析法又称数量分析法，是指在预测对象过去和现在相对完备的各种经济信息的基础上，运用一定的数学方法进行数据加工和处理，揭示各有关经济变量之间的规律性关系，并作出相应预测结论的分析方法。经营预测的定量分析法一般有**趋势分析法和因果分析法**。

1. 趋势分析法是指根据企业历史的、按时间发生的先后顺序排列的一系列销售数据，应用一定的数学方法进行加工处理，按时间数列找出销售随时间而发展变化的趋势，由此推断其未来发展趋势的分析方法。趋势分析法假设事物的发展将遵循"延续性原则"，是可以预测的。趋势分析法常用的方法有：算术平均法、移动平均法、趋势平均法、加权平均法、指数平滑法和修正的时间序列回归分析法。

2. 因果分析法是指从某项指标和其他有关指标之间的规律性联系中进行分析研究，推断出指标间的因果函数关系，根据它们之间因果函数关系来推出预测对象未来水平的一种预测方法。利用因果分析法进行企业经营预测分析，首先要建立预测对象过去相关数量指标间的函数关系模型，然后根据函数关系模型揭示的变化规律来进行企业经营预测分析。常用的因果分析法包括本量利分析法、回归分析法、投入产出分析法和经济计量法等。

（二）定性分析法

经营预测的定性分析法又称非数量分析法，是指在预测对象过去和现在相关资料的基础上，依靠经营预测专业人员的个人实践经验和主观判断分析能力，综合考虑影响预测对象的相关因素，对企业的未来状况和发展趋势做出推测的预测方法。定性分析法主要适用于一些没有或不具备完整的历史资料和数据的预测。在管理会计中，采用这类方法首先由熟悉企业经济业务和市场的专家，根据过去所积累的经验进行分析判断，提出预测的初步意见，然后再通过召开座谈会或发出征求意见函等多种形式，对上述预测的初步意见进行修正、补充，并作为预测分析的最终数据。常用的定性分析法有**判断分析法**和**调查分析法**。

1. 判断分析法是指通过一些具有市场经验的经营管理人员或专家对企业未来某一特定时期的产品业务情况进行综合研究，并做出推测和判断的方法。判断分析法又分为**个人判断法**、**专家会议法**和**德尔菲法**。

（1）个人判断法又称作专家个人判断法，是指直接征求专家个人的意见，然后进行综合归纳、整理，得出预测结论的预测方法。这种方法的最大优点是能够最大限度地发挥出专家的个人智慧，充分利用个人的创造力。但是，个人判断法受专家个人的智能结构、专家的知识面和知识深度、占有资料的多少、信息来源及其可靠性、对预测对象兴趣的大小乃至偏见等因素所限制，具有一定的局限性。

（2）专家会议法是指根据规定的原则选定一定数量的专家，通过召开专家会议的方式，对预测对象未来的发展趋势及状况，做出推测判断的方法。常用的专家会议法又包括头脑风暴法、交锋式会议法、混合式会议法等方法。专家会议有助于专家们交换意见，通过互相启发，可以弥补个人意见的不足；但是，专家会议法也有不足之处，如易屈服于权威或大多数人意见；易受劝说性意见的影响；不愿意轻易改变自己已经发表过的意见等。

（3）德尔菲法又称专家规定程序调查法，是指采用函询方式征询专家小组成员的预测意见，经过几轮征询，使专家小组的预测意见趋于集中，最后做出符合市场未来发展趋势的预测结论。该方法主要是由调查者拟定调查表，按照既定程序，以函件的方式分别向专家组成员进行征询；而专家组成员又以匿名的方式（函件）提交意见。经过几次反复征询和反馈，专家组成员的意见逐步趋于集中，最后获得具有很高准确率的集体判断结果。德尔菲法可以避免群体决策的一些可能缺点，声音最大或地位最高的人没有机会控制群体意志，每个人的观点都会被收集；其组织过程比前面两种方法复杂。

德尔菲法是在20世纪40年代由赫尔默（Helmer）和戈登（Gordon）首创，1946年，美国兰德公司为避免集体讨论存在的屈从于权威或盲目服从多数的缺陷，首次用这种方法用来进行定性预测，后来该方法被迅速广泛采用。20世纪中期，当美国政府执意发动朝鲜战争的时候，兰德公司又提交了一份预测报告，预告这场战争必败。政府完全没有采纳，结果一败涂地。从此以后，德尔菲法得到广泛认可。德尔菲法最初产生于科技领域，后来逐渐被应用于军事预测、人口预测、医疗保健预测、经营和需求预测、教育预测等。此外，还用来进行评价、决策、管理沟通和规划工作。

知识链接

德尔菲法

德尔菲这一名称起源于古希腊有关太阳神阿波罗的神话。德尔菲是古希腊地名。

相传太阳神阿波罗（Apollo）在德尔菲杀死了一条巨蟒，成了德尔菲主人。在德尔菲有座阿波罗神殿，是一个预卜未来的神谕之地，于是人们就借用此名，作为这种预测方法的名字。德尔菲法（Delphi Method）是在20世纪40年代由O·赫尔姆和N·达尔克首创，经过T·J·戈登和兰德公司进一步发展而成的。1946年，兰德公司首次用这种方法用来进行预测，后来该方法被迅速广泛采用。

2. 调查分析法是指通过实地面谈、提问调查等方式收集、了解事物详细资料数据，加以分析并做出相关决策的方法。调查分析法可使用抽样的基本步骤，多个个体为分析单位，通过问卷、访谈等方法了解调查对象的有关咨询，加以分析来开展研究。在企业经营预测分析中，调查分析法能够为经营预测提供所需要的市场数据，增加经营预测分析的准确度。

定性分析法和定量分析法在实际运用中应相互补充、相辅相成。定性分析法和定量分析法各有各的优点和局限性，定量分析法做出的预测分析较为精确，但是事物的发展是变化多端的，并非所有的影响因素都能够进行数量分析，比如国家经济政策、竞争对手、市场前景等，如果不综合考虑各项影响因素，势必导致预测结果偏离实际。定性分析法虽然可以将各种非计量因素考虑进去，但是定性分析法受预测人员主观意志的影响，具有一定的主观随意性。因此，在实际的企业经营预测分析过程中，经常需要根据企业的具体情况和预测对象，将两种方法结合起来运用。在占有比较完备的过去和现在相关资料的条件下，应先用一定的数学方法加工处理，即运用定量分析法，找出相关变量的数量贡献作为预测的依据；再结合企业预测管理人员的专业判断，从而做出科学的企业经营预测。结合运用定量分析法和定性分析法的企业经营预测分析，有利于为企业后续的经营决策提供科学的依据。

知识链接

大数据与预测

"大数据"是指体量和数据类别特别大的数据集，通过对大数据进行分析，能够获取更多智能的、有价值的信息。大数据预测是大数据最核心的应用，大数据预测将传统意义的预测拓展到"现测"。大数据预测的优势体现在它把一个非常困难的预测问题，转化为一个相对简单的描述问题，而这是传统小数据集根本无法企及的。从预测的角度看，大数据预测所得出的结果不仅使处理现实业务变得更简单、客观，更能帮助企业经营决策，如大数据的资料可以被规划用来开发更大的消费群体。大数据预测的逻辑基础是：每一种非常规的变化事前一定有征兆，每一件事情都有迹可循，如果找到了征兆与变化之间的规律，就可以进行预测。大数据预测无法确定某件事情必然会发生，它更多是给出一个概率。随着信息革命的深入，大数据时代的预测变得更加容易，人们的生活也正在被大数据预测深刻改变。

三、企业经营预测分析的程序

企业经营预测分析的一般程序包括以下步骤：

1. 确定企业经营预测对象和目的。预测分析首先要确定预测对象，即确定预测分析的内容和范围，才能有针对性的做好预测工作。确定预测对象之后要明确预测的目的，预测的目的要根据企业经营目标来设计和选择，还应根据预测的具体对象和内容来确定。

2. 收集和整理资料。确定企业经营预测对象和目的后，应着手搜集有关资料，包括宏观的、企业的、经济的、市场的、技术的等各方面的计划和实际资料，资料搜集的越完备，预测结果越准确可靠。搜集完资料后需要对所收集的资料进行加工、整理和归纳，找出资料与预测对象有关因素之间的相互关系。

3. 选择预测方法。对不同的预测对象和内容，应采取不同的预测方法。对于定量资料比较完备的预测对象，应反复筛选比较，选择建立适当的数量模型，确定恰当的定量分析方法；对于定量资料不足的预测对象，应结合预测人员的实践经验选择最佳的定性分析方法。当然定量分析方法也要结合定性分析方法一起使用，才能够提供更加准确的预测结果。

4. 分析判断。根据预测模型和未来变量的相关信息，进行综合分析判断，找出预测对象发展的趋势，并产生预测结果。

5. 修正预测值。预测的结果可能随着企业具体经营条件和经营情况的变化而变化，因此可能需要对预先设定的预测模型进行修正；同时应综合考量各种变量的影响因素，结合定量分析法和定性分析法对预测值进行修正，为企业经营决策提供更科学有用的预测信息。

6. 形成预测结论报告。最后将预测结论形成相关的报告文件向企业有关部门或管理者提交，供企业经营决策所用。

第二节 销售预测

一、销售预测概述

销售预测主要指的是产品销量的预测。在市场经济条件下，销售量由市场的需求量决定，因此销售预测又叫产品需求量预测，是根据市场调查，在对相关因素进行分析的基础上，对企业产品一定时期内的需求量水平和变化趋势进行预计和测算，进而预测本企业产品未来销售量的过程。在以销定产的经营方式下，销售预测对于后续的产品成本预测、利润预测、资金需要量预测等都起着决定性作用，为企业进行长短期经营决策提供决策依据。

二、定性分析法在销售预测中的运用

在进行销售预测时经常用到的定性分析方法有判断分析法和调查分析法。

(一) 判断分析法在销售预测中的运用

在销售预测中,判断分析法主要是销售人员根据既有的丰富实践经验和判断能力,对企业一定期间特定产品的销售业务量进行综合分析,从而对产品销售趋势所做的判断。判断分析法的具体方式主要有个人判断法、专家会议法和德尔菲法。

【例 6–1】 新新公司有三名销售人员,每个销售人预计某产品的未来一年的销量和概率如表 6–1 所示,要求根据三名销售人员的预测得出综合的预测销售量。

表 6–1　　　　　　　　　销售人员预计销售量和概率表

	项目	销售量(件)	概率	销售量×概率
甲销售员	最高	1 000	0.2	200
	很可能	800	0.5	400
	一般	500	0.3	150
	期望值			750
乙销售员	最高	1 200	0.1	120
	很可能	700	0.6	420
	一般	500	0.3	150
	期望值			690
丙销售员	最高	900	0.3	270
	很可能	600	0.5	300
	一般	400	0.2	80
	期望值			650

假设三名销售人员的预测权重相同,则根据表 6–1 中三名销售人员的期望值得出综合的预测销售量为(750 + 690 + 650)/3,约为 697 件。

【例 6–2】 新新公司拟推出一种新产品,由于该产品没有销售记录,公司聘请有关专家 6 人,采用德尔菲法进行预测,连续三次预测的专家意见汇总表见表 6–2,其中最高和最低销售量的概率分别为 0.2,很可能销售量的概率为 0.6。要求判断新新公司的销售量预测结果。

表 6–2　　　　　　　　　德尔菲法专家意见汇总表

专家编号	第一次判断			第二次判断			第三次判断		
	最高	很可能	最低	最高	很可能	最低	最高	很可能	最低
1	5 000	4 500	4 000	4 800	4 500	4 000	5 000	4 500	4 200
2	4 500	4 000	3 500	4 600	4 200	4 000	4 600	4 000	3 800
3	4 800	4 500	4 000	5 000	4 500	4 200	5 000	4 500	4 000
4	4 000	3 800	3 200	4 200	4 000	3 500	4 200	3 800	3 500

第6章 企业经营预测分析

续表

专家编号	第一次判断			第二次判断			第三次判断		
	最高	很可能	最低	最高	很可能	最低	最高	很可能	最低
5	3 000	2 800	2 500	3 200	3 000	2 700	3 500	3 000	2 800
6	5 000	4 000	3 000	5 000	4 500	3 500	4 800	4 600	3 800
平均值	4 383	3 933	3 367	4 467	4 117	3 650	4 517	4 067	3 683

新新公司在专家意见基础上,按最后一次预测的结果,确定最后的预测销售量为 4080 件($4\,517 \times 0.2 + 4\,067 \times 0.6 + 3\,683 \times 0.2$)。

(二)调查分析法在销售预测中的运用

在销售预测中,调查分析法主要是销售人员根据实地调查等方式收集销售相关的详细资料数据,并对调查结果加以分析,进而推断某种产品未来销售趋势的方法。企业的销售取决于消费者的购买,在产品的消费者数量有限、调查费用合理、消费者的购买意向不会轻易改变的前提下,通过对消费者的消费意向进行调查,以调查结果作为销售预测的依据,相对比较准确。

【例6-3】新新公司针对本公司的主要产品进行了市场销售情况调查,并根据调查结果对该产品的销售量进行预测,如表6-3所示。

表6-3 新新公司销售调查结果计算表

家庭年收入(元)①	家庭户数②	每户年均购买量(件)③	总需求量(件)④=②×③	本企业市场占有率⑤	本企业销售量预测(件)⑥=④×⑤
10万元以下	10万	20	200万	30%	60万
10万~20万	6万	30	180万	20%	36万
20万~50万	4万	40	160万	15%	24万
50万以上	1万	50	50万	5%	25万
合计					145万

新新公司根据销售调查结果推断预测的销售量为145万件。

三、定量分析法在销售预测中的运用

定量分析法在进行销售预测时经常用到的方法有趋势分析法和因果预测分析法。

(一)趋势分析法在销售预测中的运用

趋势分析法在销售预测中应用比较普遍,根据特定预测对象(某产品)若干时期的销售量历史资料,按照时间顺序找出销售量的变化趋势,以确定未来销售量的方法,具体包括**算术平均法、移动平均法、加权平均法、平滑指数法**等。

1. 算术平均法在销售预测中的运用。算术平均法又叫简单平均法,是指直接将若干期间销售量历史数据的算术平均值作为销售预测量的一种预测方法。其计算公式为:

$$\text{预测销售量} y_{n+1} = \bar{x} = \frac{\text{各期销售量之和}}{\text{期数}} = \frac{\sum x_i}{n} \qquad (6-1)$$

其中：y_{n+1}代表 n+1 期的预测值，x_i代表各期的实际销售量，n 代表期数，下同。

这种方法的优点是计算过程简单，缺点是把不同时期的销售量平均化，没有考虑销售业务量对预测期销售量的影响，可能造成预测结果的较大偏差，此方法只适用于各期销售业务量比较稳定，季节性变动较小的产品的预测。

【例 6-4】 新新公司销售某种产品，20×8 年 1~12 月份的销售量资料见表 6-4。

表 6-4　　　　　　　　　　20×8 年 1~12 月份销售量

月份	1	2	3	4	5	6	7	8	9	10	11	12
销售量（件）	800	820	850	780	790	750	810	820	800	785	795	815

要求：按算术平均法预测 20×9 年 1 月份的销售量。

解答：

$\bar{x} = (800+820+850+780+790+750+810+820+800+785+795+815)/12 \approx 801$（件）

因此 20×9 年 1 月份的预测销售量为 801 件。

2. 移动平均法在销售预测的运用。移动平均法是指在已知 n 期销售量历史数据的基础上，计算事先确定的一定期数（假定为 m 期，m < n/2），逐期移动分段计算 m 期销售量的算术平均值，并以最后一个 m 期的算术平均数作为 n+1 期销售预测量的一种预测方法。其计算公式为：

预测销售量 y_{n+1} = 最后 m 期的算术平均值

$$= \frac{x_{n-m+1} + x_{n-m} + \cdots\cdots + x_n}{m} \quad (6-2)$$

移动平均法能够克服算术平均法忽视销售业务量变动对销售预测量的影响的缺点，但是由于只考虑了最后一个 m 期销售量的资料，不能很好地反映销售量变动的趋势。该法适用于产品需求量不会出现快速增长或下降的非季节性产品的销售量预测。

【例 6-5】 沿用例 6-4 的资料，假设以 5 期作为一个移动计算周期，要求：按移动平均法预测 20×9 年 1 月份的销售量。

解答：

$$y_{n+1} = \frac{820+800+785+795+815}{5} \approx 803 \text{（件）}$$

因此 20×9 年 1 月份的预测销售量为 803 件。

3. 加权平均法在销售预测的运用。加权平均法是指在已知 n 期销售量历史数据的基础上，将各期的销售量乘以各自的权数，计算加权平均销售量，并作为 n+1 期销售预测量的一种预测方法。权数的确定是加权平均法的关键，由于各历史销售量数据可能呈现上升或者减少的趋势，为了反映这种趋势，一般近期销售量的权数大于远期销售量的权数。加权平均法的计算公式为：

预测销售量 $y_{n+1} = \sum$ 某期销售量 × 该期权数 $= \sum x_i \times w_i$ $\quad (6-3)$

其中：w_i代表各期权数，w_i应该满足两个条件：其一，$\sum w_i = 1$（即权数之和为 1）；其二，$w_1 \leq w_2 \leq w_3 \leq w_4 \leq w_5 \leq \cdots \leq w_n$。

加权平均法利用了各期销售量的资料数据，也考虑了销售业务量变动对未来销售量的影响，其缺点是权数的确定存在一定的偏差，导致预测销售量的结果可能出现偏差。

【例6-6】沿用例6-4的资料，假设以7~12月的销售量作为依据，$n=6$，$w_1=0.1$，$w_2=0.15$，$w_3=0.15$，$w_4=0.15$，$w_5=0.2$，$w_6=0.25$，要求：按加权平均法预测20×9年1月份的销售量（计算结果保留到整数）。

解答：

$y_{n+1} = 810 \times 0.1 + 820 \times 0.15 + 800 \times 0.15 + 785 \times 0.15 + 795 \times 0.2 + 815 \times 0.25 \approx 805$（件）

因此20×9年1月份的预测销售量为805件。

4. 指数平滑法。指数平滑法是指根据前期（n期）销售量的实际值和预测值，利用平滑指数来预测未来（n+1期）销售量的一种方法。其计算公式为：

$$\text{预测销售量 } y_{n+1} = \text{平滑指数} \times \text{前期实际销售量} + (1-\text{平滑指数}) \times \text{前期预测销售} = \alpha \cdot x_n + (1-\alpha) \cdot y_n \quad (6-4)$$

其中：α指的是平滑系数，$0 < \alpha < 1$，

x_n代表前期实际销售量，

y_n代表前期预测销售量。

平滑系数α越大，则前期实际销售量对预测结果的影响就越大；平滑系数α越小，则前期实际销售量对预测结果的影响就越小。α的一般取值范围在0.3~0.7之间，在销售量波动较大时，应选择较大的平滑系数；在销售量波动较小或者进行长期预测时，则应选择较小的平滑系数。指数平滑法实质上是加权平均法的一种变化，是将前期实际销售量和预测销售量分别按照平滑指数和（1-平滑指数）作为权数的一种特殊加权平均法。指数平滑法中α值的设定比较灵活方便，适用范围比较广，比较符合实际情况，其缺陷在于平滑指数的取值存在一定的随意性。

【例6-7】沿用例6-4的资料，假设20×8年1月份的预测销售量等于实际销售量，无前期销售量相关资料，α的取值设定为0.4。

要求：按指数平滑法预测20×8年2~12月和20×9年1月份的销售量（计算结果保留到整数）。

解答：根据题目要求，编制指数平滑法计算表6-5。

表6-5　　　　　　　　　　　　指数平滑法计算表

20×8年期间 n+1	本期实际销售量 x_{n+1}	平滑指数 α	前期实际销售量 x_n	1-平滑指数 (1-α)	前期预测销售量 y_n	预测销售量 y_{n+1}
1	800	0.4	—	0.6	—	800
2	820	0.4	800	0.6	800	800
3	850	0.4	820	0.6	800	808
4	780	0.4	850	0.6	808	825
5	790	0.4	780	0.6	825	807
6	750	0.4	790	0.6	807	800

续表

20×8年期间 n+1	本期实际销售量 x_{n+1}	平滑指数 α	前期实际销售量 x_n	1-平滑指数 $(1-\alpha)$	前期预测销售量 y_n	预测销售量 y_{n+1}
7	810	0.4	750	0.6	800	780
8	820	0.4	810	0.6	780	792
9	800	0.4	820	0.6	792	803
10	785	0.4	800	0.6	803	802
11	795	0.4	785	0.6	802	801
12	815	0.4	795	0.6	801	799

20×9年1月份的预测销售量 $y_{n+1} = 815 \times 0.4 + 799 \times 0.6 \approx 805$（件）

因此根据指数平滑法计算出的20×9年1月份预测销售量为805件。

（二）因果预测分析法在销售预测的运用

因果预测分析法也是在销售预测中经常运用的方法，其基本原理是假设影响企业销售量的因素中有若干因素对产品的销售量起决定性作用，并与产品销售量存在一定的函数关系，利用这个函数关系进行产品销售量预测的方法就是因果预测分析法。最常用的因果预测分析方法是回归分析法，回归分析法又分为**一元回归分析法和多元回归分析法**。

1. 一元回归分析法在销售预测中的运用。一元回归分析法也称直线回归法，在销售预测中，该方法假定影响预测对象销售量的因素只有一个，而且二者呈线性函数关系，其表达式为：

$$y = a + bx \tag{6-5}$$

其中：x 代表影响因素，a 代表常数项，b 代表系数，

a 和 b 的值可由下列公式计算：

$$a = \frac{\sum y - b \sum x}{n} \tag{6-6}$$

$$b = \frac{n \sum xy - \sum x \sum y}{n \sum x^2 - (\sum x)^2} \tag{6-7}$$

根据前期相关因素之间的关系建立方程式，并求出 a 和 b 的值，然后根据预测期影响因素 x 的值代入方程式，最后求得预测对象的预计销售量 y 的值。

【例6-8】根据调查发现，新新公司甲产品的销售量与当地居民家庭年收入有关，已知本地区20×4-20×8年的相关资料见表6-6，假设20×9年本地区人均年收入为12万元。

要求：按一元回归分析法预测20×9年甲产品的销售量。

表6-6　　　　　　　　销售量和人均年收入相关资料

年度	20×4	20×5	20×6	20×7	20×8
居民家庭年收入（万元）	8	8.5	9.2	10	11
年销售量（万件）	20	22	23	25	26

企业经营预测分析

解答：

(1) 假设甲产品的销售量与当地居民家庭年收入存在函数关系 $y = a + bx$，根据题目所给资料，编制计算表，如表6-7所示：

表6-7　　　　　　　　甲产品销售量与家庭年收入关系表

年度	年销售量 y（万件）	居民家庭年收入 x（万元）	xy	x^2
20×4	20	8	160	64
20×5	22	8.5	187	72.25
20×6	23	9.2	211.6	84.64
20×7	25	10	250	100
20×8	26	11	286	121
n = 5	$\sum y = 116$	$\sum x = 46.7$	$\sum xy = 1\,094.6$	$\sum x^2 = 441.89$

(2) 根据计算表中的数值，代入公式6-6和6-7，分别计算 a 和 b 的值，

$$b = \frac{5 \times 1\,094.6 - 46.7 \times 116}{5 \times 441.89 - 46.7^2} \approx 1.95$$

$$a = \frac{116 - 1.95 \times 46.7}{5} = 4.987$$

(3) 将 a 与 b 的值代入公式 $y = a + bx$，即 $y = 4.987 + 1.95x$，将20×9年人均年收入12万元代入公式，得出20×9年甲产品的预测销售量为

$y = 4.987 + 1.95 \times 12 = 28.387$（万件）

2. 多元回归分析法在销售预测中的运用。一元回归分析法在销售预测中假定影响预测对象销售量的因素只有一个，但是在实际的市场环境下，影响销售量的因素多种多样，要准确的预测未来的销售量，必须考虑多个因素对销售量的影响，建立多元回归方程式进行预测。多元回归分析法在销售预测中的运用就是通过建立多元线性回归方程式作为预测函数式，找出销售量与各因素变量间的关系，然后根据预测期各影响因素的值代入方程式，以求得预测对象预计销售量的一种方法。其表达式为：

$$y = a + b_1 x_1 + b_2 x_2 + b_3 x_3 + \cdots b_n x_n \tag{6-8}$$

其中：x_i 代表影响因素，a 代表常数项，b_i 代表系数。

【例6-9】假设根据调查发现，新新公司甲产品的销售量与当地居民家庭年收入和广告费有关，已知本地区20×4-20×8年的相关资料见表6-8，假设20×9年本地区家庭年收入为12万元，广告费投入为4万元。

要求：按多元回归分析法预测20×9年甲产品的销售量（计算结果保留到整数）。

表6-8　　　　　　　　销售量和家庭年收入相关资料

年度	20×4	20×5	20×6	20×7	20×8
居民家庭年收入 x_1（万元）	8	8.5	9.2	10	11
广告费 x_2（万元）	1	1	2	2	3
年销售量 y（万件）	20	22	23	25	26

解答：(1) 假设甲产品的销售量与当地居民家庭年收入存在函数关系 $y = a + b_1x_1 + b_2x_2$，其中 y 为甲产品的销售量，x_1 为居民家庭年收入，x_2 为广告费，根据题目所给资料，编制计算表，如表 6–9 所示。

表 6–9　　　　　　　　　　　回归分析计算表

年度	y	x_1	x_2	x_1y	x_2y	x_1x_2	x_1^2	x_2^2
20×4	20	8	1	160	20	8	64	1
20×5	22	8.5	1	187	22	8.5	72.25	1
20×6	23	9.2	2	211.6	46	18.4	84.64	4
20×7	25	10	2	250	50	20	100	4
20×8	26	11	3	286	78	33	121	9
n = 5	$\sum y$ = 116	$\sum x_1$ = 46.7	$\sum x_2$ = 9	$\sum x_1y$ = 1 094.6	$\sum x_2y$ = 216	$\sum x_1x_2$ = 87.9	$\sum x_1^2$ = 441.89	$\sum x_2^2$ = 23

(2) 通过下列三元一次方程组求 a、b_1 和 b_2 的值。

$$\begin{cases} \sum y = na + b_1 \sum x_1 + b_2 \sum x_2 \\ \sum x_1y = a \sum x_1 + b_1 \sum x_1^2 + b_2 \sum x_1x_2 \\ \sum x_2y = a \sum x_2^2 + b_1 \sum x_1x_2 + b_2 \sum x_2^2 \end{cases}$$

$$\begin{cases} 116 = 5a + 46.7b_1 + 9b_2 \\ 1\,094.6 = 46.7a + 441.89b_1 + 87.9b_2 \\ 216 = 23a + 87.9b_1 + 23b_2 \end{cases}$$

将计算表中的数值，代入上面的公式，分别计算 a、b_1 和 b_2 的值，分别得到
a = 0.2918　b_1 = 2.6532　b_2 = –1.0404

(3) 将 a、b_1 和 b_2 的值代入公式 $y = a + b_1x_1 + b_2x_2$，得到甲产品销售量的预测公式为
$y = 0.2918 + 2.6532x_1 - 1.0404x_2$

将 20×9 年甲产品的家庭年收入 12 万元和广告费 4 万元代入上述公式，则 2019 年预测销售量为 $y = 0.2918 + 2.6532 \times 12 - 1.0404 \times 4 \approx 28$（万件）

四、销售预测方法的综合运用

在进行销售预测时，定性分析法和定量分析法各有其优点和缺点。定性分析法的优点在于能够对销售量相关影响因素实现整体把握，缺点是依据预测人员的实践经验和综合分析能力，容易受到主观因素的影响。定量分析法的优点是结果比较客观，能够实现精确测算，缺点是根据近期销售量作为预测依据，缺乏变通，难以反应销售量的发展变化情况。相比定量分析而言，定性分析法比较简单，但预测结果不够精确；定量分析法比较科学，可以得到量化的、比较准确的预测结论，但是需要有足够多的数据资料和建立准确的预测模型。

综上所述，在实际的销售预测中要合理地运用定量分析法与定性分析法，两种方法相互补充、相辅相成。一般在进行一项新产品的销售量预测时，在定量分析之前都要先进行

市场调查和定性分析。在实际的销售预测工作中综合运用定性分析方法和定量分析方法，能够提高预测结果的有效性。

【例 6－10】 新新公司计划扩大市场，拟将本公司的新产品销往北京、上海、广州三地，计划由新新公司销售部门经理及北京、上海、广州三地的经销商负责人成立专门预测小组进行销售额预测。

首先对市场内外部因素进行分析，包括目标市场消费者、消费水平等因素，然后，四个预测人员根据收集到的资料进行各地区销售量预测，预测结果见表6－10：

表 6－10　　　　　　　　　　销售量预测表　　　　　　　　　　单位：万件

预测人员	最高			最可能			最低			预计值
	数量	概率	预计值	数量	概率	预计值	数量	概率	预计值	
销售经理	800	0.3	240	700	0.5	350	600	0.2	120	710
北京	850	0.2	170	820	0.4	328	800	0.4	320	818
上海	780	0.3	234	750	0.5	375	700	0.2	140	749
广州	820	0.2	164	790	0.6	474	750	0.2	150	788

最后根据过去销售经理与北京、上海、广州三地的经销商负责人的预测准确性和重要程度，在综合判断时给予四位预测人员的权数为：0.1、0.3、0.2、0.4，将表中最后一列的预期值进行加权平均，得到最后的综合判断：

预计销售量 = 710 × 0.1 + 818 × 0.3 + 749 × 0.2 + 788 × 0.4 = 781.4（万件）

第三节　成本预测

科学的预测是进行决策的前提条件。成本预测是指根据企业的总体经营目标和历史成本数据，在综合分析企业的各种技术经济条件、外部环境因素的前提下，对企业产品未来成本水平及其发展趋势进行预测的一种管理活动。通过成本预测，能够更准确地编制成本计划，有助于企业进行成本控制和管理，为业绩考核提供依据。

成本预测按照预测期限的长短分为长期预测和短期预测。长期预测指的是一年期以上的成本预测。短期预测指的是一年及一年以内的预测，包括月度、季度、半年度和年度成本预测。企业中长期成本预测一般是对企业长期资产所产生的成本进行的预测，也包括产品组成变动的成本预测；短期预测一般是对影响特定产品成本耗费水平进行的预测。本节内容主要是指企业短期成本预测。

一、成本预测的程序与方法

(一) 成本预测的程序

成本预测的基本程序是：

1. 根据企业的总体经营目标和历史成本数据，制定成本预测计划，提出初步的目标成本。企业的目标成本一般以目标利润为前提，参考国内外同行业成本相关资料来进行确定；也可以直接以同行业先进水平或者本企业历史上的先进水平作为初步的目标成本。

2. 进行相关成本信息的初步预测。在当前的技术经济条件、外部环境因素的前提下，采用定性或定量分析法，初步预测成本可能达到的水平，并测算和目标成本的差距。

3. 分析评价初步预测结果，提出多种成本降低方案，并比较得出可能降低的成本。成本的降低不能以牺牲产品质量为代价。

4. 分析预测误差，确定正式预测成本。通过比较分析初步的目标成本、预测成本和可降低成本，最终形成正式的最优成本预测值。

(二) 成本预测的方法

进行成本预测前，首先要明确成本预测的方法。成本预测的基本方法与销售预测相同，包括定量分析法和定性分析法；成本预测的具体方法包括**历史成本资料分析法、成本因素预测法、技术测定法、产值成本法、目标成本法等**。

1. 历史成本资料分析法是一种趋势分析法，是指在企业产品的产量、成本等历史资料的基础上，采用一定的方法对历史数据进行加工处理，找出成本变化的趋势，从而进行成本预测的一种方法。历史成本资料分析法包括高低点法、回归分析法、算术平均法、移动平均法和加权平均法等。

2. 成本因素预测法是指以某一期产品的实际成本为基础，通过分析产品成本项目的各影响因素以及影响程度，对产品单位成本和总成本进行预测的一种方法。一般来说，产品成本项目包括直接材料、直接人工、直接燃料和动力以及制造费用。如果能够预测出各成本项目的变动对产品成本的影响程度，就能够测算出产品的预测成本。

3. 技术测定法是在已有的生产条件下，根据产品的生产工艺过程和生产技术条件，对影响该产品的各市场要素进行技术测试，并进行计算分析，进而测算出产品成本的一种方法。

4. 产值成本法是指按照企业生产总值的一定比例确定产品成本的一种方法。产值指的是以货币形式表现的企业在一定时期内生产的最终产品的总价值量。产品成本与产品产值之间的关系是：产品成本占产品产值的比例越大，则成本越高；反之，成本越低。因此，企业进行成本预测时，可以参照类似产品的产值成本率进行分析计算确定。其计算公式为：

$$产品单位成本 = \frac{某产品的总产值 \times 预计产值成本率}{预计产品产量} \tag{6-9}$$

5. 目标成本法是根据产品的销售价格构成推测产品目标成本的一种方法。产品的销售价格包括产品的生产成本、产品销售税金和目标利润三个部分。要测算产品的目标成本，首先要确定产品的单位售价和单位目标利润，然后根据下列公式计算产品的单位目标成本：

产品单位目标成本＝单位售价－单位销售税金－单位目标利润

二、成本预测方法的具体应用

（一）可比产品成本预测

可比产品指的是企业以前年度正常生产过的产品，其历史成本资料比较健全，一般可采取历史成本资料分析法和成本因素预测法进行成本预测。

【例6-11】 新新公司生产某种产品，最近20×8年上半年的成本资料见表6-11。

要求：用加权平均法预测7月份产量为10 000件时的产品总成本和单位成本。

表6-11　　　　　　　　　　1-6月成本资料

月份	固定成本（元）	单位变动成本（元÷件）	权数
1	1 000 000	1 500	0.1
2	1 100 000	1 600	0.1
3	1 200 000	1 400	0.1
4	1 200 000	1 500	0.2
5	1 400 000	1 300	0.2
6	1 500 000	1 350	0.3

解答：

固定成本加权成本＝1 000 000×0.1＋1 100 000×0.1＋1 200 000×0.1
　　　　　　　　＋1 200 000×0.2＋1 400 000×0.2＋1 500 000×0.3
　　　　　　　　＝1300 000（元）

单位变动成本加权成本＝1 500×0.1＋1 600×0.1＋1 400×0.1＋1 500×0.2＋1 300
　　　　　　　　　　×0.2＋1 350×0.3＝1 415（元）

根据加权平均法进行预测，新新公司7月份产量为10 000件时的单位成本为1 415元，总成本为1 300 000＋1 415×10 000＝15 450 000元。

【例6-12】 新新公司生产某产品，耗用甲、乙两种原材料，上年单位产品耗用A原材料3公斤，单价10元；B原材料2公斤，单价12元。计划本年单位产品耗用A原材料2.8公斤，计划单价9元；耗用B原材料1.8公斤，计划单价12.5元。上年单位产品人工费用为10元，计划本年工资平均增长率为5%，劳动生产率增长为10%。上年固定成本为100 000元，产量为8 000件，计划本年产量为10 000件，固定成本预计不发生变化。

要求：测算各成本因素对产品单位成本的影响。

解答：

（1）直接材料变动对产品单位成本的影响。

材料价格变动影响 =（计划期材料单位价格 − 基期材料单位价格）× 计划期单位产品原材料消耗量

$$= (9-10) \times 2.8 + (12.5-12) \times 1.8 = -1.9 \text{（元）}$$

材料单位消耗量影响 =（计划期单位产品原材料消耗量 − 基期单位产品原材料消耗量）× 基期材料单位价格

$$= (2.8-3) \times 10 + (1.8-2) \times 12 = -4.4 \text{（元）}$$

直接材料变动对产品单位成本的影响 = 材料价格变动影响 + 材料单位消耗量影响

$$= -1.9 + (-4.4) = -6.3 \text{（元）}$$

直接材料的变动使产品单位成本下降6.3元，其中材料价格变动使单位产品成本降低1.9元，材料单位消耗量变动使单位产品成本降低4.4元。

（2）工资水平和劳动生产率变动对单位成本的影响

= 基期单位工资成本 ×［1 −（1 + 工资平均增长率）÷（1 + 劳动生产率增长）］

$$= 10 \times [1 - (1+5\%) \div (1+10\%)] \approx -0.45 \text{（元）}$$

说明由于工资的增长幅度小于劳动生产率的增长幅度，使得产品单位成本降低了0.45元。

（3）产量变动对产品单位成本的影响

= 基期固定总成本 ÷ 基期产量 − 计划期固定总成本 ÷ 计划期产量

$$= 100\,000 \div 8\,000 - 100\,000 \div 10\,000 = -2.5 \text{（元）}$$

说明由于产量的增加导致单位成本中的固定成本降低了2.5元。

根据上面的计算结果可知，材料价格和单位消耗量变动使单位产品成本降低6.3元，工资水平和劳动生产率变动使单位产品成本降低0.45元，产量的增加导致单位成本中的固定成本降低了2.5元，本期单位产品成本比上年一共降低了9.25元。

（二）不可比产品成本预测

不可比产品指的是企业以前年度没有正式生产过的产品，因此没有历史成本资料可进行比较，一般采取技术测定法、产值成本法和目标成本法等进行成本预测。

【例6-13】 新新公司计划扩大市场，拟生产一种新产品，根据企业的技术水平和该产品的市场调查情况预测该产品全年销售量为10 000件，预计销售单价为每件100元，单位销售税金为15元，目标利润为150 000元。

要求：预测甲产品的目标成本。

解答：该产品的目标总成本 = 10 000 × 100 − 10 000 × 15 − 150 000 = 700 000（元）

该产品的单位目标成本 = 700 000 ÷ 10 000 = 70（元）

$$= 100 - 15 - 150\,000 \div 10\,000 = 70 \text{（元）}$$

甲产品的目标总成本是700 000元，单位成本为70元。

第四节 利润预测

利润预测是指按照企业总体经营目标的要求,根据企业与利润相关的资料,通过对影响利润的成本、费用、价格、产销量等因素进行综合分析,对企业未来一定时期的利润水平及其变动趋势所进行的预计和测算。对企业的利润预测按时间可分为短期利润预测和长期利润预测;按照利润的构成可分为营业利润、利润总额和净利润的预测。预测的利润由预测的产品销售收入、销售成本、销售税金等因素决定,因此利润预测是建立在销售预测和成本预测的基础之上的。

一、利润预测的程序与方法

(一)利润预测的程序

在现代企业管理制度下,利润预测实际上是对企业的目标利润进行预测的一种管理活动。目标利润指的是企业在未来一段时间内,经过努力预期能够实现的最优化利润目标,它是企业可持续发展的重要战略目标之一。目标利润一经确定,便成为企业进行生产经营管理活动的重要依据,企业要根据目标利润来组织生产和销售。目标利润的计算公式为:

$$目标利润 = 销售收入 - 销售成本 - 销售税金 \tag{6-10}$$

利润预测的基本程序是:

1. 确定预测的利润率标准。 根据计算口径不同,企业利润率标准包括资金利润率、销售利润率、销售成本利润率、产值利润率等;根据时间特征上看,企业利润率标准包括平均利润率、历史最高水平利润率等;从横向关系上看,企业利润率标准包括国内外、本地区同行业先进水平利润率、平均水平利润率等。企业首先要根据企业战略以及历史资料确定企业利润预测的利润率标准。

2. 计算初步预测的目标利润。 假设以销售利润率来计算初步预测的目标利润,其计算公式为:

$$\begin{aligned}初步预测的目标利润 &= 预定的销售利润率 \times 预计产品销售额 \\ &= 预定的销售利润率 \times (预计产品销售量 \times 预计单位产品销售价格)\end{aligned} \tag{6-11}$$

3. 对初步预测的目标利润进行修正,确定正式目标利润。 目标利润的修正值是对初步预测目标利润的调整额,在对影响利润的因素进行综合分析和测算的基础上,对初步预测的目标利润进行修正,形成最终的正式目标利润。其计算公式为:

$$正式的目标利润 = 初步预测的目标利润 + 目标利润修正值 \tag{6-12}$$

4. 对正式目标利润进行分解,纳入预算执行体系。 正式目标利润一经确定,就应纳入企业预算执行体系,在企业可实现的生产能力、技术保障、人财物等条件下,分解落实为达到目标利润所应采取的具体措施。

（二）利润预测的方法

利润预测的方法主要有**直接预测法、因素分析法和经营杠杆系数法**。

1. 直接预测法是一种传统的利润预测方法，是指根据本期的利润相关数据，直接推算出预测期利润额的一种方法。企业的利润总额由营业利润、投资净收益、营业外收支净额等项目构成，利润预测时应分别测算各项金额，进行相加。以营业利润预测为例分析如下：

预计营业利润＝预计产品销售利润＋预计其他业务利润　　　　　　　　　　（6－13）

预计产品销售利润＝预计销售收入－预计销售成本－预计销售税金＝预计产品销售数量×（预计产品销售单价－预计单位产品变动成本－预计单位产品税金）－预计固定成本总额

预计其他业务利润＝预计其他业务收入－预计其他业务成本－预计其他业务税金

2. 利润预测的因素分析法是指在目标利润预测的基础上，充分估计预测期影响利润的各因素增减变动的可能性，从而对目标利润进行修正的一种方法。从营业利润的计算公式可以看出，影响营业利润的因素有产品销售数量、产品销售单价、销售相关税金的税率、单位产品变动成本、固定成本总额和产品品种结构等，营业利润预测的因素分析法一般从这六个因素的变动对利润产生的影响进行分析。

3. 经营杠杆又称营业杠杆或营运杠杆，指在企业生产经营中由于存在固定成本而使利润变动率大于销售量变动率的一种经济现象。利润预测中的经营杠杆系数法是指根据产品销售量和利润之间的杠杆系数关系来预测企业未来一定期间利润的方法。

只要存在固定成本，则经营杠杆系数恒大于1；当销售单价、单位变动成本、固定总成本不变的前提下，销售量越小，经营杠杆系数越大，而营杠杆系数越大，经营杠杆作用和经营风险越大，反之亦然。

经营杠杆系数一般用 DOL 表示，其理论计算公式为：

$$经营杠杆系数（DOL）＝\frac{利润变动率}{销售量变动率} \quad (6-14)$$

或

$$经营杠杆系数（DOL）＝\frac{基期边际贡献总额}{基期利润}$$

二、利润预测方法的具体应用

（一）直接预测法在利润预测中的具体运用

利用直接预测法进行利润预测，前提条件是有可利用的本期利润相关资料进行下一期的测算，即必须是可比产品的利润预测。

【例6－14】新新公司生产甲、乙、丙三种产品，本年度各产品的销售单价、单位成本及下一年度的预计销售量如表6－12所示，假设三种产品的固定成本总额50万保持不变，另预计下一年度其他业务收入为20万元，其他业务成本为12万元，其他业务税金为4万元。

表 6-12　　　　　　　　　　产品预计销售量表

产品	销售单价（元）	单位产品		预计下一年度产品销售量（件）
		销售成本（元）	销售税金（元）	
甲	1 000	600	200	1 500
乙	1 500	800	300	1 000
丙	2 000	1 300	400	2 000

要求：根据所给资料利用直接预测法预测下一年度的营业利润。

解答：

预计下一年度各产品未扣除固定成本的销售利润如下：

预计甲产品的销售利润 =（1 000 - 600 - 200）× 1 500 = 300 000（元）

预计乙产品的销售利润 =（1 500 - 800 - 300）× 1 000 = 400 000（元）

预计丙产品的销售利润 =（2 000 - 1 300 - 400）× 2 000 = 600 000（元）

预计销售利润总额 = 300 000 + 400 000 + 600 000 - 500 000 = 800 000（元）

预计其他业务利润 = 200 000 - 120 000 - 40 000 = 40 000（元）

那么预测下一年度新新公司的营业利润额为 800 000 + 40 000 = 840 000 元。

（二）因素分析法在利润预测中的具体运用

由于产品销售量、产品销售单价、与销售相关税金的税率、单位产品变动成本、固定成本总额和产品品种结构等因素对利润预测产生影响，相关因素的变动对利润的影响分析如下：

1. 预计产品销售量变动对利润的影响。在其他因素不变的前提下，预测期产品销售量增加，利润额也会增加；反之，利润额会减少。预计产品销售量变动对利润的影响计算公式为：

产品销售量变动对利润的影响 =（预测期产品销售量 × 本期单位成本 - 本期产品销售成本）× 本期成本利润率　　　　　　　　　　　　　　　　　　　（6-15）

2. 预计产品品种结构变动对利润的影响。产品品种结构变动对利润的影响主要体现在不同品种的产品利润率不同，预测期利润率高的产品在销售中占的比重提高会导致预测期利润的提高，产品结构变动会引起平均利润率的变动。预计产品品种结构变动对利润的影响的计算公式如下：

产品品种结构变动对利润的影响 = 按本期成本计算的预测期成本总额 ×（预测期平均成本利润率 - 本期平均成本利润率）　　（6-16）

3. 预计产品成本变动对利润的影响。产品成本变动对利润的影响表现在单位成本降低会使利润增加，其计算公式为：

产品成本变动对利润的影响 = 按本期成本计算的预测期成本总额 × 产品成本降低率

（6-17）

4. 预计产品销售单价变动对利润的影响。产品销售单价变动对利润的影响体现在销售单价的提高会使利润增加，而销售收入的提高会导致销售税额增加，假定此处销售税额指的是消费税，因此产品销售单价变动对利润的影响计算公式为：

产品销售单价变动对利润的影响 = 预测期产品销售数量 × 本期销售单价 × 价格变动率
$$× (1 - 原税率) \quad (6-18)$$

5. 预计产品销售税率变动对利润的影响。产品销售税率变动对利润的影响体现在税率的提高会使利润减少，其计算公式为：

产品销售税率变动对利润的影响 = 预测期产品销售收入 × (1 ± 价格变动率) × (原
$$税率 - 变动后税率) \quad (6-19)$$

【例6-15】假定新新公司本年度生产甲、乙两种产品，甲、乙产品的原销售税率均为20%，相关资料见表6-13。

表6-13　　　　　　　　　　　产品资料表

产品	本年度产品销售量（件）	销售单价（元）	单位产品		成本利润率	预计下一年度产品销售量（件）
			销售成本（元）	销售税金（元）		
甲	1 200	1 000	600	200	1/3	1 500
乙	1 300	1 500	800	300	50%	1 000

假设下一年度的预计甲产品的销售单价提高10%，乙产品提高15%，甲产品的单位销售成本降低2%，乙产品降低1%，甲、乙产品的销售税率均提高5%。

要求：利用因素分析法分析各影响因素对下一年度的营业利润的影响。

解答：

(1) 产品销售量变动对利润的影响。

甲产品销售量变动对利润的影响 = 600 × (1 500 - 1 200) × 1/3 = 60 000（元）

乙产品销售量变动对利润的影响 = 800 × (1 000 - 1 300) × 50% = -120 000（元）

由此可知：甲产品销售量变动使利润增加了60 000元，乙产品销售量变动使利润减少了120 000元。

(2) 预计产品品种结构变动对利润的影响。

本期平均成本利润率 = 1/3 × 1 200/(1 200 + 1 300) + 50% × 1 300/(1 200 + 1 300) = 42%

预测期平均成本利润率 = 1/3 × 1 500/(1 500 + 1 000) + 50% × 1 000/(1 500 + 1 000) = 40%

产品品种结构变动对利润的影响 = (1 500 × 600 + 1 000 × 800) × (40% - 42%) = -34 000（元）

由此可知：产品品种结构变动使利润减少了34 000元。

(3) 预计产品成本变动对利润的影响。

甲产品成本变动对利润的影响 = 1 500 × 600 × 2% = 18 000（元）

乙产品成本变动对利润的影响 = 1 000 × 800 × 1% = 8 000（元）

由此可知：甲产品成本变动使利润增加了18 000元，乙产品成本变动使利润增加了8 000元。

(4) 预计产品销售单价变动对利润的影响。

甲产品销售单价变动对利润的影响 = 1 500 × 1 000 × 10% × (1 - 20%) = 120 000 (元)

乙产品销售单价变动对利润的影响 = 1 000 × 1 500 × 15% × (1 - 20%) = 180 000 (元)

由此可知：甲产品销售单价变动使利润增加了 120 000 元，乙产品销售单价变动使利润增加了 180 000 元。

(5) 预计产品销售税率变动对利润的影响。

甲产品销售税率变动对利润的影响 = 1 500 × 1 000 × (1 + 10%) × (-5%) = -82 500 (元)

乙产品销售税率变动对利润的影响 = 1 000 × 1 500 × (1 + 15%) × (-5%) = -86 250 (元)

由此可知：甲产品销售税率变动使利润减少了 82 500 元，乙产品销售税率变动使利润减少了 86 250 元。

(三) 经营杠杆系数法在利润预测中的具体运用

经营杠杆系数法在利润预测中应用的计算公式为：

预计目标利润 = 基期实际利润 × (1 + 预计销售量变动率 × 经营杠杆系数)　　(6-20)

【例 6-16】 新新公司生产甲产品，本年的销售量为 8 000 件，单位售价 250 元，单位变动成本为 150 元，该产品本年利润为 500 000 元，下一年度计划增加销售量 10%。

要求：计算经营杠杆系数和预测下一年度的利润。

解答：

基期边际贡献 = 8000 × (250 - 150) = 800 000 (元)

经营杠杆系数 = 800 000/500 000 = 1.6

下一年度的预计利润 = 500 000 × (1 + 1.6 × 10%) = 580 000 (元)

第五节　资金需要量预测

企业正常运营必须保证资金合理供应，资金需要量预测是管理会计预测的一项重要内容。资金需要量预测是指按照企业总体经营目标和生产经营规模的要求，在分析有关历史资料、现有技术条件和企业发展规划的基础上，运用一定的预测方法，对预测期企业生产经营所需资金量进行预计和测算的一种管理活动。资金需要量预测是企业进行经营决策的重要依据，是编制资金预算的基础。

一、资金需要量预测的程序与方法

(一) 资金需要量预测的程序

资金需要量预测的一般程序如下：

1. 搜集资料，实地调查研究，确定企业历年的资金需要量和资金利用效果。
2. 根据预测期企业发展规模，初步计算确定预测期的资金需要量。
3. 分析预测期资金的利用效果，对初步预测的资金需要量进行修正。
4. 对修正后的预测资金需要量进行分解，纳入资金预算执行体系。

（二）资金需要量预测的方法

资金需要量预测的一般方法有**资金增长趋势预测法（回归分析法）、预计资产负债表法（销售百分比法）**等。

1. 资金增长趋势预测法。资金变动最直接的影响因素是企业经营规模和销售收入，销售收入增加往往代表企业经营规模扩大，资金需要量增加；反之，销售收入减少，往往代表企业经营规模缩小，资金需要量减少。资金增长趋势预测法就是运用回归分析法的原理，建立资金需要量和销售收入之间的数量关系模型（$y = a + bx$），据以预测未来期间资金需要量的一种方法。

2. 预计资产负债表法是通过编制预计资产负债表来预计预测期的资产、负债和留用利润，从而测算外部资金需要量的一种方法。资产负债表是反映企业某一时点上资产、负债和所有者权益的报表，其中资产反映了企业资金的占用情况，负债和所有者权益反映了企业资金的来源。因此，通过预计资产的变动情况，可以用来预测企业需要筹措的资金需要量。

二、资金增长趋势预测法在资金需要量预测中的运用

运用资金增长趋势预测法进行资金需要量预测，首先需要根据各期资金总量和销售收入的相关资料建立线性回归模型，然后将预测期的销售收入代入模型测算预测期的资金需要量。

【例 6-17】新新公司近 5 年度资金总量和销售收入的资料见表 6-14。

表 6-14　　　　　　　　　　　　　　　　　　　　　　　　　　　　　单位：万元

年度	销售收入	资金总量
20×4	480	250
20×5	520	280
20×6	500	260
20×7	550	300
20×8	600	320

假设新新公司 20×9 年销售收入预测值为 700 万元。

要求：利用资金增长趋势预测法预测新新公司 20×9 年的资金需要总量。

解答：

根据回归分析原理，对表 6-14 数据进行加工整理如表 6-15 所示：

表 6-15

年度 n	资金总量 y	销售收入 x	xy	x^2
20×4	250	480	120 000	230 400
20×5	280	520	145 600	270 400
20×6	260	500	130 000	250 000
20×7	300	550	165 000	302 500
20×8	320	600	192 000	360 000
n=5	$\sum y = 1\,410$	$\sum x = 2\,650$	$\sum xy = 752\,600$	$\sum x^2 = 1\,413\,300$

根据表 6-14 的值代入公式 6-6 和 6-7，分别计算 a 和 b 的值：

$$b = \frac{n\sum xy - \sum x \sum y}{n\sum x^2 - (\sum x)^2} = \frac{752\,600 \times 5 - 1\,410 \times 2\,650}{1\,413\,300 \times 5 - 26\,50^2} \approx 0.6023$$

$$a = \frac{\sum y - b\sum x}{n} = \frac{1\,410 - 2\,650b}{5} = -37.219$$

(4) 将 a 与 b 的值代入公式 y = a + bx，得出新新公司 2019 年资金需要总量为 y = -37.219 + 700 × 0.6023 = 384.391（万元）

三、预计资产负债表法在资金需要量预测中的运用

预计资产负债表法是通过编制预计资产负债表来预测资金需要量的一种方法。资产负债表是反映企业某一时点上资产、负债和所有者权益的报表，企业增加资产一般是通过增加负债或者增加所有者权益形成的，因此，通过预计资产的增减金额就可以确定企业的资金需要量。

资产、负债的许多项目随销售收入的增加而增加，有一定的比例关系，因此可以利用基期资产、负债各项目与销售收入的关系来预计预测期的资产、负债等项目的金额。一般而言，资产负债表中的货币资金、应收账款、存货等项目会随着销售额的变动而变动，属于敏感性资产。对固定资产则视基期生产能力是否还有潜力可利用而定，如果需要追加资金投入，则属于敏感性资产，否则为非敏感性资产。长期证券投资和无形资产一般属于非敏感性资产。

应付账款、应付票据、应交税费、其他应付款等流动负债项目也会随着销售额的变动而变动，属于敏感性负债。应付薪酬通常属于非敏感性负债，但计件制和销售提成制的应付薪酬属于敏感负债。长期负债和所有者权益项目通常不随销售额的变动而变动，属于非敏感项目。

【例 6-18】新新公司 20×8 年 12 月 31 日资产负债表如表 6-16 所示：

第6章 企业经营预测分析

表 6-16 资产负债表

20×8年12月31日 单位：万元

资产	金额	负债与所有者权益	金额
货币资金	500	短期借款	100
应收账款	1 000	应付账款	900
存货	1 500	长期借款	1 000
流动资产小计	3 000	负债小计	2 000
固定资产	800	实收资本	1 800
无形资产	200	未分配利润	200
非流动资产小计	1 000	所有者权益小计	2 000
资产合计	4 000	负债与所有者权益合计	4 000

20×8年度新新公司销售收入5 000万元，销售净利率为4%，预计20×9年度销售收入可达8 000万元，固定资产产能尚能满足需求。

要求：利用预计资产负债表法预测新新公司20×9年的资金需要总量。

解答：

编制资产负债销售百分比表，将表6-16中随销售收入变动的项目金额除以20×8年度新新公司销售收入5 000万元，得到结果如表6-17：

表 6-17 资产负债销售百分比表 单位：万元

资产	占销售收入百分比（%）	负债与所有者权益	占销售收入百分比（%）
货币资金	10	短期借款	不变动
应收账款	20	应付账款	18
存货	30	长期借款	不变动
流动资产小计	60	负债小计	18
固定资产	不变动	实收资本	不变动
无形资产	不变动	未分配利润	变动
非流动资产小计	—	所有者权益小计	—
资产合计	60	负债与所有者权益合计	—

销售收入增长率 = 8 000/5 000 = 1.6，据以编制预计资产负债表（见表6-18）：

表 6-18 20×9年预计资产负债表 单位：万元

资产	金额	负债与所有者权益	金额
货币资金	800	短期借款	100
应收账款	1 600	应付账款	1 440
存货	2 400	长期借款	1 000
流动资产小计	4 800	负债小计	2 540
固定资产	800	实收资本	1 800
无形资产	200	未分配利润	520*
非流动资产小计	1000	所有者权益小计	2 320
资产合计	5 800	负债与所有者权益合计	4 860

520* = 200 + 8 000 × 4%

从上表可以看出,企业可用资金总额为 4 860 万元,而企业资产预计需要资金 5 800 万元,企业还需要筹集 940 (5 800 - 4 860) 万元的资金。

通过以上计算可以看出,新新公司 20×9 年预计的资金总需要量为 5 800 万元,与上年相比需增加资金 1 800 万元,考虑到资金来源会随销售收入增加而增加,企业实际还需筹集资金 940 万元。

思考题

1. 经营预测和经营决策有什么关系?
2. 定性分析法和定量分析法有什么区别?
3. 销售预测有哪些方法? 具体如何应用?
4. 成本预测有哪些方法? 具体如何应用?
5. 利润预测有哪些方法? 具体如何应用?
6. 资金量预测有哪些方法? 具体如何应用?
7. 经营杠杆系数法怎么应用? 单价、成本、销量和经营杠杆系数之间有什么关系?
8. 为什么当销售单价、单位变动成本、固定总成本不变的前提下,销售量越大,经营杠杆系数越小;销售量越小,经营杠杆系数越大? 对利润会产生什么影响?

第7章
企业经营决策分析

主要知识点

企业经营决策的基本原理和一般方法；
生产品种决策方法；
自制还是外购决策方法；
产品组合决策方法；
产品定价决策方法。

关键概念

边际贡献分析法（marginal contribution analysis method）
差量分析法（differential analysis method）
成本无差别点法（cost indifference point analysis method）
专属成本（dedicated cost）
相关成本（relevant cost）
机会成本（opportunity cost）
沉没成本（sunk cost）

第一节 定量分析与经营决策

企业经营管理水平的高低是企业发展的命脉，对企业的发展起着举足轻重的作用。企业的经营管理水平主要体现在企业的经营决策水平上。在企业的经营决策中，经常会用到定量分析法来进行生产经营决策和定价决策。

一、企业经营决策的涵义

经营决策是指企业为有效地组织现有的生产经营活动，合理利用经济资源而进行的决策。经营决策一般指的是短期决策，是指在现有的技术设备和经营条件的基础上，就未来一年以内的有关经营活动所进行的决策。它所考虑的重点主要是如何使企业现有的资源（包括人力、物力和财力等）得到最充分、有效和合理的配置和利用，以使企业获得最佳的经济效益和社会效益。

企业经营决策贯穿于生产经营活动的全过程，包括产品定价决策、生产方案决策、自制还是外购决策、产品组合决策等。

二、经营决策分析中的一般定量分析方法

定量分析方法在经营决策中的应用是以企业经营活动和财务相关数据为主要数据来源，使用数学工具对企业可量化的数据进行加工整理和分析，对企业的经营状况给出评价并做出经营决策的判断过程。定量分析在经营决策分析中的一般方法有以下几种：

（一）边际贡献分析法

边际贡献分析法是在成本性态分类的基础上，通过比较各备选方案边际贡献的大小来确定最优方案的分析方法。

在短期生产决策过程中，固定成本往往不变，因此，直接比较各备选方案边际贡献额的大小就可以做出判断。但有些方案的投资会涉及追加专属成本问题。专属成本又称特定成本，是指那些能够明确归属于特定决策方案的固定成本或混合成本，与特定的产品或部门相联系的成本。专属成本往往是为了弥补生产能力不足的缺陷，增加有关设备而发生的，例如专门生产某种产品的专用设备的折旧费、保险费等。当决策涉及追加专属成本时，则需要先计算不同方案的剩余边际贡献，即边际贡献扣除专属成本后的余额，然后再比较不同方案的剩余边际贡献的大小，哪个方案的剩余边际贡献最大，哪个方案为最优。在决策中，不能只根据单位边际贡献的大小来进行判断，而是应根据边际贡献的总额进行决策。

（二）差量分析法

差量分析法是指在充分分析不同备选方案差量收入、差量成本和差量利润的基础上，从中选择最优方案的方法。其中，差量是指两个备选方案同类指标之间的数量差异。差量收入是指两个备选方案预期收入之间的数量差异。差量成本是指两个备选方案预期成本之间的数量差异。差量损益是指差量收入和差量成本之间的数量差异。当差量收入大于差量成本时，其数量差异为差量收益；当差量收入小于差量成本时，其数量差异表现为差量损失。差量损益实际是两个备选方案预期收益之间的数量差异。

差量分析法的分析步骤一般分为四步：第一步，计算备选方案的差量收入；第二步，计算备选方案的差量成本；第三步，计算备选方案的差量损益；第四步，比较最优方案。其决策过程可见表7-1：

表 7-1　　　　　　　　　　　　　差量分析法

甲方案（1）	乙方案（2）	差量（3）=（1）-（2）
预期收入 $R_甲$	预期收入 $R_乙$	差量收入 ΔR
预期成本 $C_甲$	预期成本 $C_乙$	差量成本 ΔC
预期收益 $P_甲$	预期收益 $P_乙$	差量损益 ΔP

当差量损益 $\Delta P>0$ 时，甲方案可取；当差量损益 $\Delta P<0$ 时，乙方案可取；企业在进行不同方案的比较选择时，实质上是选择最大收益或者最小成本的过程。

采用差量分析法的关键在于进行决策分析时，只考虑那些对备选方案的预期总收入和预期总成本会发生影响的项目，即相关收入和相关成本，至于那些不相关的因素，则一概予以剔除。

相关收入是指由某特定决策方案直接引起的、能对决策产生重大影响的、在决策中必须予以充分考虑的未来收入。如果一项收入只属于某个特定决策方案，若该方案不存在，就不会产生这项收入，那么，这项收入就是相关收入。相关收入的计算，一般要以特定决策方案的相关销售量和单价为依据。相关成本是指对企业经营管理有影响或在经营管理决策分析时必须加以考虑的各种形式的成本。相关成本主要包括机会成本、付现成本、重置成本、差量成本、边际成本、可避免成本、可延缓成本和专属成本等。无关成本包括沉没成本、共同成本、联合成本、不可避免成本、不可延缓成本等。

【例 7-1】 新新公司正在计划生产甲产品或是乙产品问题。甲、乙两种产品预期的销售单价、销售数量和单位变动成本资料见表 7-2：

表 7-2　　　　　　　　　　　　产品基本资料　　　　　　　　　　　　单位：元

项目＼产品	甲产品	乙产品
预期销售数量（件）	500	800
预期销售单价（元）	80	60
单位变动成本（元）	35	20

根据以上资料，做出生产哪种产品对企业比较有利的决策。

编制差量分析表，如表 7-3 所示：

表 7-3　　　　　　　　　　　　差量分析表　　　　　　　　　　　　单位：元

项目	A 方案	B 方案	差量
相关收入	500×80=40 000	800×40=32 000	8 000
相关成本	500×35=17 500	800×20=16 000	1 500
相关收益	22 500	16 000	5 500

根据上表的计算结果，新新公司选择 A 方案比选择 B 方案可以多取得 5 500 元的收益，因此，A 方案优于 B 方案。

（三）成本无差别点法

边际贡献分析法和差量分析法都适用于收入成本型（即收益型）方案的选择。在企业生产经营中,面临许多只涉及成本而不涉及收入的成本型方案的选择,这时考虑用到的方法就是成本无差别点法。

在某业务量水平上,两个不同方案的总成本相等,这个业务量就称为成本无差别点,又叫成本分界点或成本平衡点。成本无差别点法是指在各备选方案的相关收入均为零,相关的业务量为不确定因素时,通过判断处于不同水平上的业务量与成本无差别点业务量之间的关系,来做出互斥方案决策的一种方法。当总业务量高于或低于成本无差别点业务量水平时,将分别适用于两个方案中的不同方案。

一般来说,方案的总成本都可以用 $y = a + bx$ 来表示,y 代表总成本,a 代表固定成本总额,b 代表单位变动成本,x 代表成本无差别点业务量。

假如存在两个方案,方案1和方案2,其中:

$y_1 = a_1 + b_1 x$

$y_2 = a_2 + b_2 x$

根据成本无差别点法的原理,$y_1 = y_2$,

则 $a_1 + b_1 x = a_2 + b_2 x$,

变形得到 $x = \dfrac{a_1 - a_2}{b_1 - b_2}$

在成本无差别点的业务量 x 上,方案1和方案2的总成本相等,也就是说两个方案都可取;当业务量大于 x 时,固定成本 a 大的为优;当业务量小于于 x 时,固定成本 a 小的为优,具体见图 7-1。

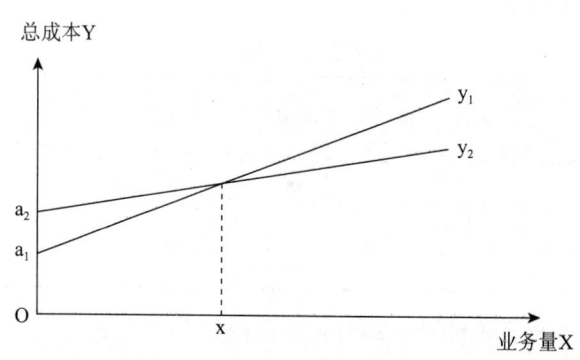

图 7-1 成本无差别点法

【例 7-2】新新公司生产甲产品,有两种工艺方案可供选择。有关成本数据见表 7-4。

表 7-4　　　　　　　　　　产品基本资料　　　　　　　　　　单位:元

工艺方案	固定成本总额	单位变动成本
方案1	85 000	50
方案2	60 000	60

根据上表数据,利用产量成本关系,确定方案1、方案2的总成本公式如下:

$y_1 = 85\ 000 + 50x$

$y_2 = 60\,000 + 60x$

令 $y_1 = y_2$

则 $x = (85\,000 - 60\,000)/(60 - 50) = 2\,500$（件）

即成本无差别点产量为 2 500 件，因此当甲产品的产量为 2 500 件时，方案 1、方案 2 的总成本相同，两个方案均可取；当甲产品的产量 > 2 500 件，固定总成本大的为优，故方案 1 较优；当甲产品的产量 < 2 500 件，固定总成本小的为优，故方案 2 较优。

第二节 生产品种决策

一、生产品种决策的涵义

生产品种决策指的是生产或不生产何种产品的决策，主要包括生产何种产品、亏损产品是否停产、半成品继续加工或直接出售以及联产品、副产品和其他产品是否深加工的决策等方面。

二、生产何种产品的决策

生产何种产品的决策，一般取决于企业的生产能力和该产品的边际贡献总额。如果企业有剩余的生产能力可供使用，或者可以利用淘汰过时产品的生产能力，在有几种产品可供选择而不需要增加专属成本时，应选择边际贡献总额最多的产品方案；如果需要增加专属成本，则需要计算扣除专属成本后的产品边际贡献总额。这种方法就是边际贡献分析法，适用于收入成本型方案的择优决策，尤其适用于多个方案的择优决策。

（一）不需要增加专属成本

【例 7-3】新新公司原来生产甲、乙两种产品，现有丙和丁两种产品可以投入生产，但公司剩余生产能力有限，只能将其中一种产品投入生产。产品固定成本为 20 000 元，不需为新产品投产而增加固定成本。各产品的资料见表 7-5。

表 7-5 单位：元

项目\产品	甲产品	乙产品	丙产品	丁产品
销售数量（件）	500	800	350	400
销售单价（元）	80	60	50	30
单位变动成本（元）	35	20	30	15

因为新新公司固定成本 20 000 元不会因为新产品投产而增加，因此只需要分别计算丙和丁产品能够提供的边际贡献总额，加以对比分析就可以做出决策，具体见表 7-6 的

计算结果。

表 7-6 单位：元

产品 项目	丙产品	丁产品
销售数量（件）	350	400
销售单价（元）	50	30
单位变动成本（元）	30	15
单位边际贡献	20	15
边际贡献总额	7 000	6 000

以上计算表明，丙产品的边际贡献总额大于丁产品的边际贡献总额1 000元，可见，生产丙产品优于生产丁产品。

通过计算两个方案的公司利润总额可以证明这种决策的准确性。

方案一：生产甲乙丙产品（表7-7）。

表 7-7 方案一 单位：元

产品 项目	甲产品	乙产品	丙产品	合计
销售数量（件）	500	800	350	
销售单价（元）	80	60	50	
单位变动成本（元）	35	20	30	
单位边际贡献	45	40	20	
边际贡献总额（元）	22 500	32 000	7 000	61 500
固定成本				20 000
利润总额				41 500

方案二：生产甲乙丁产品表（7-8）。

表 7-8 方案二 单位：元

产品 项目	甲产品	乙产品	丁产品	合计
销售数量（件）	500	800	400	
销售单价（元）	80	60	30	
单位变动成本（元）	35	20	15	
单位边际贡献	45	40	15	
边际贡献总额（元）	22 500	32 000	6 000	60 500
固定成本				20 000
利润总额				40 500

通过上表计算，方案一的利润为41 500元，方案二的利润为40 500元，方案一比方

案二的利润多1000元,所以生产丙产品优于生产丁产品。

(二) 需要增加专属固定成本

接上例,如果丙产品和丁产品分别需要增加专属固定成本2000元和800元,则决策的计算过程见表7-9。

表7-9　　　　　　　　　　　产品基本资料　　　　　　　　　　　　　单位:元

项目＼产品	丙产品	丁产品
销售数量（件）	350	400
销售单价（元）	50	30
单位变动成本（元）	30	15
单位边际贡献	20	15
边际贡献总额	7 000	6 000
专属固定成本	2 000	800
剩余边际贡献总额	5 000	5 200

在这种情况下,生产丁产品的剩余边际贡献总额比丙产品多200元,因此生产丁产品优于生产丙产品。

三、亏损产品是否停产的决策

根据传统的财务会计观念,成本高于销售价格的产品就是亏损产品,应及时停止生产。但是由于亏损产品成本中包括了一部分固定成本,这部分固定成本并不会因为停产亏损产品而减少。企业进行不同方案的比较、选择的过程,实质是选择最大收益方案的过程,最大收益方案是在各个备选方案收入、成本的比较中产生的。因此,对于亏损产品是否停产,必须综合考虑企业各种产品的经营状况、生产能力的利用以及有关因素的影响,在变动成本法的基础上采用差量分析法进行计算后,做出停产、继续生产、转产或出租等最优方案选择。

【例7-4】新新公司生产甲、乙、丙三种产品,其中甲产品是亏损产品。甲、乙、丙三种产品的有关资料见表7-10:

表7-10　　　　　　　　　　　产品相关资料　　　　　　　　　　　　　单位:元

项目	甲	乙	丙	合计
销售收入	40 000	48 000	17 500	105 500
变动成本	17 500	16 000	10 500	44 000
边际贡献	22 500	32 000	7 000	61 500
固定成本	30 000	15 000	2 000	47 000
税前利润	-7 500	17 000	5 000	14 500

要求:

(1) 如果亏损产品甲产品停产后生产能力并没有其他用途,是否应该停产?

(2) 如果亏损产品甲产品停产后,剩余的生产能力可对外承包代加工业务,预计加工业务收入 20 000 元,加工成本 15 000 元,那么甲产品是否应该停产?

(3) 如果该企业可将甲产品停产后转产丁产品。预计为转产发生调整费用 5 000 元。丁产品最大产销量 1 000 件,单位售价 50 元,单位变动成本 20 元。应否将甲产品转产丁产品?

具体计算分析如下:

(1) 从表面上看,甲产品处于亏损状态,如果停产,新新公司能减少 7 500 元的亏损,即甲产品停产后,新新公司的税前利润将是 22 000 元 (17 000 + 5 000),而不是 14 500 元。但实际情况并非如此,首先甲产品还可以提供边际贡献 22 500 元;另一方面,当甲产品停产后生产能力没有其他用途时,固定成本变为沉没成本,如果停产甲产品,则该部分固定成本将转嫁给乙产品和丙产品,从而使整个企业的利润大幅度下降。

亏损产品是否停产可以用差量分析法进行计算:

表 7-11　　　　　　　　　　　差量分析表　　　　　　　　　　单位:元

项目	继续生产甲产品	停产甲产品	差量
销售收入	105 500	65 500	40 000
变动成本	44 000	26 500	17 500
边际贡献	61 500	39 000	22 500
固定成本	47 000	47 000	0
税前利润	14 500	-8 000	22 500

从表 7-11 计算可以看出,停产后的差量损益为 -22 500 元,即税前利润减少 22 500 元,故亏损产品停产后生产能力并没有其他用途的情况下,亏损产品不应停产。

(2) 如果亏损产品甲产品停产后,剩余的生产能力可对外承包代加工业务,预计的加工业务收入 20 000 元,加工成本 15 000 元,那么继续生产甲产品的机会成本是 5 000 (20 000 - 15 000) 元。

根据表 7-11 进一步计算,继续生产甲产品的税前利润等于 9 500 (14 500 - 5 000),停产甲产品的税前利润为 -8 000 元,停产后的差量损益为 -17 500 (-8 000 - 9 500) 元,因此亏损产品仍然不应停产。

(3) 如果该企业可将甲产品停产后转产丁产品,丁产品最大产销量 1 000 件,单位售价 50 元,单位变动成本 20 元,那么丁产品的边际贡献额为 30 000 元,即 1 000 × (50 - 20) 元。转产丁产品发生的调整费用 5 000 元为新增成本,应抵减税前利润。根据表 7-12 进一步计算,停产甲产品转产丁产品的税前利润变为 17000 元,停产后的差量损益为 2 500 (17 000 - 14 500) 元,因此亏损产品应停产,转产丁产品。

表 7-12　　　　　　　　　　　差量分析表　　　　　　　　　　单位:元

项目	继续生产甲产品	转产丁产品	差量
销售收入	105 500	115 500	10 000
变动成本	44 000	46 500	2 500

续表

项目	继续生产甲产品	转产丁产品	差量
边际贡献	61 500	69 000	7 500
固定成本	47 000	47 000	0
转产调整费用		5 000	5 000
税前利润	14 500	17 000	2 500

四、半成品继续加工或直接出售的决策

（一）半成品的含义

半成品是相对于产成品的一个概念，指的是已经初步加工完成，尚未最终完成全部加工过程的特殊产品形式。半成品已具备独立定价，可以对外出售，或者进一步继续加工后再出售。半成品和产成品的区别在于加工程度不同。半成品属于广义在产品，是尚未最终完工的在产品。原材料经过初加工后生产出半成品，半成品经过进一步深加工，最终生产出产成品。例如实木家具生产企业，将木头经过初加工生产出木材，木材经过深加工和组装，最终生产出具体的家具。

（二）半成品继续加工或直接出售的决策

半成品继续加工或直接出售的决策属于"互斥方案"的决策类型，涉及"将半成品进一步加工为产成品"和"直接出售半成品"两个备选方案。

在"将半成品进一步加工为产成品"方案中，除了半成品已经发生的成本，还需要考虑追加的相关成本，包括将半成品进一步加工为产成品的加工费用、有可能产生的专属成本，以及具备且可以转移的深加工能力有关的机会成本。在"直接出售半成品"方案中，相关成本仅为半成品已经发生的成本。

半成品继续加工或直接出售的决策中一般采用**差量分析法**进行分析。

1. 企业具备将全部半成品深加工为产成品的能力，且生产能力无法转移。

【例7-5】 新新公司生产甲半成品，其年产销量12 000件，单位成本为100元/件，市场售价为150元/件。甲半成品也可以继续深加工成乙产品，乙产品的市场售价为300元/件，在继续加工过程中，每件产品将增加变动成本100元。

假定甲与乙的投入产出比为1:1，新新公司已具备将全部半成品深加工为产成品的能力，且无法转移。

要求：做出是否将全部甲半成品深加工为乙产品的决策

解答：

利用差量分析法计算过程见表7-12：

表7-12　　　　　　　　差量分析表　　　　　　　　单位：元

方案 项目	深加工为乙产品	直接出售	差量
相关业务量（件）	12 000	12 000	—

续表

方案 项目	深加工为乙产品	直接出售	差量
相关收入	3 600 000	1 800 000	1 800 000
相关成本	2 400 000	1 200 000	1 200 000
差量损益	1 200 000	600 000	600 000

根据上表计算结果显示,将全部甲半成品深加工为乙产品比直接出售甲半成品能够使新新公司多获得 600 000 元的利润,因此应该将全部甲半成品深加工为乙产品再出售。

2. 企业具备将全部半成品深加工为产成品的能力,但生产能力能够转移。 当企业深加工能力可以转移时,企业面临着是否放弃该部分产能所能获取额外收益的机会成本,这是企业半成品是否需要继续深加工必须要考虑的因素之一。

【例 7 - 6】接例 7 - 5 资料,假定新新公司已具备将全部甲半成品深加工为乙产品的能力,但是如果将此加工设备对外出租,预计一年可获得 1 000 000 元租金收入,该设备年折旧额为 200 000,其他条件不变。

要求:做出是否将全部甲半成品深加工为乙产成品的决策。

解答:由于设备折旧费属于沉没成本,不管是否将该设备出租,设备折旧费都会产生,因此设备折旧费与本决策无关。

表 7 - 13 差量分析表 单位:元

方案 项目	深加工为乙产品	直接出售	差量
相关业务量	12 000	12 000	—
相关收入	3 600 000	1 800 000	1 800 000
相关成本	加工成本 2 400 000 机会成本 1 000 000	加工成本 1 200 000	2 200 000
差量损益			-400 000

根据表 7 - 13 计算结果显示,将全部甲半成品深加工为乙产品比直接出售甲半成品使新新公司少获得 400 000 元的利润,因此应该选择直接出售甲半成品。

> **知识链接**
>
> ## 沉没成本
>
> 沉没成本(sunk cost)是指由于过去的决策已经发生了的,不能由现在或将来的任何决策改变的成本。沉没成本是一种历史成本,对现有决策而言是不可控成本,会很大程度上影响人们的行为方式与决策。从这个意义上说,在投资决策时应排除沉没成本的干扰。

3. 企业不具备将全部半成品深加工为产成品的能力,需追加有关的专属成本。 在企业不具备将全部半成品深加工为产成品的能力时，如果要将全部半成品深加工为产成品则必然要追加与深加工能力有关的专属成本。

【例 7–7】 接例 7–5 资料，假定新新公司不具备将全部甲半成品深加工为乙产品的能力，如果要将全部甲半成品深加工为乙产品，则必须增加专用设备租赁费 80 万元，其他条件不变。

要求：做出是否将全部甲半成品深加工为乙产品的决策。

解答：

表 7–14　　　　　　　　　　　　　差量分析表　　　　　　　　　　　　单位：元

方案 项目	深加工为乙产品	直接出售	差量
相关业务量	12 000	12 000	—
相关收入	3 600 000	1 800 000	1 800 000
相关成本	加工成本 2 400 000 专属成本　　800 000	加工成本 1 200 000	2 000 000
差量损益			–200 000

根据表 7–14 表计算结果显示，将全部甲半成品深加工为乙产品比直接出售甲半成品使新新公司少获得 200 000 元的利润，因此应该选择直接出售甲半成品。

4. 企业具备将部分半成品深加工为产成品的能力。 在企业具备将部分半成品深加工为产成品的能力时，要做出半成品继续加工或直接出售的决策需要考虑的因素包括深加工能力是否能够转移和是否需要追加专属成本。

【例 7–8】 接例 7–5 资料，假定新新公司具备将 70% 的甲半成品深加工为乙产品的能力。如果要将全部甲半成品深加工为乙产品，则必须增加专用设备租赁费 30 万元，如果不把甲半成品深加工为乙产品，而将有关设备出租，预计可获得年租金收入 20 万元，其他条件不变。

要求：做出是否将全部甲半成品深加工为乙产品的决策。

解答：

利用差量分析法计算过程见表 7–15：

表 7–15　　　　　　　　　　　　　差量分析表　　　　　　　　　　　　单位：元

方案 项目	深加工为乙产品	直接出售	差量
相关业务量	12 000	12 000	—
相关收入	3 600 000	1 800 000	1 800 000
相关成本	加工成本 2 400 000 机会成本　　200 000 专属成本　　300 000	1 200 000	1 700 000
差量损益			100 000

上表计算结果显示，将全部甲半成品深加工为乙产品比直接出售多获得100 000元的利润，因此应该选择将全部甲半成品深加工为乙产品再出售。

在以上案例中，均假定半成品与产成品的投入产出比为1:1，在半成品与产成品的投入产出比不是1:1时，将全部甲半成品深加工为乙产品方案的相关业务量会根据比例发生变化，需要重新核定，但是原理基本相同，故不做举例说明。

五、联产品和副产品是否深加工的决策

（一）联产品是否深加工的决策

1. 联产品的概念。 联产品是指使用相同原料、经过同一生产工艺过程生产出的若干种经济价值相近的产品。有的联产品可以直接对外出售，有的联产品经过深加工后变成其他产品再出售。例如，石油化工企业对原油进行催化裂化处理，生产出的汽油、柴油、煤油等油品属于联产品。汽油可以经过进一步深加工，进而生产出92#、95#等不同规格的油品。

2. 联产品是否深加工的决策方法。 联产品是否深加工的决策，指的是联产品直接出售还是进一步深加工后再出售的决策。并不是所有联产品都可以深加工为其他产品，因此联产品是否深加工的决策对象仅仅指的是可以深加工为其他产品也可以直接对外出售的联产品。

联产品是否深加工的决策与半成品是否深加工的决策类似，也可以用差量分析法。深加工联产品的成本分为两个部分，一是深加工中追加的变动性加工成本，是"可分成本"，属于决策相关成本；二是联产品分离前的成本，是"联合成本"，属于决策不相关成本。联产品与经过深加工后形成的最终产品之间的投入产出比大多不是1:1。

【例7-9】新新公司对同一种原材料进行加工，可同时生产出甲、乙、丙三种联产品，年产销量分别为2 000公斤、1 000公斤和1 500公斤，全年共发生联合成本450 000元。其中丙联产品可以直接出售也可以深加工为丁产品。新新公司已具备将70%的丙联产品加工为丁产品的能力，且无法转移。每深加工1公斤丙联产品需额外追加可分成本75元，丙联产品和丁产品的投入产出比是1:0.8。如果新新公司每年额外支付20 000元租金租入一台设备，可以使深加工能力达到100%。甲、乙、丙三种联产品的市场售价分别是250元、200元和150元，丁产品的售价为280元。

要求：做出是否将全部丙半成品深加工为丁产成品、将70%的丙半成品深加工为丁产成品或者将丙半成品直接出售的决策。

解答：

表7-16　　　　　　　　　　相关损益分析表　　　　　　　　　　　　　　　单位：元

方案 项目	将全部丙半成品深加工为丁产成品	将70%的丙半成品深加工为丁产成品	将丙半成品直接出售
相关业务量	1 200	840	1 500
相关收入（元）	336 000	302 700	225 000

续表

方案 项目	将全部丙半成品深加工为丁产成品	将70%的丙半成品深加工为丁产成品	将丙半成品直接出售
相关成本（元）	可分成本 90 000 专属成本 20 000	可分成本 63 000	0
相关损益（元）	226 000	239 700	225 000

根据表 7-16 计算结果显示，将 70% 丙半成品深加工为丁产成品产生的利润最高，因此应该将将 70% 的丙半成品深加工为丁产成品再出售，30% 的丙半成品直接对外出售。在决策中，联合成本属于已经发生的沉没成本，不属于相关成本计算的对象。

（二）副产品是否深加工的决策

同一原材料经过相同的工艺加工过程，生产出来使用价值差别较大、市场价格悬殊的不同产品，会被划分为主副产品。副产品是与主产品相对的概念，是在主要产品的生产过程中附带生产出来的非主要产品，或在制造某种物品时附带产生的物品，如炼焦的副产品是苯、蒽、萘等，也叫副产物。主产品和副产品的划分主要取决于该种产品对企业的重要程度。副产品的价值相对主产品而言，往往小得多。

副产品是否深加工的决策与联产品、半成品是否深加工的决策类似，其判断标准主要取决于继续加工后增加的收入是否大于追加的成本。有些副产品可能不仅不能直接出售，还会发生一些额外的处理费用，应将处理费用作为追加成本的一部分。副产品如果要进一步加工，还会产生深加工成本；当企业不具备副产品的深加工的能力时，副产品的深加工还会产生追加的专属成本。如果副产品深加工后，其销售收入超过深加工成本和追加的专属成本，则可以考虑深加工方案，否则应直接处理。

由于副产品是否深加工的决策与联产品、半成品是否深加工的决策类似，此处例题从略。

第三节 自制还是外购决策

一、自制还是外购决策的涵义

自制还是外购决策一般指的是企业用于生产产品的零部件是企业自制还是从外部企业购买的决策。随着专业化生产和分工合作的进一步发展，产品生产的专业化程度越来越高，零部件的自制成本不一定比外购成本低，因此许多企业在生产经营过程中会遇到零部件是自制还是外购的问题。零部件自制还是外购决策一般是在相同质量和保证及时供货的前提下，根据投入最小化原则，即成本最低化原则来确定零部件是自制还是外购。

二、自制还是外购决策的分析

(一) 企业具备自制能力的决策分析

如果企业具备自制能力,即不增加专属固定成本的前提下,零部件自制还是外购决策又分为两种情况,一种情况是自制能力可以转移,另一种情况是自制能力不能转移。

1. 自制能力无法转移时。自制零部件的成本包括固定成本和变动成本两部分。当企业具备自制能力,且自制能力无法转移时,与自制能力有关的固定成本属于沉没成本,决策时可以不予考虑。外购零部件的成本除了买价外,还包括为购买零部件而产生的订购费、运输费、装卸费、检验费等费用。在企业选择"自制零部件"或者是"外购零部件"决策时,需要考虑两者中哪一种方案的成本更低。当自制单位变动成本高于购买价格时,应该外购;自制单位变动成本低于购买价格时,应该自制。

【例7-10】新新公司生产甲产品需要A零件,且目前具备完全的生产能力,如果由新新公司的车间自行制造,则每年固定成本为100 000元,单位变动成本为每件80元,现在从市场上外购A零件成本为每件120元,而且质量相同,并且能够保证及时供货。

要求:判断新新公司应做出自制还是外购A零件的决策。

解答:

新新公司自制A零件的单位变动成本为80元,外购A零件的单位成本为120元。显而易见,自制的成本小于外购的成本,因此新新公司应做出自制A零件的决策。

2. 自制能力可以转移时。如果企业具备自制能力,且自制能力可以转移时,自制零部件的相关成本除了变动成本外,还包括与自制能力转移有关的机会成本。外购零部件的相关成本仍是购买价格,即包括买价、订购费、运输费、装卸费、检验费等费用外购成本。在企业选择"自制零部件"或者是"外购零部件"决策时,需要考虑两者中哪一种方案的成本更低。由于零部件的需求量不确定,可以采用成本无差别点法进行判断。

【例7-11】接例7-10资料,假定自制A零件的生产能力可以用于承接外加工业务,每年预计可获得边际贡献收益200 000元。其他条件不变。

要求:判断新新公司应做出自制还是外购A零件的决策。

解答:

假定新新公司每年需要A零件 x 件,那么如果新新公司选择自制A零件,则相关成本为 $80x + 200\,000$ 元;如果新新公司选择外购A零件,则相关成本为 $120x$ 元。

假定 $80x + 200\,000 = 120x$,则 $x = 5\,000$(件)

5 000件即为成本无差别点业务量,当新新公司A零件年需求量在5 000件时,自制和外购A零件的相关成本相等;当新新公司A零件年需求量小于5 000件时,自制A零件的相关成本大于外购A零件的相关成本,应选择外购A零件;当新新公司A零件年需求量大于5 000件时,自制A零件的相关成本小于外购A零件的相关成本,应选择自制A零件。

(二) 自制增加专属成本的决策分析

如果企业不具备自制能力,则企业选择自制零部件还需要增加专属固定成本,如购置专用机器设备而增加的固定成本等。自制零部件的成本除了变动成本外,还应包括增加的专属固定成本,而外购零部件的成本仍是外购成本。在企业选择"自制零部件"或者是"外购零部件"决策时,一般也采用成本无差别点法。

【例 7-12】 接例 7-10 资料,假定新新公司不具备 A 零件的自制能力,如果安排自制,则每年需要增加相关的固定成本 300 000 元,其他条件同上。

要求:判断新新公司应做出自制还是外购 A 零件的决策。

解答:

假定新新公司每年需要 A 零件 x 件,那么如果新新公司选择自制 A 零件,则相关成本为 $80x + 300\ 000$ 元;如果新新公司选择外购 A 零件,则相关成本为 $120x$ 元。

假定 $80x + 300\ 000 = 120x$,则 $x = 7\ 500$(件)

7 500 件即为成本无差别点业务量,当新新公司 A 零件年需求量在 7 500 件时,自制和外购 A 零件的相关成本相等;当新新公司 A 零件年需求量小于 7 500 件时,自制 A 零件的相关成本大于外购 A 零件的相关成本,应选择外购 A 零件;当新新公司 A 零件年需求量大于 7 500 件时,自制 A 零件的相关成本小于外购 A 零件的相关成本,应选择自制 A 零件。

第四节 产品组合决策

一、产品组合决策的涵义

产品组合,是指一个企业在一定时期内生产经营多种不同产品或产品项目的组合。产品组合决策适用于多品种产品生产的企业。在多品种产品的生产过程中,各种产品的生产都离不开一些必要的资源,例如机器设备、人工、原材料、水电等,有些资源可能是各种产品共用的。由于企业的资源是有限的,因此当企业决定生产多种产品时,就应根据市场的需求和企业现有的资源,进一步确定各种产品的最佳生产数量,以期取得最大利润。产品组合决策就是通过计算和分析,做出在现有资源条件下各种产品应该生产多少,才能使各项资源得到充分有效地利用并获得最大利润的决策。

二、产品组合决策的方法

在企业进行产品组合决策时,一般常用的方法有图解法和逐次测算法。

(一)图解法

图解法指的是利用线性规划模型制图,并从图表中得到最优产品组合方案的一种方法。图解法通常只适用于两种产品的组合决策,其具体步骤如下:

1. 确定线性规划目标函数,并建立线性规划模型;
2. 根据线性规划模型在平面直角坐标系中绘出等利润线,确定产品组合的可行解区域；

3. 在可行解区域里，求出各种组合的目标函数值，目标函数值最大的组合即为最优产品组合。

【例7-13】假如新新公司生产甲、乙两种产品，两种产品共用机器设备，最大产能为900个机器小时。具体数据如表7-17所示。

表7-17　　　　　　　　　　产品基本资料　　　　　　　　　　　　单位：元

产品 \ 项目	甲产品	乙产品
订货量（件）	350	300
销售单价（元）	50	55
单位变动成本（元）	20	15
单位边际贡献	30	40
单位产品机器工时	3	2
单位机器小时的边际贡献	10	20

要求：根据上述资料，做出甲、乙两种产品组合的决策。

解答：

（1）假设 x 代表甲产品的产量，y 代表乙产品的产量；Z 代表边际贡献总额，则目标函数为：$Z = 30x + 40y$。

根据约束条件建立线性规划模型如下：

约束条件：$x \leq 350Q$

$y \leq 300$

$3x + 2y \leq 900$

$x \geq 0, y \geq 0$

（2）以 x 为横轴，y 为纵轴，根据约束条件建立平面直角坐标系如图7-2所示。

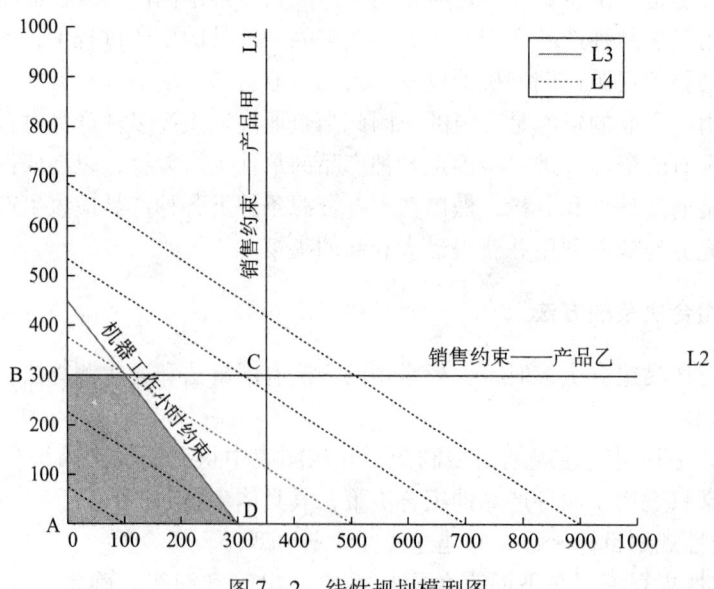

图7-2　线性规划模型图

图中 L1 代表 x≤350 的约束条件,L2 代表 y≤300 的约束条件,L3 代表 3x+2y≤900 的约束条件,结合 x≥0,y≥0 这个约束条件,则满足上述所有约束条件的可能组合位于图中 ABCD 梯形阴影区域内。

根据 Z=30x+40y,得出 y=Z/15-0.75x,因此,可在图上做一组平行线,其斜率为 -0.75,这组平行线就是等利润线,在 Z 未知的情况下,等利润线可以有多条。要做出最优的产品组合决策,其目标就是使 Z 最大化,即 Z/15 越大越好,Z/15 在等利润线中代表纵截距,因此要在斜线区域内找到一个点,使得通过这一点的纵截距最大。从图形直观分析,直线 L2、L3 和 L4 的交点正是符合上面所有条件的点,即 y=300,x=100。

(3)将可行区域中的 ABCD 四个交叉点所代表的产品组合带入目标函数 Z=30x+40y 分别进行试算,同样可求出目标函数的最大值,相应的组合即为最优产品组合,试算如表 7-18 所示:

表 7-18　　　　　　　　各种产品组合的目标函数试算表　　　　　　　　单位:元

交叉点	产品组合		目标函数(边际贡献总额) Z=30x+40y
	X	Y	
A	0	0	0
B	0	300	6 000
C	100	300	15 000
D	300	0	9 000

由此可见,在交叉点 C 的产品组合方式下,所得到的边际贡献总额最大,为 15 000 元,新新公司应该选择的最优产品组合方式为生产甲产品 100 件,乙产品 300 件。

(二)逐次测算法

逐次测算法是指根据企业有限的各项生产条件、各种产品的情况以及各项限制因素等数据资料,分别计算单位限制因素所提供的边际贡献总额并加以比较,在此基础上经过逐步测试,使各种产品达到最优组合。

【例 7-14】假如新新公司生产甲、乙两种产品,两种产品共用机器设备,最大产能为 900 个机器小时,人工工时总数为 1 200 小时。具体数据如表 7-19 所示。

表 7-19　　　　　　　　　　产品基本资料　　　　　　　　　　单位:元

产品＼项目	甲产品	乙产品
预计市场销量(件)	200	150
销售单价(元)	50	55
单位变动成本(元)	20	15
单位边际贡献	30	40
单位产品机器工时	2	4
单位机器小时的边际贡献	15	10
单位产品人工工时	3	2
单位人工工时的边际贡献	10	20

第7章 企业经营决策分析

要求：根据上述资料，用逐次测算法做出甲、乙两种产品组合的决策。

(1) 进行第一次测试根据表7-19，甲产品单位机器小时的边际贡献高于乙产品，而单位人工工时的边际贡献低于乙产品，试优先安排生产甲产品生产，剩余因素再安排乙产品生产。根据约束条件，甲产品预测销量200件，假设最大安排生产甲产品200件，乙产品在最大产能为900个机器小时、人工工时总数为1200小时约束条件下，只能生产125件，即（900－200×2）/4件，其相关资料及安排结果见表7-20、表7-21：

表7-20　　　　　　　　　　　产品组合基本资料　　　　　　　　　　　　　　　单位：元

项目 \ 产品	甲产品	乙产品
订货量（件）	200	125
销售单价（元）	50	55
单位变动成本（元）	20	15
单位边际贡献	30	40
总边际贡献	6 000	5 000

表7-21　　　　　　　　　　　产品组合第一次测试　　　　　　　　　　　　　　单位：元

项目	产量（件）	机器工时	人工工时	单位边际贡献	边际贡献总额
甲产品	200	400	600	30	6 000
乙产品	125	500	250	40	5 000
合计		900	850		11 000

(2) 进行第二次测试。假设优先安排生产乙产品，则根据约束条件，乙产品预测销量150件，而乙假设最大安排生产乙产品150件，剩余的产能安排生产甲产品，根据约束条件，甲产品只能生产150件，即(900－150×4)/2件，其安排结果见表7-22：

表7-22　　　　　　　　　　　产品组合第二次测试　　　　　　　　　　　　　　单位：元

项目	产量（件）	机器工时	人工工时	单位边际贡献	边际贡献总额
甲产品	150	300	450	30	4 500
乙产品	150	600	300	40	6 000
合计		900	750		10 500

将两次测试的结果进行比较，分析可知，采用第一次测试的结果比第二次测试的结果可多获得500元（11 000－10 500）的边际贡献，因此第一次测试的结果满足利润最大化要求，新新公司应采取第一次测试的产品组合生产策略，即生产甲产品200件，乙产品125件。

第五节 产品定价决策

一、产品定价决策的影响因素

定价决策是指在不违背国家物价政策的前提下,通过对影响产品价格的因素进行分析,运用一定的方法制定出使企业获得最大经济效益的产品价格的决策分析过程。为产品制定价格是企业生产经营活动中一个极为重要的问题,科学的定价决策建立在分析影响产品价格因素的基础上。产品定价决策的影响因素包括外部因素和内部因素两个方面。

(一)影响定价决策的外部因素

1. 政策法规因素。各个国家对市场物价的高低和变动都有限制和法律规定。同时,政府还利用生产市场、货币金融、税收等手段间接调节价格。在进行国际贸易时,出于反倾销和保护本国产品利益等目的,各国政府对价格制定的限制更加严格。企业应完全了解本国和产品出口国关于物价方面的政策和法规,并以其作为制定价格的依据,以防止触犯政策法规。

2. 产品竞争因素。产品的市场竞争程度对产品的定价也有很大影响。竞争越激烈,对产品价格的影响越大。完全竞争的市场,企业几乎没有定价的主动权,大多数产品均会按照供需规律而自发形成其在市场上的价格,即产品的定价总是以供需平衡点处的价格为基础,在其上下浮动。在不完全竞争的市场,竞争的强度主要取决于产品工艺制作的难易程度和供需市场形势。因此企业做出定价决策时应充分了解产品的市场竞争情况,如竞争对手是谁、竞争对手的产品工艺过程、生产能力和经营方针等方面的信息。

3. 相关行业因素。某些产品的销售量往往取决于上下游企业相关行业的相关产品的销售,如纺织业和服装业、轮胎业与汽车业、钢铁业和建筑业等,基本上是后者的销售决定前者的销售,因此前者销售价格的制定,可以参照后者的预测资料进行。

4. 市场需求因素。市场需求和价格之间的关系一般用市场需求潜力和需求价格弹性来反映。市场需求潜力是指在一定的价格水平下,生产需求可能达到的最高水平。需求价格弹性是指在其他条件不变的情况下,某种产品因价格变动所引起的需求量的相应变动率,它反映需求量对价格变动的敏感程度,一般用需求变化率与价格变化率之比来表示。

需求价格弹性大的产品,其价格的制定和调整对市场需求影响大;需求价格弹性小的产品,其价格的制定和调整对市场需求影响小。对消费品中的日常消费品,如粮食、日常洗浴用品等,由于日常需求量大,而价格弹性较小,可采用较低的定价和薄利多销的定价策略;而对消费品中的奢侈品和耐用消费品,如高档化妆品、高档皮包、名贵饰物等,由于需求量小,价格弹性大,则可采用质优价高的定价策略。

5. 产品的市场生命周期因素。产品的市场生命周期一般包括四个阶段,即投入期、成长期、成熟期和衰退期,对处于生命周期不同阶段的产品,应根据其阶段特征,采取不同的定价策略。

处于投入期的产品,一般生产批量小,制造成本高,各种费用开支大,产品售价一般较高,企业极少获利或不能获利,市场竞争者少。处于成长期的产品,产品销售量迅速上升,生产成本大幅度下降,企业利润迅速增长,达到整个产品市场生命周期的最高点,市场竞争日趋激烈。处于成熟期的产品供过于求的苗头开始出现,市场竞争相当激烈,为了争得一定的市场占有率,企业需加强促销,降低售价。处于衰退期的产品,通常产品销售量迅速下降,企业利润减少甚至出现亏损,由于新产品优于旧产品,促销手段逐渐失灵,生产此类产品的厂家大大减少。

6. 科学技术因素。科学发展和技术进步必将导致新产品、新工艺、新材料代替老产品、老工艺、老材料,从而形成新的产业结构、消费结构和竞争结构。例如,互联网和智能技术的兴起和发展,形成对传统手机制造业、传统家电制造业等的冲击;同时对产品的销售价格造成巨大影响。

(二) 影响定价决策的内部因素

1. 成本因素。企业是以盈利为目的的经济组织,企业的定价必须能够使企业发生的成本费用得到补偿,因此成本是影响定价的最基本的因素。从长期来看,产品价格应等于总成本加上合理的利润,否则企业无利可图,将会停止生产;从短期来看,企业应根据成本结构确定产品价格,即产品价格必须高于平均变动成本,以便掌握盈亏情况,减少经营风险。

2. 企业的定价目标。企业要制定定价决策,首先应确定定价目标。企业常见的定价目标有追求最大化利润、实现一定的投资利润率、保持和提高市场占有率、应付和防止恶性竞争、保持良好的企业形象等。企业的定价目标是多种多样的,在实践中,由于利润受多种因素的影响,企业的定价目标往往是多目标的综合运用。

> **小案例**
>
> ### 宜家的极端目标价格和成本管理
>
> 宜家是一家全球家居零售商,产品以瑞典城镇风格、现代设计、平板包装和个性化定制著称。宜家已发展成为全球最大的家居零售商,在26个国家有287家门店。这是如何实现的呢?答案是:通过激进的目标价格和严格的成本管理。宜家的商品价格通常比其竞争对手低30%~50%。而且,尽管竞争对手的产品价格在逐年上涨,宜家的水平价格却从2000年开始每年下降2%~3%。
>
> 当宜家决定推出新产品时,产品研发者会调查竞争对手类似产品的价格,再根据该价格选择一个比竞争对手低30%~50%的目标价格。在确定产品和价格之后,宜家再确定所需原料,并通过竞标的方式在1800多个供应商中选取一家。价值工程通过设计和生产形成规模成本效应。激进的成本管理并非止步于此。宜家的所有产品被设计成采用未组装的平板包装,因为公司估计产品在装运之前组装好,装运成本将高出6倍。

已开发完毕的产品如何处理呢？宜家对这些产品也运用了同样的成本管理技术。例如，宜家最畅销的一款产品是 Lack 床头柜，这款产品自 1981 年起就以同样的低价销售。从打磨柜架开始，设计了超过 100 种技术来改进该床头柜。尽管原材料和人工成本持续上升，宜家依然寻求减少生产和销售成本的方法来维持 Lack 床头柜的初始零售价格，同时又不对公司通过产品获利造成影响。正如创始人 Ingvar Kampard 总结的那样，"在宜家，浪费资源是不可饶恕的大罪，价格高昂的解决方案则是一种碌碌无为的罪，不明码标价的想法是永远不会被接受的"。

资料来源：Srikant M. Datar, Madhav V. Rajar 著，王立彦等译：《管理会计——决策制定与业绩激励》，中国人民大学出版社 2015 年版。

二、产品定价决策的基本方法

(一) 成本导向定价法

成本导向定价法是指以产品的成本作为定价的基本依据，在定价时首先考虑收回企业在生产经营中的全部成本，然后再考虑取得一定的利润。定价所依据的成本既可以是总成本指标，也可以是单位成本指标；既可以利用完全成本法提供的成本数据，也可以是变动成本法所提供的成本数据。其中常用的有完全成本定价法和变动成本定价法。

1. 完全成本定价法。 完全成本定价法也称为完全成本加成定价法，是一种传统的定价法。它是在单位产品完全成本基础上加上一定比率的利润，来制定产品价格的方法。其计算公式如下：

单位产品售价 = 单位产品完全成本 + 单位目标利润额　　　　　　　　　　(7-1)

或

单位产品售价 = 单位产品完全成本 × (1 + 成本利润率)　　　　　　　　　(7-2)

【例 7-15】 新新公司生产某产品 10 000 件，该产品预计单位变动成本为：直接材料 5 元，直接人工 6 元，变动性制造费用 3 元，固定成本总额 50 000 元。预计目标利润为完全成本的 20%。

要求：采用完全成本定价法制定该产品的单位销售价格。

解答：

单位完全成本 = 5 + 6 + 3 + 50 000 ÷ 10 000 = 19（元）

单位销售价格 = 19 × (1 + 20%) = 22.8（元）

根据计算，新新公司的产品售价应定为 22.8 元。

2. 变动成本定价法。 变动成本定价法又称为目标边际贡献定价法，它是以单位变动成本为基础，加上企业所要求的单位目标边际贡献，来制定产品价格的一种方法，其计算公式如下：

单位产品售价 = 单位产品变动成本 + 单位目标边际贡献　　　　　　　　　(7-3)

或

单位产品售价 = 单位产品变动成本/(1 - 目标边际贡献率)　　　　　　　　(7-4)

【例 7-16】 接例 7-15，假设该产品预计边际贡献率为 30%。

要求：采用变动成本定价法确定该产品的销售价格。

解答：

单位变动成本 = 5 + 6 + 3 = 14（元）

单位销售价格 = 14 × (1 + 30%) = 18.2（元）

根据计算，新新公司的产品售价应定为 18.2 元。

成本导向定价法也叫成本加成定价法，其主要优点是计算方便，而且在市场环境诸因素基本稳定的情况下，采用这种方法可以保证各行各业获得正常的利润率；其缺点是没有考虑市场上需求方的利益，是典型的生产者导向观念的产物。一般来说，高级消费品或者生产批量较小的产品，其加成比例相对高一些；生活必需品或者大批量生产的产品加成比例相对低一些。

（二）市场导向定价法

市场导向定价法，也称需求导向定价法，是以市场导向为指导，根据产品在市场上的供应量、需求量与销售价格之间的关系来确定销售价格的一种方法。市场导向定价法一般有边际成本法和弹性定价法。

1. 边际成本法。 在市场经济条件下，商品价格受市场供求情况的影响并围绕其价值上下波动。商品的供给量与需求量是决定商品价格的主要因素。市场上对商品的需求受许多种条件的制约，包括商品本身价值、购买者的偏好、社会购买力、其他产品的价格，以及国家的消费政策等。在需求不变的条件下，价格上升，需求量减少；反之，则需求量增加。需求量和价格间成反方向变化，当需求和供给达到均衡时的价格就是均衡价格。在边际收入等于或接近于边际成本时，边际利润等于或接近于0，企业利润最大。因此，市场导向定价法下，实现产品定价达到利润最大化的过程，就是寻找边际收入等于或接近于边际成本时的过程。

边际成本是指每增加一个单位产品销售所增加的总成本。在不超过企业现有生产经营能力的前提下，边际成本即单位变动成本。边际收入则指每增加一个单位产品销售所增加的总收入，边际收入减去边际成本即边际利润。

【例7-17】 新新公司销售 S 产品，固定成本为 2 万元，单位变动成本为 8 元，通过产品试销和市场预测分析，取得有关资料如表 7-23 所示。

表7-23　　　　　　　　　　S 产品销售资料　　　　　　　　　　单位：元

价格（元）	200	195	190	185	180	175	170	165	160
销售量（件）	300	310	320	330	340	350	360	370	380
销售收入（元）	60 000	60 450	60 800	61 050	61 200	61 250	61 200	61 050	60 800

对以上资料进行整理，可得表 7-24：

表7-24　　　　　　　　　边际成本定价法计算表　　　　　　　　　单位：元

销售量（件）	价格（元）	销售收入（元）	边际收入（元）	总成本（元）	边际成本（元）	边际利润（元）	利润（元）
300	200	60 000	—	44 000	—		16 000

续表

销售量（件）	价格（元）	销售收入（元）	边际收入（元）	总成本（元）	边际成本（元）	边际利润（元）	利润（元）
310	195	60 450	450	44 080	80	370	16 370
320	190	60 800	350	44 160	80	270	16 640
330	185	61 050	250	44 240	80	170	16 810
340	180	61 200	150	44 320	80	70	16 880
350	175	61 250	50	44 400	80	−30	16 850
360	170	61 200	−50	44 480	80	−130	16 720
370	165	61 050	−150	44 560	80	−230	16 490
380	160	60 800	−250	44 640	80	−330	16 160

计算结果表明，随着销售量的不断增加，边际收入将逐步下降，甚至出现负数，以致边际利润不断减少。当边际利润为负数时，企业的利润总额就不可能是最高的利润额。因此本例的最优价格在 175～180 元之间。如果把 340～350 件的销售量区域进一步细分，即可取得最优价格。具体计算见表 7-25：

表 7-25　　　　　　　　　　　单位边际成本计算表　　　　　　　　　　单位：元

销售量（件）	价格（元）	销售收入（元）	边际收入（元）	总成本（元）	边际成本（元）	边际利润（元）	利润（元）
340	180	61 200	—	44 320	—	—	16 880
342	179	61 218	18	44 336	16	2	16 882
344	178	61 232	14	44 352	16	−2	16 880
346	177	61 242	10	44 368	16	−6	16 874
348	176	61 248	6	44 384	16	−10	16 864
350	175	61 250	2	44 400	16	−14	16 850

据此可知，当产品价格是 179 元，销量是 342 件时，边际收入最接近边际成本，此时利润总额最大，为 16 882 元。因此 S 产品定价为 179 元为最优价格。

边际定价法的最优价格计算也可以采用 EXCEL 表格或者线性方程式来求解。此法紧密联系实际和产品价格弹性，综合考虑了顾客、竞争者等市场外部因素，制定的价格容易被市场接受，并能够使企业销售利润最大化。但是操作起来相对复杂，预测分析的结果可能和实际不符，导致判断失误。

2. 弹性定价法。市场供求关系的变化是影响企业产品价格的重要因素，企业制定价格时还需要考虑的是价格弹性因素。弹性定价法指的是通过测定价格弹性来进行产品价格的制定。

价格弹性，又称需求价格弹性，是指需求量变动率与价格变动率之比，反映价格变动引起需求变动的方向和程度，即需求量对价格变动的敏感程度，一般用字母 E 表示。不同的产品具有不同的价格弹性，当弹性系数为 1 的时候，销售量的上升和价格的下降幅度是相抵的,此时价格的变化对销售收入没有影响。当弹性系数在 0~1 之间时,需求量对价格的变化反应比较迟钝,这类产品的需求是相对缺乏弹性的,或者说价格不敏感。当弹性系数大于 1 时,说明需求量对价格的变化反应比较强烈,可采取薄利多销的方式来增加利润。一般情况下,必需品的价格弹性小于奢侈品,低档产品价格弹性小于高档产品,无替代品的产品价格弹性小于有替代品的产品。

需求价格弹性系数的计算公式:

$$E = \frac{\Delta Q/Q}{\Delta P/P} = \frac{(Q_1 - Q) \times P}{Q \times (P_1 - P)} \tag{7-5}$$

$$P_1 = P + \frac{(Q_1 - Q) \times P}{Q \times E} \tag{7-6}$$

其中:E 为需求价格弹性;Q 为基期需求量;△Q 为需求变动量;P 为基期单位产品价格;∆P 为价格变动额;Q_1 为预测期需求量;P_1 为预测期价格。

当企业掌握了某种产品的需求价格弹性后,就可以利用该指标来预测价格变动情况,从而选择最优售价。

【例 7-18】新新公司计划下一年度预计生产并销售甲产品 20 000 件,上年该产品每件售价 500 元,销售量 19 000 件,该产品的价格弹性在 -2.5 左右,那么下一年度该产品的单价设定为多少,对企业最为有利?

解答:

根据上述公式推导:

$$P_1 = \frac{500 + (20\,000 - 19\,000) \times 500}{19\,000 \times (-2.5)} = 489.48 \text{ (元/件)}$$

可见,甲产品将单位价格下调至 489.48 元对保证完成 20 000 件的产品销售是最为有利的。

根据不同的预测条件,需求价格弹性系数的计算公式可以衍生出多个计价模型,另外企业除了利用需求弹性进行测算外,还可以利用供给价格弹性、需求交叉弹性等进行产品价格变动预测,其基本原理与利用需求价格弹性进行预测决策相似。

(三) 目标收益定价法

目标收益定价法与成本导向定价法的主要区别在于,第一,前者是根据预计的销售量倒推出成本;后者却不管销售量如何,先确定成本;第二,前者的收益率是企业按照预期自行制定的;后者是参照行业水平制定的。目标收益定价法常用的方法有盈亏平衡定价法和投资收益率定价法。

盈亏平衡定价法是根据企业的生产数量,在能保证取得一定利润的前提下制定价格的方法。该方法是根据盈亏平衡点公式计算出平衡点的价格,这是企业产品不亏损的最低价格,即保本价格。不同预期的销售量,对应着不同的盈亏平衡价格。企业可以根据这一标准,结合预期的产品盈利,选择适当的定价。

投资收益率定价法是先按照企业的投资总额确定一个资金利润率,然后按照资金利润率计算目标利润额,再根据总成本和计划销售量及目标利润算出产品的价格。这种方法有利于保证实现既定的资金利润率,但是这种方法只有市场占有率很高的企业才会采用,对于大型的公用事业单位更为适合。

（四）竞争导向定价法

竞争导向定价法是一种以竞争者的价格为基础，根据竞争双方的力量等情况，企业制定比竞争者的价格或高或低或相同的价格，以达到增加利润、扩大销售量或者提高市场占有率目标的定价方法。常用的方法包括随行就市定价法和追随领导企业定价法。

随行就市定价法就是企业使自己的商品价格跟上同行业的平均水平。在竞争激烈而产品需求弹性较小或者供需基本平衡的市场上，这是一种比较稳妥的定价方法。这样做，既减少了风险，又大体反映了该商品的社会必要劳动时间，从而获得平均利润，或者经过降低成本的努力，获得超额利润。

追随领导企业定价法即有些拥有丰富后备资源的企业，为了应付或者避免竞争，或者为了稳定市场以利于长期经营，采用同行业中影响最大的企业的产品价格为标准，来制定本企业的产品价格。

三、产品定价策略分析

（一）新产品的定价策略

当企业利用自己的技术、资金等资源研制开发了某种新产品时，通常要给这种新产品初次定价。新产品的定价一般具有"不确定性"的特点，因为新产品无法取得市场需求、销售数量及其他有关信息，因此，企业对新产品定价时通常采取试销手段，在市场调查研究的基础上，大致了解市场对某种新产品的接纳程度。根据试销收集有关新产品的市场反应信息，以此确定产品的最终销售价格。

新产品定价基本上有撇脂性定价和渗透性定价两种策略。

1. 撇脂性定价策略。所谓撇脂性定价是指在产品生命周期的最初阶段，把产品的价格定得很高，以获取最大利润。然后随着市场的日益扩大，产品趋于成长或成熟阶段，再逐步降价。

撇脂性定价的前提条件有：①市场有足够的购买者，他们的需求缺乏弹性，即使把价格定得很高，市场需求也不会大量减少。②高价使需求减少，但不致抵消高价所带来的利益。③在高价情况下，仍然独家经营，别无竞争者。对于那些同类竞争产品差异性较大、能满足较大市场需要、弹性小、不易仿制的新产品通常按撇脂法定价，这是一种短期性的定价策略。

2. 渗透性定价策略。所谓渗透性定价是指企业将其创新产品的价格定得相对较低，以吸引大量顾客，提高市场占有率，等到获得好评占有市场以后再逐步提价。

渗透定价的前提条件有：①市场需求对价格极为敏感，低价会刺激市场需求迅速增长。②企业的生产成本和经营费用会随着生产经营经验的增加而下降。③低价不会引起实际和潜在的竞争。

对于那些与同类产品差别不大、需求弹性大、易于仿制、市场前景光明的产品应考虑按渗透法定价，这是一种长远的定价策略。在实际经济活动中，企业究竟采用哪种策略，主要取决于企业希望达到的目的以及哪种策略可以取得较大的成功机会。

> **小案例**
>
> **苹果 ipod 定价策略**
>
> 苹果 ipod 是苹果公司最成功的消费类数码产品之一。2001 年 11 月第一款 ipod 上市，零售价高达 399 元美元，即使对于美国人来说，也是属于高价位产品，但是有很多"苹果迷"既有钱又愿意花钱，所以纷纷购买；苹果认为还可以"撇到更多的脂"，于是不到半年又推出了一款容量更大的 ipod，定价 499 元美元，仍然销路很好。苹果的撇脂定价大获成功。
>
> 苹果 ipod 在最初采取撇脂定价法取得成功后，就根据外部环境的变化，而主动改变了定价方法，2004 年，苹果推出了 ipodshuffle，这是一款大众化产品，价格降低到 99 美元一台。之所以在这个时候推出大众化产品，是因为一方面市场容量已经很大，占据低端市场也能获得大量利润；另一方面，竞争对手也推出了类似产品，苹果急需推出低价格产品来抗衡，但是原来的高价格产品并没有退出市场，而是略微降低了价格而已，苹果公司只是在产品线的结构上形成了"高低搭配"的良好结构，改变了原来只有高端产品的格局。苹果的 ipod 产品在几年中的价格变化是撇脂定价和渗透式定价交互运用的典范。

（二）有闲置能力条件下的定价策略

有闲置能力条件下的定价策略是指在企业具有闲置生产能力时，面对市场需求的变化所采用的定价策略。

当企业参加订货会，或者参加某项投标的情况下，往往会遇到较强的竞争对手，虽然每家企业都希望以高价得标而获得高额利润，但是通常只有报价较低的企业才能中标。这时管理者为了确保中标，往往以该投标产品的增量成本作为报价基础。当企业存在剩余生产能力时，增量成本即为该批产品的变动成本。这种定价策略下，虽然定价会比较低，但是短期内可以维持企业的正常运营，并维持员工的稳定，还可以弥补一部分固定成本。

（三）需求心理定价策略

需求心理定价策略是指在营销过程中，为了促进销售额，提高市场占有率，根据市场需求和消费者心理而采取的价格制定策略。常用的策略主要有：

1. 特殊尾数定价策略。特殊尾数定价策略包括低档消费品的零头定价策略和高档消费品的接近整数定价策略。消费者购物时往往对价格的数字有这样的心理倾向，即偏重于价格的整数，而忽视价格的尾数，例如某低档消费品标价为 9.99 元，消费者会认为该商品价格没有超过 10 元，因此觉得比较便宜；另假如某高档消费品标价 4 998 元，消费者心理会产生该商品没有超过 5 000 元，是一个可以接受的价格。这种消费心理会指导消费者的购物行为，从而进一步导致需求的变化。特殊尾数定价策略下，价格尾数一般以 8 或 9 为多，给消费者以该商品定价准确或者价格较实惠的印象。该策略在零售业定价中的使用更为频繁。

2. 商品折扣定价策略。商品折扣定价策略指的是利用消费者追求价廉物美的心理特点，而采取的在原售价的基础上给予一定的折扣后进行定价的策略。特别是对于季节性商品，由于商品积压产生库存，会增加企业成本，在商品即将过季时，为了处理库存，企业可能会在定价时给予较大折扣，采用薄利多销的低价定价方式。另外在国家法定节假日，消费人群的消费时间增加，为了占领市场或者取得更多收益，企业都可能采取一定的商品折扣方式进行定价。

思考题

1. 定量分析方法有哪些？
2. 生产经营决策中常用的方法有哪些？它们的评价指标是什么？
3. 什么是相关收入、相关成本？
4. 半成品是否深加工如何决策？
5. 亏损产品是否停产取决于哪些因素？
6. 边际贡献分析法在企业经营决策中一般应用于哪些方面？
7. 产品的零部件外购还是自制如何决策？
8. 企业生产多种产品如何进行生产组合？
9. 产品定价的影响因素？
10. 产品定价决策的一般方法有哪些？具体如何运用？
11. 新产品如何定价？
12. 企业有闲置产能时是否应该接受追加订单以及如何定价？

第 8 章
全面预算管理

主要知识点

全面预算体系；
增量预算法与零基预算法；
固定预算法与弹性预算法；
定期预算法与滚动预算法；
全面预算的编制程序；
全面预算的执行与考核。

关键概念

全面预算体系（comprehensive budget systems）
增量预算法（incremental budgeting）
零基预算法（zero-base budgeting）
固定预算法（static budgeting）
弹性预算法（flexible budgeting）
定期预算法（periodic budgeting）
滚动预算法（continuous budgeting）

第一节 全面预算体系

一、预算与全面预算

预算是指企业为实现既定的经营目标,对未来一定期间内各项经营活动过程和结果的详细定量说明。预算是企业计划、协调、控制等职能得以实现的有效手段,是连接企业内部不同单位和部门及经济业务之间的桥梁和纽带。

全面预算是以实现企业既定的战略目标为目的,在预测与决策的基础上,有效地规划、反映和控制企业未来的销售、生产、成本、现金收支等各项经营活动,合理配置决策目标所涉及的各项经济资源,最终以货币为主要计量单位,通过一系列预计的财务报表,对企业各项活动和各种资源配置的定量说明。

> **知识链接**
>
> **企业内部控制应用指引第15号——全面预算**
>
> 为了促进企业实现发展战略,发挥全面预算管理作用,根据有关法律法规和《企业内部控制基本规范》,2010年5月,财政部颁布了《企业内部控制应用指引第15号——全面预算》。该指引所指的全面预算,是指企业对一定期间经营活动、投资活动、财务活动等做出的预算安排。指引从预算编制、预算执行、预算考核三个方面对企业的全面预算工作进行了规范。

二、全面预算的作用

全面预算作为企业管理层对未来生产经营活动的总体规划,其作用主要表现在以下四个方面:

(一) 明确企业的目标

全面预算将企业一定时期内的整体目标按其内部各职能部门的职责范围分解为具体目标。使各部门明确自己在实现企业整体目标过程中的职责和努力方向,通过最经济有效的方式实现部门的具体目标,从而实现企业的整体目标。

(二) 实现部门间的协调

全面预算将企业各部门间的工作纳入一个统一的预算体系中,在保证企业整体目标最优的前提下,各部门管理者应明确本部门在全局中的地位和作用,做好部门之间的协调作用,有效地避免只顾本部门利益而忽视企业总体利益、其他部门利益的行为。各部门预算应统筹兼顾、相互协调,有效的为企业各部门的生产经营活动服务,最大限度的实现企业的整体目标。例如，销售预算根据企业总体战略目标来编制，在以销定产的经营方针下，生产预算要以销售预算为依据，材料采购预算则与生产预算相衔接等。

（三）控制日常经济活动

全面预算是企业控制日常经济活动的依据，也是衡量各项经济活动合理性的尺度。在预算的执行过程中，各职能部门应当对其经济活动进行计量并与预算对比和分析，及时提供实际偏离预算的差异额并分析其原因，以便采取有效的措施消除偏差，挖掘潜力，尽最大的努力完成预算目标。

（四）考核工作业绩

全面预算确定的各项指标，是考核和评价各部门工作业绩的标准。考核时要根据预算完成情况，对比和分析实际执行结果偏离预算的差异及其原因，分清经济责任，奖惩分明，促使各部门为完成预算目标而努力工作。

总之，全面预算是沟通和协调各职能部门的工具，也是管理控制和业绩考核的标准和依据。

三、全面预算体系

全面预算体系主要由业务预算、专门决策预算、财务预算三方面组成，各种预算之间是一个有机联系的整体，结构如图 8-1 所示。

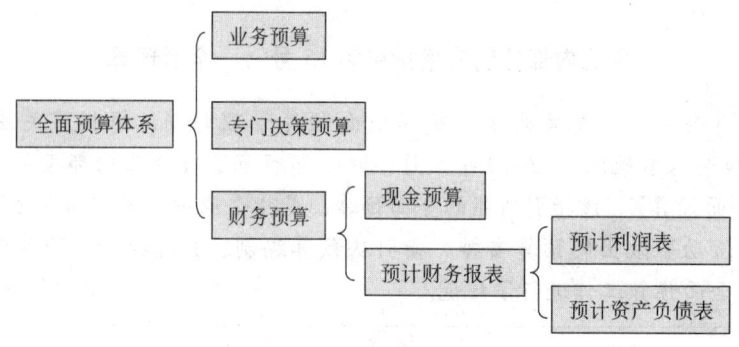

图 8-1 全面预算体系

（一）业务预算

业务预算，又称为经营预算，是指与企业日常经营活动直接相关的基本业务活动的预算，主要包括：销售预算、生产预算、直接材料预算、直接人工预算、制造费用预算、产品成本预算、销售及管理费用预算等。

（二）专门决策预算

专门决策预算，又称为特种决策预算，是指为企业不经常发生的长期投资项目和一次性专门业务所编制的预算，一般在业务预算编制完毕后编制。

（三）财务预算

财务预算是指一系列专门反映企业预算期内预计现金收支、预计财务状况和经营成果等各种预算的总称，主要包括：现金预算、预计资产负债表、预计利润表等。财务预算是在业务预算与专门决策预算的基础上编制的。

全面预算体系中各项预算之间相互联系，互相勾稽。其中财务预算是全面预算体系中的最后环节，从价值方面总括的反映企业业务预算和专门决策预算的结果，因此称为"总预算"，其余预算则称为辅助预算或分预算。因此，财务预算在全面预算体系中占有举足轻重的作用。

四、全面预算管理的组织体系

全面预算管理的组织体系，是预算管理的实施主体，是负责企业集团预算编制、审定、执行、监督、协调、控制与信息反馈、业绩考核的组织机构。

（一）董事会

作为企业决策机构的董事会理所当然地处于整个预算组织体系的核心领导地位，为企业的预算管理工作负总责。董事会不仅掌握着企业预算的终审权以及涉及资本性支出等重大资本预算的最后审批权，同时对企业预算的日常执行情况与执行结果拥有监督权。企业董事会可以根据实际情况设立预算管理委员会和预算管理办公室。

（二）预算管理委员会

预算管理委员是董事会下属的一个专门委员会，全面负责预算管理的组织协调工作。该委员会主任由总经理亲自担任，其成员应由分管副总经理以及各部门负责人担任。预算管理委员会的主要职责如下：

第一，审议有关预算编制与管理的政策；

第二，根据董事会下达的经营战略和规划，预测、制定并审议通过企业及其所属机构的预算控制总体目标及预算编制的方针；

第三，审查企业的整体预算方案，审查所属各单位的预算草案，提出修正意见与建议；

第四，协调解决企业全面预算编制和执行过程中各单位之间的分歧、矛盾等重大问题；

第五，根据预算执行结果，提出相应的考核和奖惩标准。

（三）预算管理办公室

预算管理办公室是预算管理的运营组织，常常设在财务部门内，由专人分管，负责组织全面预算的编制、报告、执行和日常监控工作，它直接对预算管理委员会负责。预算管理办公室的主要职责如下：

第一，制定预算管理的有关政策和预算考核方案，并报经预算管理委员会审批；

第二，指导并组织各预算责任中心进行预算编制；

第三，对各预算责任单位预算的执行情况进行事中和事后的监督检查；

第四，协助预算管理委员会对预算冲突进行协调、仲裁；

第五，对预算执行结果进行考核评价，分析各层次的预算分析报告，上报预算管理委员会。

（四）预算执行部门

企业内部生产、投资、物资、人力资源、市场营销等职能部门具体负责本部门业务涉及的财务预算的编制、执行、分析、控制等工作，并配合预算管理委员会做好企业总预算的综合平衡、协调、分析、控制、考核等工作。其主要负责人参与企业预算管理委员会的工作,并对本部门预算执行结果承担责任。

企业各基层单位是企业主要的预算执行部门,负责本单位现金流量、经营成果和各项成本费用预算的编制、控制、分析工作,接受企业的检查、考核。其主要负责人对本单位预算的执行结果承担责任。

第二节 全面预算的编制方法与程序

一、全面预算的编制方法

企业编制全面预算需要采用适当的方法,常见的预算编制方法主要包括:增量预算法与零基预算法;固定预算法与弹性预算法;定期预算法与滚动预算法等。这些方法从不同的角度广泛应用于全面预算的编制。

(一) 增量预算法与零基预算法

根据是否以基期水平为基础,可将预算编制方法分为增量预算法和零基预算法两类。

1. 增量预算法。

(1) 增量预算法的定义。增量预算法,又称为调整预算法,是指以基期成本费用水平为基础,结合预算期业务量水平及有关影响成本因素的变动情况,通过调整原有费用项目编制预算的一种方法。增量预算法以过去的成本费用发生水平为基础,认为不需要在预算内容上作较大的调整。因此,采用增量预算需要满足一定的前提条件:

第一,企业现有各项业务活动是合理的,不需要进行调整;

第二,企业现有各项业务的开支水平是合理的,在预算期应予以保持;

第三,预算期的成本费用变动是在现有业务活动和各项活动的开支水平的基础上调整的结果。

(2) 增量预算法的优缺点。

增量预算法的优点包括:

第一,预算是稳定、循序渐进的变化,可以避免生产经营业务和日常各级部门管理工作产生剧烈的波动;

第二,预算编制工作量较少,操作相对简单。

但是,增量预算法也存在着以下的缺点:

第一,使不必要的开支合理化。由于这种预算编制方法,常常不加分析地接受原有的各成本费用项目,可能使原来不合理的成本费用开支继续存在下去,使不必要的开支合理化,进而导致预算出现浪费。而预算编制单位的负责人为了维持现有的预算水平,常常竭力耗尽全年的预算指标,出现年底突击花钱的陋习。

第二,忽视必要的支出。由于这种预算编制方法只考虑已存在的费用项目,出于本位考虑,预算的编制者有时会忽视那些有利于企业长期发展、确实需要开支的新增费用项目,不能根据企业未来的战略优化企业资源的配置,不利于企业长远的发展。

第三,造成预算编制中的盲目性和平均主义。由于这种预算编制方法是在基期成本费用项目和水平基础上的增减变动,当预算期的情况发生变化时,预算可能受到以前不合理因素影响,预算编制人员容易凭借主观臆断,按成本费用项目的平均值,削减预算或只增不减,造成预算的浪费。

2. 零基预算法。为了弥补增量预算法的缺陷,可以采用零基预算法来编制预算。

(1) 零基预算法的定义。零基预算法,又称为"以零为基础的编制计划和预算的方法",是指编制时不考虑基期所发生的成本费用项目及数额,一切以零为出发点,根据实际需要逐项审议预算期内各项成本费用的内容及开支标准是否合理,在综合平衡的基础上编制预算的一种方法。1970年,美国得克萨斯仪器公司的彼比·派尔(P. A. Phyrr)在部门预算编制中成功地采用了零基预算法。随后,零基预算法在美国的私营企业界广泛推广。1979年卡特当选美国总统之后,在联邦政府中全面推行按零基预算法编制公共部门预算。现在,零基预算法被西方国家广泛采用。

(2) 零基预算法的编制程序。编制零基预算,一般可以分为以下几个步骤:

步骤一,规划预算期的费用项目。企业内部各级部门,应根据企业预算年度的目标规划,详细讨论并提出预算期可能发生的费用项目、开支的目的以及需要开支的费用数额。

步骤二,分析预算期费用的性质。根据预算期间企业的实际情况,可以将提出的各项费用划分为可避免费用与不可避免费用、可延缓费用和不可延缓费用。其中:可避免费用是指预算期间并非绝对必要的那部分费用,这类费用的发生,与特定方案的取舍有着密切的关系。不可避免费用是指预算期间必须支出的费用。在编制预算时,对不可避免费用项目必须保证资金供应;对可避免费用项目,则需要逐项进行成本与效益分析,尽量控制可避免项目纳入预算当中。可延缓费用是指在预算中延缓其开支,不会对企业生产经营活动产生重大不利影响的那部分费用。反之,则是不可延缓费用。在编制预算时,应优先安排不可延缓费用项目的支出。然后再根据需要按照费用项目的轻重缓急,确定可延缓费用项目的开支。

不可避免费用与不可延缓费用统称为约束性费用,即预算期间必须支付的费用;可避免费用与可延缓费用统称为酌量性费用,指预算期间可以降低数额的费用。

步骤三,合理分配预算资金,编制零基预算表。为了合理分配资金,对于预算期的各费用项目,应根据费用的性质,区分轻重缓急对其进行排序。对于约束性费用,应该优先保证,全额给予资金;对于酌量性费用,在确保生产经营正常进行的前提下,应根据效益分析结果,给予其一定比例的资金,并在此基础上编制零基预算表。

【例8—1】东升公司20×9年拟采用零基预算法编制历年来超支严重的销售及管理费用的预算,公司预算期用于销售及管理费用的资金总额为1 110万元。

要求:采用零基预算法编制东升公司20×9年的销售及管理费用预算表。

步骤一,规划20×9年的销售及管理费用。

企业的预算编制人员经过调查和多次讨论,确定20×9年的销售和管理费用项目支出如表8—1所示:

第8章 全面预算管理

表 8-1　　　东升公司 20×9 年预计销售与管理费用项目支出　　　单位：万元

项目		开支金额
销售费用	销售人员佣金	180
	销售人员工资	230
	广告宣传费	210
	销售人员的奖励性旅游费用	50
管理费用	办公费用	150
	业务招待费	200
	固定资产折旧费	200
	管理人员工资	110
合计		1 330

步骤二，分析预算期费用的性质。

经过分析论证，上述费用中销售人员佣金及工资、办公费、固定资产折旧费、管理人员工资属于约束性费用，预算必须全额保证；广告宣传费、业务招待费属于可避免费用；销售人员的奖励性旅游费用属于可延缓费用（预算期的预计销售业绩尚未达到公司章程规定的奖励性旅游的适用条件）。广告宣传费、业务招待费、销售人员的奖励性旅游费用属于酌量性费用，预算尚有压缩的空间。

可以根据历史资料对广告宣传费、业务招待费进行成本——效益分析，分析结果见表 8-2 所示：

表 8-2　　　东升公司部分销售与管理费用成本——效益分析表

成本项目	成本金额	效益金额
广告宣传费	1	6.5
业务招待费	1	3.5

步骤三，合理分配预算资金，编制销售及管理费用预算表，如表 8-3 所示。

表 8-3　　　东升公司 20×9 年预计销售与管理费用项目支出顺序　　　单位：万元

项目		开支金额
约束性费用	销售人员佣金	180
	销售人员工资	230
	办公费用	150
	固定资产折旧费	200
	管理人员工资	110
	小计	870
酌量性费用	广告宣传费	210
	业务招待费	200
	销售人员的奖励性旅游费用	0
合计		1 280

根据表 8-3，东升公司的销售与管理费用预算（1110 万元）在满足约束性费用（870 万元）后，剩余 240 万元，应将剩余的 240 万元预算根据成本—效益比重在广告宣传费、业务招待费之间进行分配。

广告宣传费应分配的预算资金 $= 240 \times \dfrac{6.5}{6.5+3.5} = 156$（万元）

业务招待费应分配的预算资金 $= 240 \times \dfrac{3.5}{6.5+3.5} = 84$（万元）

根据以上预算资金分配情况，东升公司 20×7 年预计销售与管理费用预算表如表 8-4 所示：

表 8-4　　　　东升公司 20×7 年预计销售与管理费用预算表　　　　单位：万元

项目		开支金额
销售费用	销售人员佣金	180
	销售人员工资	230
	广告宣传费	156
管理费用	办公费用	150
	业务招待费	84
	固定资产折旧费	200
	管理人员工资	110
合计		1 110

（3）零基预算法的评价。零基预算法是为了克服增量预算法的缺陷而出现的一种预算编制方法。优点在于使预算资金得到合理有效的利用，避免不合理费用的发生。由于零基预算不考虑过去的成本费用水平，要求各部门根据实际需要和可能出发，提出预算期间所需的各项成本费用项目，并按轻重缓急分配所需资金。因此，能够调动各部门节约费用的积极性，将有限的资金用在"刀刃"上，避免不必要费用的发生，促使各部门精打细算，促使资金合理流动。

但是，由于零基预算法的编制一切从零开始，需要对企业的现状和市场进行大量的调查研究，对现有资金使用效果和投入产出关系进行定量分析，需要投入大量的人力、物力和财力，预算编制的工作繁重。因此，可以考虑每三年至五年编制一次零基预算，在此期间每年根据实际情况进行微调，将零基预算法与增量预算法结合起来，既可以减轻预算编制的工作量，又发挥了零基预算法的优势。

零基预算法适用于产出较难辨认的服务性部门费用预算的编制。

（二）固定预算法与弹性预算法

根据业务量是否可以调整，可将预算编制分为固定预算法和弹性预算法两类。

1. 固定预算法。 固定预算法，又称为静态预算法，是指在编制预算时，只根据预算期内正常的、可实现的某一固定业务量（如生产、销售量）水平作为唯一基础来编制预算的一种预算编制方法。

【例 8-2】逸飞公司采用固定预算法编制 A 产品的成本预算。预计 20×9 年 4 月的产量为 1 300 件，预算总成本为 416 000 元，其中直接材料为 195 000 元，直接人工为 143 000元，制造费用为 78 000 元。假设 20×9 年 4 月的实际产量为 1 500 件，实际总成本为 457 500 元，其中直接材料为 210 000 元，直接人工为 157 500 元，制造费用为 90 000元。

要求：评价固定预算的执行情况。

根据已知条件编制的逸飞公司实际成本与固定预算成本对比表如表 8-5、表 8-6 所示：

表 8-5　　　　　　　　实际成本与固定预算成本对比表　　　　　　　　单位：元

成本项目	固定预算成本	实际成本	总成本差异
直接材料	195 000	210 000	15 000
直接人工	143 000	157 500	14 500
制造费用	78 000	90 000	12 000
合计	416 000	457 500	41 500

表 8-5 中，将实际产量为 1 500 件的实际总成本与预算产量为 1 300 件的固定预算总成本进行对比，出现了超支情况，但是二者的产量不同，因此不具有可比性。

表 8-6　　　　　实际成本与按实际产量调整后的固定预算成本对比表　　　　　单位：元

成本项目	固定预算		实际成本	按实际产量调整后的固定预算*	差异
	总成本	单位成本			
直接材料	195 000	150	210 000	225 000	-15 000
直接人工	143 000	110	157 500	165 000	-7 500
制造费用	78 000	60	90 000	90 000	0
合计	416 000	320	457 500	480 000	-22 500

* 按实际产量调整后的固定预算 = 实际产量 × 固定预算单位成本

表 8-6 中，将实际产量为 1 500 件的实际总成本与按实际产量 1 500 件调整后的固定预算总成本进行对比，出现了节约情况，虽然二者的产量经调整后相同，具有一定的可比性，但制造费用中的固定性制造费用不随产量变化而变化。因此即使按产量调整了固定预算，也不能说明企业预算的执行情况。

固定预算法简便易行，较为直观。但也存在一些缺陷，在固定预算法下，企业生产经营状况经常发生变化，但是不论预算期内实际业务量水平如何变动，都只按事先确定的某一个业务量水平作为编制预算的基础，如果实际的业务量与编制预算所依据的业务量发生较大差异时，有关预算指标的实际数与预算数就会因业务量基础不同而失去可比性，使预算的作用受到限制。

因此，固定预算法适用于编制业务量水平较为稳定的企业或非营利组织编制预算。

2. 弹性预算法。

（1）弹性预算法的含义。弹性预算法，又称为动态预算法，是指在成本性态分析的基础上，依据业务量、成本和利润之间的联动关系，按照预算期内可能的一系列业务量

（如生产量、销售量、直接人工工时等）水平编制系列预算的一种方法。理论上，弹性预算法适用于编制全面预算中所有与业务量有关的预算，但实务中主要用于编制成本费用预算。

> **小案例**
>
> **康宁公司的弹性预算**
>
> 从历史上看，商业预算的规则比较简单：制定预算，遵守预算。然而，在今天快速变化的环境中，许多公司将年度"静态"预算和根据作业量变化调整的弹性预算进行匹配。有着160年历史的特种玻璃和陶瓷制造商康宁公司（Corning）使用弹性预算，以迅速适应影响其业务的重大变化。
>
> 康宁公司的高级副总裁和公司总监Tony Tripeny说过，"预算有很多明确的好处，在预算过程中，我们设立了明确的目标，如制造成本的目标。尽管一年中的业务可能会发生改变，但这种变化通常不会大到改变生产—业绩目标，从控制的角度来看，预算仍有价值。"
>
> 每年，康宁公司管理者努力确保实现预算，但预算不能100%准确预测康宁公司的客户和竞争对手的行为。例如，苹果公司在iPhone屏幕上使用防刮的Gorilla玻璃。如果苹果决定加快生产最新型的iPhone，康宁公司就必须增加Gorilla玻璃的生产，产生预料之外的成本和收入。在康宁公司，管理会计师和财务主管每月要进行滚动预测，以解决其余季度可能会发生的问题。
>
> 使用弹性预算，康宁公司的管理者可以分析不确定性，改善绩效评估，并且进行有效的差异分析来帮助公司达到目标。
>
> 资料来源：Charles T. Horngren等著，王立彦、刘应文译，《成本与管理会计》（第15版），中国人民大学出版社2016年版。

（2）弹性成本预算的编制。

步骤一，选择业务量的计量单位。编制弹性成本预算，要选用一个最能代表生产经营活动水平的业务量计量单位。例如，以手工操作为主的车间，可以选用人工工时；制造单一产品或零件的部门，可以选用实物数量；修理部门可以选用直接修理工时等。

步骤二，确定适用的业务量范围。弹性预算法所采用的业务量范围，视企业或部门的业务量变化情况而定，务必使实际业务量不超出相关的业务量范围。一般来说，可定在正常生产能力的70%~120%之间，各业务水平的就间隔一般为5%或10%，或以历史上最高业务量和最低业务量为其上下限。

步骤三，逐项研究并确定各项成本和业务量之间的数量关系。弹性预算法编制预算的准确性，在很大程度上取决于成本性态分析的可靠性。弹性成本预算通常采用公式法和列表法两种具体方法。

方法一：公式法

公式法是运用总成本性态模型，测算预算期的成本费用数额，并编制成本费用预算的方法。根据成本性态，成本与业务量之间的数量关系可用公式表示为：

$$y = a + bx$$

其中：y 表示某项预算成本总额；a 表示该项成本中的预算固定成本额；b 表示该项成本中的预算单位变动成本额；x 表示预计业务量。

【例 8-3】 南星公司经过分析得出制造费用与直接人工工时密切相关，20×9 年的制造费用预算数据如表 8-7 所示：

表 8-7　　　　　南星公司 20×9 年制造费用弹性预算表（公式法）　　　　　单位：元

业务量范围	项目	固定成本 a	单位变动成本 b
770~1 210（直接人工工时）	车间管理人员工资	12 000	
	固定资产折旧费	23 000	
	租赁费	32 000	
	间接材料	5 000	2.8
	水电费	4 500	2
	维修费	6 000	3.6
	运输费		6.9
	合计	82 500	15.3

要求：采用公式法计算南星公司 20×7 年的制造费用预算。

从表 8-7 可知，在 770~1210（直接人工工时）的业务量水平下

南星公司 20×7 年制造费用预算 = 82 500 + 15.3x（元）

公式法的优点是便于在一定范围内计算任何业务量的预算成本，可比性和适应性强，编制预算的工作量相对较小。缺点是按公式进行成本分解比较麻烦，对每个费用项目需要逐一进行成本分解。尤其对于混合成本中的阶梯成本和曲线成本只能先用数学方法修正为直线，才能使用公式法，工作量很大。

方法二：列表法

列表法是在预计的业务量范围内，按 5% 或 10% 的间隔将业务量分为若干水平，然后按不同的业务量水平编制预算的方法。

【例 8-4】 接上例。

要求：采用列表法为南星公司编制制造费用弹性预算表（表 8-8）。

表 8-8　　　　　南星公司 20×7 年制造费用弹性预算表（列表法）　　　　　单位：元

业务量（直接人工工时）		770	880	990	1 100	1 210
生产能力利用程度		70%	80%	90%	100%	110%
固定成本	车间管理人员工资	12 000	12 000	12 000	12 000	12 000
	固定资产折旧费	23 000	23 000	23 000	23 000	23 000
	租赁费	32 000	32 000	32 000	32 000	32 000
	小计	67 000	67 000	67 000	67 000	67 000
变动成本	运输费（b=6.9）	5 313	6 072	6 831	7 590	8 349

续表

业务量（直接人工工时）		770	880	990	1 100	1 210
混合成本	间接材料（b=2.8）	7 156	7 464	7 772	8 080	8 388
	水电费（b=2）	6 040	6 260	6 480	6 700	6 920
	维修费（b=3.6）	8 772	9 168	9 564	9 960	10 356
	小计	21 968	22 892	23 816	24 740	25 664
合计		94 281	95 964	97 647	99 330	101 013

列表法的优点是不管实际业务量多少，不必经过计算即可找到与业务量相近的预算成本；混合成本中的阶梯成本和曲线成本，可按总成本性态模型计算填列，不必用数学方法修正为近似的直线成本。但是，运用列表法编制预算，在评价和考核实际成本时，往往需要使用插值法来计算"实际业务量的预算成本"，比较麻烦。

在表8-8中，分别列示了五种业务量水平的制造费用预算数据。这样，无论实际业务量达到何种水平，都可以找到基本适用的成本数据。假设南星公司的实际业务量为1 000工时，固定成本不随业务量变化，仍为67 000元；变动成本为6 900元（6.9×1 000）；混合成本可用插值法逐项计算，1 000工时介于990工时和1 100工时之间，间接材料应该在7 772元~8 080元之间，假设1 000工时所对应的间接材料为X元，则可以利用插值法计算：

$$\frac{8\ 080 - 7\ 772}{1\ 100 - 990} = \frac{X - 7\ 772}{1\ 000 - 990}$$

X = 7 800

同理，水电费在6 480元~6 700元之间，利用插值法计算，1 000工时对应的水电费为6 500元；维修费在9 564元~9 960元之间，利用插值法计算，1 000工时对应的维修费为9 600元。

综上，当实际业务量为1 000工时时，制造费用=67 000+6 900+（7 800+6 500+9 600）=97 800（元）。因此，用弹性预算法计算出来的结果符合成本的性态规律，避免了固定预算法中的缺陷。

(3) 弹性预算法的优点。

第一，适用性强。弹性预算法能够反映预算期内与一定相关范围内的可预见的多种业务量水平相对应的不同预算额，从而扩大了预算的适用范围，使预算执行情况的评价与考核建立在更加客观和可比的基础上，便于更好地发挥预算的控制作用。

第二，可比性强。弹性预算是按成本的不同性态分类列示，反映了不同成本与业务量之间的关系，便于控制和考核成本，挖掘降低成本的能力。

(三) 定期预算法与滚动预算法

根据预算是否连续编制，可将预算编制分为定期预算法与滚动预算法两类。

1. 定期预算法。 定期预算法，又称为阶段性预算，是指在编制预算时以不变的会计期间（如日历年度）作为预算期的一种预算编制方法。定期预算一般以年度为固定的预算期，在预算年度开始前的两三个月进行编制，执行到最后两三个月时再编制下一年度的预算。

定期预算法的优点是能够使预算期间与会计年度相配合，便于实际数与预算数的比较，有利于对预算执行情况和执行结果进行分析、考核与评价。

但是，定期预算法也有一定的缺陷，包括：

第一，定期预算往往是在预算年度开始前的两三个月编制的，对于整个预算年度的生产经营活动很难做出准确的预算，尤其是对后期的预算往往只能进行笼统的估计，缺乏远期指导性，给预算的执行带来困难，不利于对生产经营活动进行准确的考核与评价；

第二，企业的各项经济活动在预算期内往往会发生变化，导致实际情况与原有的预算有较大的出入，而定期预算无法根据这些变化进行及时调整；

第三，对于一些季节性生产的企业，采用会计年度作为预算期间，可能出现预算无法囊括一个完整的生产经营周期，从而不可避免地使预算与企业的实际情况之间存在差异；

第四，在预算执行过程中，由于预算期是固定的，管理人员的决策视野往往局限于本期剩余预算期间内的经营活动，重视短期决策，注重短期利益，忽视企业的可持续发展。

2. 滚动预算法。 为了弥补定期预算法的缺陷，可以采用滚动预算法来编制预算。

滚动预算法，又称为连续预算法或永续预算法，是指在编制预算时，将预算期与会计期间脱离开，随着预算的执行不断地补充预算，逐期向后滚动，使预算期始终保持为一个固定长度（一般为12个月）的一种预算编制方法。

滚动预算法的具体做法是使预算期始终保持12个月，每过1个月或1个季度，立即在期末增列1个月或1个季度的预算，逐期往后滚动，因而在任何一个时期都使预算保持为12个月的时间长度。因此，滚动预算法具有"长计划、短安排、多调整"的特点。

按照滚动的时间单位不同可分为逐月滚动预算法、逐季滚动预算法和混合滚动预算法。

（1）逐月滚动预算法。逐月滚动预算法是指在预算编制过程中，以月份为预算的编制和滚动单位，每个月调整一次的预算编制方法。例如在2019年1月至12月的预算执行过程中，需要在1月末根据当月预算的执行情况修订2月至12月的预算，同时补充2020年1月份的预算；2月末可根据当月预算的执行情况，修订3月至2020年1月的预算，同时补充2月份的预算……以此类推。逐月滚动方式编制的预算比较精确，但工作量较大。逐月滚动预算法的示意图如图8-2所示。

图8-2 逐月滚动预算法示意图

(2) 逐季滚动预算法。逐季滚动预算法是指在预算编制过程中，以季度为预算的编制和滚动单位，每个季度调整一次的预算编制方法。例如在 2019 年第一季度至第四季度的预算执行过程中，需要在第一季度末根据当月预算的执行情况修订第二季度至第四季度的预算，同时补充 2020 年第一季度的预算……以此类推。

逐季滚动编制的预算比逐月滚动的工作量小，但精确度差。

(3) 混合滚动预算法。混合滚动预算法是指在预算编制过程中，同时以月份和季度作为预算的编制和滚动单位的预算编制方法。这种预算方法的理论依据是：人们对近期把握较大，对远期的把握较小，因此在预算编制中，可以要求近期预算内容相对详细，而远期预算的内容相对简单。例如逐月详细编制 2019 年 1 月份至 3 月份的月度预算，年度剩余月份按季度编制简要预算；3 月末根据前 3 个月预算执行情况，编制 4 月份至 6 月份的详细的月度预算，并修订第三季度和第四季度的预算，同时补充 2020 年第一季度的预算……以此类推。混合滚动预算法示意图如图 8-3 所示。

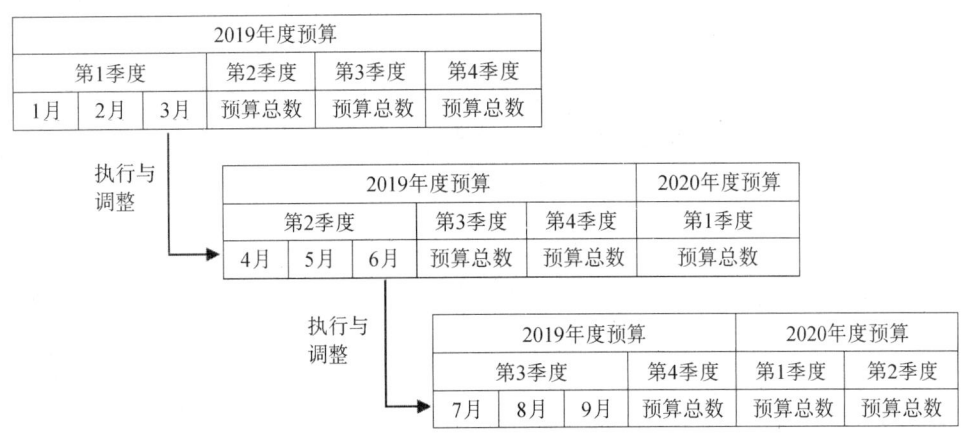

图 8-3 混合滚动预算法示意图

【例 8-5】天济公司 20×9 年的甲产品的预计销售量如表 8-9 所示，甲产品的单位售价为 1 万元，单位产品的变动成本为 0.55 万元，单位产品负担的期间费用为 0.12 万元。该公司每月的固定性制造费用为 21 万元，固定性期间费用为 10 万元，所得税率为 25%。

表 8-9   天济公司 20×9 年甲产品的预计销售量   单位：件

月份	1月	2月	3月	4月	5月	6月
销售量	184	189	192	194	190	198
月份	7月	8月	9月	10月	11月	12月
销售量	202	207	205	213	212	210

要求：根据混合滚动预算法编制天济公司 20×9 年的预计利润表。

天际公司 20×8 年底，编制的利润预算表如表 8-10 所示：

第8章 全面预算管理

表 8-10   天济公司 20×9 年利润预算表   单位：万元

项目	第一季度			第二季度	第三季度	第四季度	合计
	1月	2月	3月				
营业收入	184	189	192	582	614	635	2396
减：变动性产品成本	101.2	103.95	105.6	320.1	337.7	349.25	1317.8
贡献毛益（制造部分）	82.8	85.05	86.4	261.9	276.3	285.75	1078.2
减：变动性期间费用	22.08	22.68	23.04	69.84	73.68	76.2	287.52
贡献毛益	60.72	62.37	63.36	192.06	202.62	209.55	790.68
减：固定性制造费用	21	21	21	63	63	63	252
固定性期间费用	10	10	10	30	30	30	120
利润总额	29.72	31.37	32.36	99.06	109.62	116.55	418.68
减：所得税	7.43	7.84	8.09	24.77	27.41	29.14	104.67
净利润	22.29	23.53	24.27	74.30	82.22	87.41	314.01

【例 8-6】接上题，天济公司在编制 20×9 年 4 月至 20×0 年第一季度滚动预算时，发现由于甲产品的直接材料价格发生变化，未来四个季度单位产品成本可能增加 300 元，并导致销售量发生变化，如表 8-11 所示：

表 8-11   天济公司甲产品的预计销售量   单位：件

月份	20×9 年 4 月	20×9 年 5 月	20×9 年 6 月	20×9 年 7 月
销售量	193	189	196	200
月份	20×9 年 8 月	20×9 年 9 月	20×9 年 10 月	20×9 年 11 月
销售量	205	202	211	208
月份	20×9 年 12 月	20×0 年 1 月	20×0 年 2 月	20×0 年 3 月
销售量	210	211	209	207

另外由于部分固定资产折旧已经提足，公司每月的固定资产折旧费减少 25 000 元。

要求：根据混合滚动预算法编制 20×9 年 4 月至 20×0 年第一季度的预计利润表（见表 8-12）。

表 8-12   天济公司 20×9 年 4 月—20×0 年第一季度利润预算表   单位：万元

项目	20×9 年					20×0 年	合计
	第二季度			第三季度	第四季度	第一季度	
	4月	5月	6月				
营业收入	193	189	196	607	629	627	2441
减：变动性产品成本	111.94	109.62	113.68	352.06	364.82	363.66	1415.78
贡献毛益（制造部分）	81.06	79.38	82.32	254.94	264.18	263.34	1025.22
减：变动性期间费用	23.16	22.68	23.52	72.84	75.48	75.24	292.92
贡献毛益（最终）	57.9	56.7	58.8	182.1	188.7	188.1	732.3

续表

项目	20×9年					20×0年	合计
	第二季度			第三季度	第四季度	第一季度	
	4月	5月	6月				
减：固定性制造费用	18.5	18.5	18.5	55.5	55.5	55.5	222
固定性期间费用	10	10	10	30	30	30	120
利润总额	29.4	28.2	30.3	96.6	103.2	102.6	390.3
减：所得税	7.35	7.05	7.58	24.15	25.8	25.65	97.58
净利润	22.05	21.15	22.73	72.45	77.4	76.95	292.73

从［例8-5］、［例8-6］中可以看出，与传统的定期预算相比，按滚动运算法编制的预算具有以下优点：

第一，提高预算的准确性。滚动预算在实施过程中，前几个月的预算资料尽可能详细些，远期的预算资料可以粗略笼统些。但随着时间的推移，滚动预算在实施过程中，不断地修正、调整和延续预算。原先粗略的"远期"预算逐渐调整为详细的"近期"预算，同时还要补充新的"远期"预算。如此反复，不断滚动，使企业的总体规划与近期预算目标与实际情况紧密衔接，预算的准确性不断地得到提高，有利于充分发挥预算的指导和控制作用。

第二，保持预算的完整性和持续性。由于滚动预算在时间上不再受日历年度的限制，使企业各级管理人员对未来始终保持整整12个月时间的考虑和规划，不会造成预算的人为间断，从而保证企业的经营管理工作能够稳定而有序地进行。这也有利于银行信贷部门、税务机关和投资者对企业经营状况的了解。

但滚动预算法对预算部门提出了很高的要求，需要具备强大的信息搜集能力，根据生产经营的变化迅速做出反应的能力等，预算工作量较大。

二、全面预算的编制方式

全面预算的编制是一个系统性、整体性很强的工作，预算的编制有"自上而下"、"自下而上"、"上下结合式"三种基本方式，不断的反复和修正，最后由有关机构综合平衡，以书面形式传达，作为正式的预算落实到各有关部门付诸实施。

（一）"自上而下"方式

"自上而下"式是指公司总部根据战略管理需要，结合公司股东大会意愿及企业所处行业的市场环境而提出预算方案。一切权力集中在总部，总部预算管理职责集中于预算管理委员会。各分部或分公司只是预算执行主体。

"自上而下"式的优点在于，权力高度集中在总部，能保证总部利益，同时考虑企业战略发展需要。其不足之处在于，分部或分公司参与程度较低，不能发挥他们自身管理能力的主动性和创造性，不利于"人本管理"，从而不利于企业的未来发展。自上而下式一般适用于集权制企业。

（二）"自下而上"方式

"自下而上"式是指在编制预算时，主要由各分部或分公司编制并上报预算，公司总部起管理中心的作用,只对预算负有最终审批权,并将预算管理作为各分部或分公司落实其经营责任的管理手段。

"自下而上"式的优点在于,提高各分部或分公司的主动性,体现分权主义和人本管理,同时将各分部或分公司置于市场前沿,提高他们独立作战的能力。其不足之处在于,总部只强调结果控制而忽视过程控制,可能引发管理失控,一旦结果成为事实,难以弥补过失造成的损失;而各分部或分公司从自身利益出发,申请预算时多多益善,使用时大手大脚,造成资金浪费。在这种方式下,为防止各分部或分公司管理人员不作为,总部对预算的审批非常关键。自下而上式一般适用于资本型控股集团,即财务控制型的母子公司管理关系。

(三)"上下结合"方式

"上下结合"式吸收了"自上而下"、"自下而上"两种方式的优点,在编制预算时,由总部确定预算目标,自上而下下达到各分部或分公司;然后,各分部或分公司作为责任体自下而上编制预算,将目标具体落实;最后,总部将各分部或分公司编制的预算进行审核、调整,确定总部预算后分解至自各分部或分公司执行。

"上下结合"式的优点在于,能够有效保证企业总目标的实现;按照统一、明确的"游戏规则"分解目标,体现了公平、公正的原则,避免挫伤了"先进"而保护了"后进";经过总体平衡,既考虑了各分部或分公司预算责任体的实际情况,又兼顾了全局利益,提高了预算编制的效率。但其耗时长、花费高也是其无法克服的缺点。

三、全面预算的编制程序

上述介绍的三种预算编制方式,都有着对应的预算编制程序,但在实践中,由于全面预算的编制涉及经营管理的各个部门,只有各部门共同参与才能实现目标。因此编制预算,一般应按照"上下结合式"的编制方式,根据"上下结合、分级编制、逐级汇总"的程序进行。

(一)确定并分解预算目标

企业董事会或预算委员会应根据企业发展战略和预算期经济形势的初步预测,提出下一年度企业预算目标,包括销售或营业目标、成本费用目标、利润目标和现金流量目标。

全面预算的编制涉及整个企业的各个部门甚至每个员工,企业全体的参与,是保证预算正确、顺利编制并实施的重要条件。因此,必须对预算目标进行层层分解和下达,以便使各职能部门和员工都能及时明确各自的努力方向及应采取的措施。

(二)拟定和下达预算编制政策

预算目标只是为预算编制明确了方向,如何编制,还应根据具体情况和要求制定出编制基准和大纲,即预算编制的方针政策。预算编制可以指明各种预算编制时应该遵循什么原则,采取何种编制方法,如何协调和处理各种关系,编制过程中应注意什么问题等。这是预算编制目标的进一步具体化,也是编制预算的基本指导思想。

(三)各预算执行部门编制和测试预算方案

各预算执行部门按照企业预算委员会下达的预算目标和预算编制政策,结合实际情况,拟定详细的预算草案,经过反复测试论证,明确各种变量的变化对预算值的影响程度和可能出现的种种效应，分析预算草案的可行程度，以及未来执行中可能出现的问题，最后形成初步预算方案，提交预算委员会进行审查。

（四）对初步预算方案进行协调和平衡

初步预算方案是由各部门分别编制的。在预算编制过程中将涉及许多经济关系，并且可能发生种种经济利益上的冲突和矛盾。而整个预算又是一个有机结合的集合体，任何一种关系处理不好，都将给预算的编制和执行带来困难。因此，对各部门提交的预算方案，预算委员会应从整体观念出发，逐个审查，并寻找出可能存在的矛盾和问题，确定出合理的解决办法和协调措施，然后提出修正意见，反馈给各预算编制单位进行修正，以求平衡一致。

（五）归集汇总并审议评价预算方案

各预算执行部门根据预算委员会反馈的初步预算修正要求，进一步做出修正后，再提交预算委员会，由其围绕预算整体目标进行归集汇总，并从全面预算的整体要求出发，再次进行全面审查、测算和分析，对可能存在的问题再次提出解决和修正办法并做出修改，最后由预算委员会审议评价，形成正式预算文件下达执行。

第三节 全面预算的执行与考核

一、全面预算的执行与控制

预算编制的完成只是意味着在预算期内企业的经营活动有了明确的目标和方向。但在实际经营过程中，会发生各种各样的情况。因此，要使企业达到预期的经营目标，关键还在于企业是否能够做好预算的执行与控制。预算的执行和控制是全面预算管理中非常关键和重要的一环。

（一）全面预算执行与控制的概念

预算执行是指以预算为标准，组织实施企业生产经营活动的行为，包括从预算的审批下达到预算期的结束的全过程。预算编制与预算执行互为条件，相辅相成。预算编制是预算执行的基础，而预算执行以完备和严谨的预算为前提。预算编制完成后就必须认真执行，只有这样，预算的编制才能具有切实可行的保障。

预算控制是指企业以预算为标准，通过过程监督、信息反馈、预算调整等方法促使预算执行不偏离预算标准的行为。预算控制是落实预算、保障预算实现的有效措施，它的实施效果最终决定着全面预算管理所发挥的作用。

预算执行与预算控制是相辅相成的关系，预算执行必须以预算为标准进行严格的控制，预算控制也必须以预算为标准实施。有执行，没有控制，执行就处于不确定状态；有控制，没有执行，控制就会成为空中楼阁。所以，预算的执行和控制是全面预算管理中的核心环节，是能否实现预算期各目标的关键。

（二）全面预算执行与控制的程序和内容

1. 预算执行与控制的程序。

预算执行是为了实现全面预算规划的各项预算目标，因此，企业的各预算执行部门需要严格以预算为标准，从事各项生产经营活动，这包括预算执行前，预算执行中和预算执行后的三个基本阶段。而企业为保证预算执行部门在预算执行过程中不偏离预算目标，就需要对预算执行的各个阶段采取一系列的控制方法和措施。所以，预算执行与控制程序是以预算执行的三个基本阶段为主线展开的。

（1）预算执行前阶段。预算执行前阶段是指企业各预算执行部门安排生产经营活动的过程。在这个阶段预算部门需要安排一件件具体的经营活动，预算管理部门则需要对这些具体的经营活动进行事前控制，以确保预算执行的经营活动都在预算范围内。预算的事前控制包括定性控制和定量控制两个方面。

定性控制是指保证实施的经营活动在预算规定的项目之内；定量控制是指保证实施的经营活动不要超出预算标准。如果准备实施某项经营活动不在预算范围内或超出了预算规定的标准，就需要对不同的情况进行不同的处理。如果是必须实施的就要追加预算项目、调整预算或动用预算外指标，同时还要对造成经营活动事项与预算项目及指标之间差异的原因实行分析，以便完善今后的预算工作。如果此项活动可以不实施或可以延后实施就应中止这项经营活动的执行。

（2）预算执行中阶段。预算执行中阶段是指企业各预算执行部门具体实施生产经营活动的过程。在预算执行过程中，预算管理部门要对预算执行实施事中控制，以确保预算执行的结果能达到预算的目标。如果执行过程中出现了偏离预算标准的情况，企业要分析原因，采取措施纠正偏差，以保证预算目标的实现。

（3）预算执行后阶段。预算执行后阶段是指企业各执行部门实施的生产经营活动预算期已经结束，预算结果已经出现的过程。在该阶段预算执行部门需要对执行结果进行决算，反馈；预算管理部门需对预算执行实施事后控制，包括对预算执行结果的审计、分析、考核、反馈等控制活动，以确认预算执行结果是否达到了预算目标，为下一期预算提供参考和借鉴。由此可见，预算执行是一个周而复始的过程。预算执行控制的基本程序如图8-4所示。

2. 预算执行与控制的内容。

（1）公司决策机构将预算分别下达各预算执行部门；

（2）各个预算执行部门以预算为标准实施各自的生产经营活动；

（3）各预算管理部门根据各自职责，行使预算监控职能。

第一，财务部门通过实施资金控制，确保各项资金收支符合预算标准；

第三，财务部门通过实施责任核算，反映预算执行过程及执行结果，并将核算信息及时反馈给各预算执行部门，以确保信息准确无误，并作为校正偏差的依据；反馈给预算管理部门，作为预算控制、考核和调整的依据；反馈给审计部门，作为审计监督的依据；反馈给人力资源部门，作为业绩评价和实施预算奖惩的依据；反馈给公司管理层，作为控制整个企业生产经营活奖惩的依据。

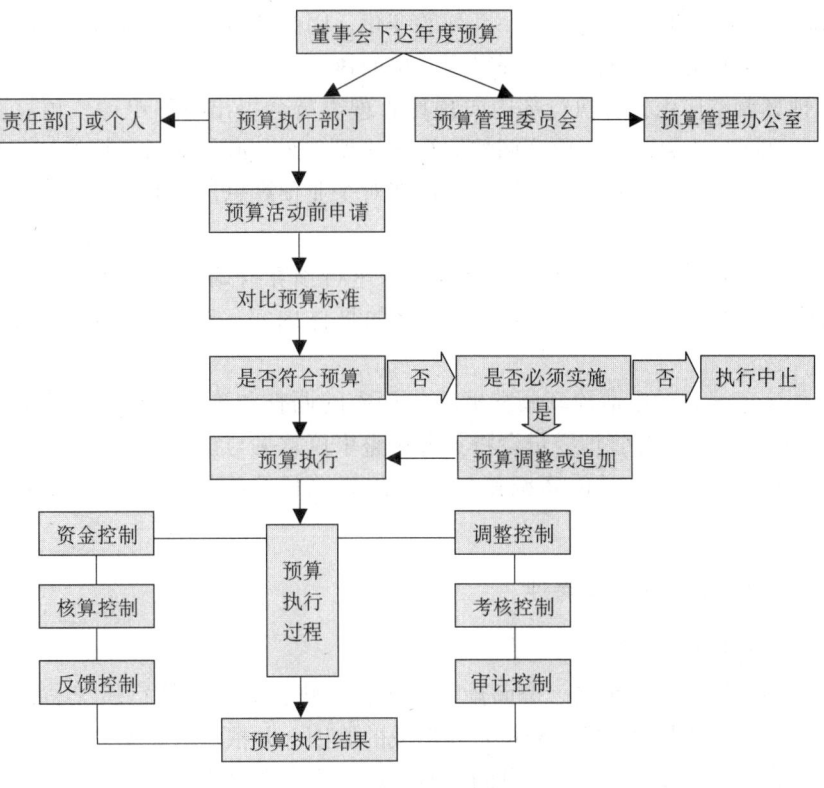

图 8-4 预算执行控制的基本程序

第三,各预算管理部门通过实施过程控制、调整控制和考核控制,确保全面预算管理活动的顺利进行。

二、全面预算的调整

预算一经制定,原则上不应随意变动。然而特殊情况出现,实际情况与预算情况发生重大差异时,必须对预算进行调整。预算的调整和预算的编制一样,是全面预算管理中一个重要的环节。

(一) 全面预算调整的概念与原因

预算调整是指预算执行部门在具体执行预算时,根据经营管理需求、环境或政策变化,通过预算分析等资料提出预算目标调整申请,经预算管理委员会审批后,对预算进行的重新修订。预算调整的目的不是为了通过简单地增加或减少预算来满足现实情况的需求,而是通过再次优化资源配置来确保优化后的目标能够得以实现。

通常预算调整的原因有两个:一是客观原因即企业实际情况发生了变化;二是主观原因即预算松弛。预算松弛是指在预算管理中,预算执行者为了能够较容易完成预算任务,或超额完成任务而获得奖励,倾向于制定较为宽松的预算标准,使完成某项任务所预算的资源数量大于实际所需要的资源数量,或者使预算的产出数量小于可能的产出数量。

(二) 全面预算调整的流程

预算调整在企业的日常生产经营和管理活动中属于非正常事项,往往牵一发而动全身，引起企业整个生产经营系统一系列的变化。因此预算调整必须有一定的流程，并有相应的配套制度来保证预算调整流程得到严格的执行。

1. 预算调整应由预算执行部门向预算管理委员会提出书面申请。预算申请报告应该详细说明预算调整的理由、预算调整的初步建议方案、调整前后预算指标的比较，以及与原有预算指标的对比、调整后预算指标可能对企业预算总目标的影响、调整后预算责任人的变动等。

2. 预算管理委员会在接到预算单位要求进行预算行调整的申请后，应当进入预算调整审议程序，即要根据要求审核预算调整的具体内容、范围、领域组织并确定预算审议人。

3. 预算审议人对申请预算调整事项作深入的调查和论证，写出审议的意见报告，审议人对审议负责，预算管理委员会将预算调整审议意见与预算单位的预算调整申请报告进行分析对比，特别应注意预算调整与企业预算总目标相协调，并与预算执行单位交换意见。

三、全面预算的分析与考评

（一）全面预算分析

1. 全面预算分析的定义。全面预算分析，是将预算实际执行情况与预算目标之间进行对比，计算出二者的差异，分析差异形成的原因，并根据有关条件的变化制定出差异调整措施或调整原有预算。全面预算的分析可以帮助预算执行部门发现预算执行中的问题，及时做出相应的调整，来确保预算的顺利进行。全面预算的分析贯穿于全面预算管理的全过程。

全面预算的分析有广义和狭义之分，广义的预算分析是指对全面预算管理全过程的分析，包括预算的事前分析、事中分析、事后分析。狭义的预算分析特指事后分析，即对预算执行结果的分析。

事前分析是一种预测性分析，是指在实施预算活动之前所做出的研究其可行性的分析。事前分析是对企业生产经营活动进行事前协调、安排，它是进行各种预算决策的基础。

事中分析是一种控制分析，是指在预算执行过程中，对预算执行状况及其控制成效所进行的日常性分析，它是进行预算执行调控的前提。企业需要经常定期或不定期地进行预算差异分析，找出产生差异的原因，采取积极的应对措施，使企业的生产经营活动按照预算正常运行。

事后分析是一种总结性分析，是指对一定期间内，预算执行结果的分析，它是对各预算执行部门进行考核、评价和奖惩兑现的依据。其目的是为了确定预算执行结果与预算标准之间的差异，并找出发生差异的原因，最终确定其责任归属。因此，事后分析也称作预算差异分析。

2. 全面预算分析的方法。预算分析方法包括**定性分析法和定量分析法**。定性分析法是对企业各项经济指标变动的合理性、合法性、可行性和有效性进行综合分析，运用归纳、演绎、抽象、概括等方法，由表及里地展开科学认证和说明。它主要通过直接观察、实地调查、经验判断等形式收集相关数据、资料，并结合企业实际进行综合分析。定量分析法是通过数据对比、计算等来查找差异原因的方法。主要有比较分析法、进度分析法、比率分析法、因素分析法、趋势分析法、本量利分析法等。在实际操作中，定量分析法使用得更加广泛。

3. 全面预算分析的流程。

第一，确定预算分析对象，明确预算差异分析标准。

在编制预算的同时，应确定预算差异分析的对象，即确定几个重点的指标，通过分析重点指标来把握最终的结果指标。另外，应确定预算差异重要性标准，也就是差异在什么范围内是正常的，不必太多的关注，在什么范围内属于异常或有异常的倾向，要进行重点的分析。此时要特别注意预算和实际的可比性，要在同样的口径下进行分析，发现问题。

第二，收集相关信息、资料。

进行预算分析时，必须广泛收集内容真实、数字正确的信息资料，并对相关信息资料有所取舍的进行甄别。收集相关信息工作需全员参与，最后汇总整理而成。其资料主要包括：预算执行情况及相关预算标准信息；重要的外部市场信息；公司内部的非财务信息等。

第三，对比分析，确定差异。

在预算执行过程中，需要对预算完成情况随时记录，通过预算执行结果与预算标准的对比，得到对应项目、数据之间的差额。然后，采用比率分析法、因素分析法等定量分析法说明预算指标的完成程度，提示偏离预算的原因，为进一步的定性分析指明方向。

第四，判断差异重要程度，分析原因。

确定预算差异并不是最终的目的，最终是要找出预算执行过程中存在的问题，以便采取合理适当的措施来改进这些问题，完成企业的目标。企业不可能对所有的差异都进行细致分析，而应该有针对性地进行取舍，应该着重考察原因不明确的差异和重大差异。在判断差异是否重要时，可根据项目的不同性质采取以下形式确定：设定差异率，即超过某一定百分比的差异视为重要差异；设定差异金额，即超过某一设定金额的差异视为重要差异；设定差异变动趋势，即连续若干月，差异持续增长差异视为重要差异。

对于重大差异和原因不明确的差异，需要通过定量分析和定性分析，进一步说明差异的实质，分析造成差异的原因，抓住重大差异事项的问题关键。

第五，落实责任，撰写预算差异分析报告。

预算差异分析报告，是依据对各项预算执行情况的分析结果行综合概括，对企业全面预算管理的整个过程及其结果做出正确评价的书面文件。预算差异分析完成后，各预算执行部门要形成预算差异分析报告，上交企业预算管理委员会，由预算管理委员会形成总预算差异分析报告，以便对整个预算的执行过程进行动态控制提供资料依据。

以上预算的分析流程见图 8-5 所示。

（二）全面预算的考评

1. 全面预算考评的定义。全面预算考评，是考核与评价企业内部各预算执行部门预算执行情况的过程，是管理者对执行者实行的一种有效的激励和约束形式，是业绩评价和激励的有效工具，也是评价企业生产经营多个方面工作成果的基本尺度。考评是考核和评

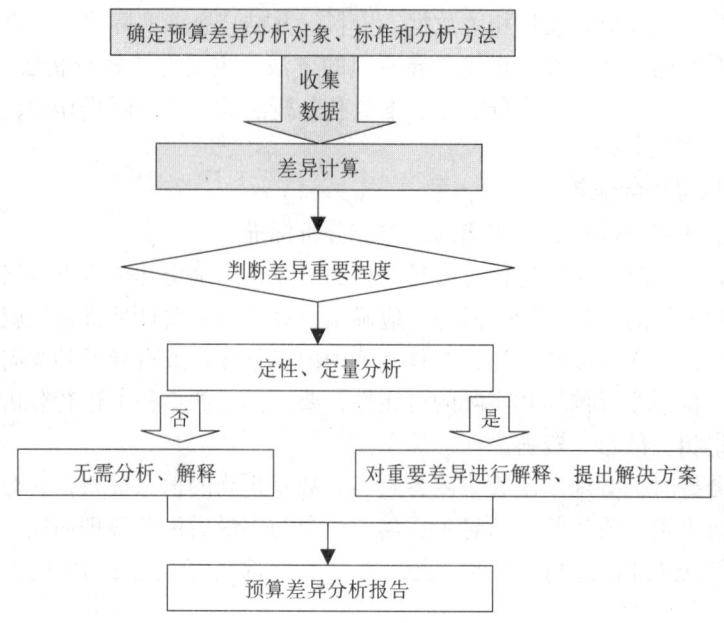

图 8-5 预算分析流程

价的总称。考核是为评价提供事实依据,只有考核基础上的评价才是公平合理的,考核的结果也只有通过评价才能得到进一步的运用。

2. 全面预算考评的意义。

(1) 全面预算考评是对预算实施者的考核及其业绩的评价,是实现预算约束与激励作用的必要措施。

(2) 通过对预算编制成果的考核与评价,确保预算目标与战略目标的一致性,正确评估各预算执行单位在预算期的风险水平和经营形势,寻找企业与同行业的差距及产生的原因,以便采取措施防范风险,不断加强基础管理,提升管理水平。

3. 全面预算考评体系的主要内容。全面预算考评是一项复杂度较高的管理技术。预算考评体系本身是否科学、合理,会影响其考评效果。为了规范预算考评工作的顺利进行,发挥预算的激励和约束作用,企业应当建立健全预算考评体系。预算考评体系主要包括如下五个方面的内容:

(1) 建立预算考评组织。预算考评机构归公司董事会直接领导,可以分为两个层次,一层是对公司高管人员的预算考评,其组成人员由预算管理部门、审计部门、财务部、人力资源部门的专业人员组成,对公司高管人员预算执行情况及结果进行考评,为兑现年终奖励及选拔、任免提供依据。另一层是对公司高管人员以外的各部门及预算执行人员的考评。组成人员以预算管理部门和人力资源部门的职能人员为主,抽调财务、审计、主管业务人员等专业人员组成。

(2) 制订预算考评制度。预算考评制度应对预算管理全过程进行制度化,包括预算编制考评制度、预算执行考评制度、预算控制考评制度、预算核算考评制度、预算分析考评制度等,通过建立健全预算考评制度,可以真正实现预算考评的制度化、规范化管理。

(3) 确定预算考评指标。预算考评的目的是为了确认预算执行部门在预算期内的预算执行情况，促进预算执行部门圆满完成预算目标。同时，预算考评应引导预算执行部门努力完成自身承担的预算目标，又要为其他责任部门完成预算目标创造条件。因此，在确定预算考评指标时，应实现以下四个有机结合：

第一，局部指标与整体指标有机结合。预算考评指标要以各预算执行部门承担的预算指标为主，同时必须本着相关性原则，增加一些全局性的预算指标和与其关系密切的相关责任部门的预算指标。

第二，定量指标与定性指标有机结合。预算考评要以定量指标为主，同时必须辅之以定性指标。

第三，绝对指标与相对指标有机结合。绝对指标与相对指标的确定要根据具体收入或成本项目的习性确定，预算考评通常要以绝对指标为主，相对指标为辅。

第四，长期指标与短期指标有机结合。预算指标要以预算期的短期指标为主，同时也必须辅之以关系企业战略利益的长期指标。

（4）制订预算奖惩方案。预算奖惩方案需要在预算执行前确定下来，并作为预算目标责任的附件或内容之一。设计预算奖惩方案时不仅需要考虑预算执行结果与预算标准之间的差异和方向，还要将预算目标直接作为奖惩方案的考评基数，以鼓励预算执行部门尽可能地提高预算的准确性。同时，预算奖惩除了和预算执行部门的预算目标挂钩外，还要和公司整体效益目标挂钩，以确保公司预算总目标的实现。

（5）预算考评的组织实施。预算考评为全面预算管理的一项职能，在预算管理的整个过程中都发挥着重要作用，是从预算编制、预算执行、到预算期结束的全过程考评。

第一，预算编制的考评。预算编制是全面预算管理的首要环节，预算编制得是否准确、及时，对于预算能否顺利执行是至关重要的。因此，这一阶段预算考评的主要内容是建立预算编制考评制度，对各预算编制部门编制预算的准确性和及时性进行考核、评价，促进各部门保质、保量、按时完成预算编制工作。

第二，预算执行的考评。预算执行考评是一种动态考评，是对预算执行和预算标准之间的差异所做的即时确认、即时处理。因此，这一阶段评的主要内容是建立预算执行考评制度，对各部门预算执行过程进行考核和评价，及时发现预算执行中存在的预算偏差和问题，为预算管理委员会及预算执行部门实施预算控制、纠正预算偏差或调整预算提供依据。

第三，预算结果的考评。预算结果考评属于事后考评，是以预算目标为依据，以各个预算执行部门为对象，以预算结果为核心，对各预算执行部门的预算完成情况进行的综合考核与评价。

思考题

1. 全面预算有什么样的作用？
2. 全面预算体系由哪几个部分组成？
3. 增量预算法与零基预算法各有哪些优缺点？固定预算法与弹性预算法各有哪些优缺点？定期预算法与滚动预算法各有哪些优缺点？

4. 全面预算的编制程序是怎么样的？
5. 全面预算执行与控制的程序是怎样的？
6. 全面预算分析的流程是怎样的？
7. 全面预算考评体系的主要内容包括哪些？

第9章
全面预算的编制实务

主要知识点

业务预算的编制；
专门决策预算的编制；
财务预算的编制；
以利润为起点的预算编制。

关键概念

业务预算（operating budget）
销售预算（sales budget）
生产预算（production budget）
直接材料预算（direct material budget）
直接人工预算（direct labor budget）
制造费用预算（manufacturing cost budget）
产品成本预算（product cost budget）
销售及管理费用预算（sales and management expense budget）
专门决策预算（special decision budget）
财务预算（financial budget）
现金预算（cash budget）
预计资产负债表（projected balance sheet）
预计利润表（projected profit statement）

第一节 以销售为起点的预算编制

以销售为起点的预算编制模式是依据企业长期战略目标，按照"以销定产"的体系编制的，预算的起点是以销售预测为基础的销售预算，然后根据销售预算编制生产预算，再根据生产预算编制直接材料预算、直接人工预算和制造费用预算、产品成本预算、销售和管理费用预算，这些预算统称为业务预算。专门决策预算包括资本支出预算和一次性专门业务预算，是依据企业长期战略目标编制。在业务预算和专门决策预算的基础上，企业汇总编制现金预算，形成一套包括预计资产负债表、预计利润表在内的预计财务报表，用以反映企业在未来期间的财务状况和经营成果。上述各项预算之间的关系及编制流程如图9-1所示。

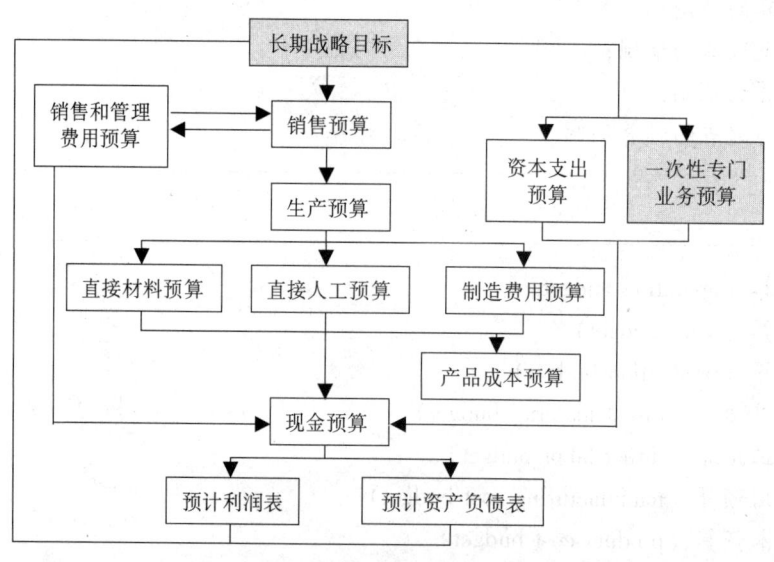

图9-1 全面预算体系编制流程图

一、业务预算的编制

业务预算又称为经营预算，是指与企业日常经营活动直接相关的基本业务活动的预算，主要包括：销售预算、生产预算、直接材料预算、直接人工预算、制造费用预算、产品成本预算、销售及管理费用预算等。

（一）销售预算

销售预算是为规划一定预算期内预计销售收入而编制的一种业务预算。销售预算是企业编制全面预算的起点，其他预算的编制都以销售预算作为基础。

销售预算的主要内容包括：预计销售量、预计销售单价和销售收入。其中"预计销售量"根据企业产品市场占有率的预测，以及销货合同并结合企业自身的生产能力等因素综合分析确定；"预计销售单价"通过价格决策确定；"销售收入"是两者的乘积，通过计算得出。销售预算在实际工作中可以分品种、月份、销售区域和销售人员来编制。

为了编制现金预算提供必要的资料，销售预算中通常还包括预计经营现金收入，包括销售当期收到的现金以及收回前期应收账款的金额。

为了编制预计资产负债表提供必要的资料，销售预算中可以提供"期初应收账款"、"期末应收账款"的金额，后者可以根据收款条件等资料计算，也可以采用以下公式计算：

预算期末应收账款余额
＝预算期初应收账款余额＋预算期销售收入合计－预算期经营现金收入合计

【例 9－1】宏发公司只生产 A 产品，销售单价为 600 元，20×9 年四个季度的预计销售量分别为 2 000 件、3 000 件、4 000 件、4 800 件。根据历史资料，估计每季度销售收入中有 70% 于当季收到现金，其余 30% 要到下季度才能收回。20×8 年末的应收账款余额为 320 000 元。

要求：编制宏发公司 20×9 年的销售预算（不考虑增值税）。

根据有关资料编制的宏发公司 20×9 年销售预算如表 9－1 所示。

表 9－1　　　　　　　　　　　销售预算　　　　　　　　　　　　　单位：元

季度		一	二	三	四	全年
预计销售量（件）		2 000	3 000	4 000	4 800	13 800
预计销售单价		600	600	600	600	600
销售收入		1 200 000	1 800 000	2 400 000	2 880 000	8 280 000
预计现金收入	年初应收账款	320 000				320 000
	第一季度销售收入	840 000	360 000			1 200 000
	第二季度销售收入		1 260 000	540 000		1 800 000
	第三季度销售收入			1 680 000	720 000	2 400 000
	第四季度销售收入				2 016 000	2 016 000
	现金收入合计	1 160 000	1 620 000	2 220 000	2 736 000	7 736 000

20×9 年末应收账款余额 ＝ 320 000 ＋ 8 280 000 － 7 736 000 ＝ 864 000（元）

或 ＝ 2 880 000 × 30% ＝ 864 000（元）

（二）生产预算

生产预算是为规划一定预算期内生产规模而编制的一种业务预算，它是在销售预算的基础上编制的，可以作为编制直接材料预算和产品成本预算的依据。生产预算是业务预算中唯一只涉及实物量指标，不涉及价值量指标的预算，因此不直接为现金预算提供资料。生产预算的主要内容包括：预计销售量、预计期初产成品存货、预计期末产成品存货、预计生产量。其中：

"预计销售量"的数据来自销售预算；

"预计期初产成品存货数量" = 上期期末产成品存货数量;

"预计期末产成品存货数量"根据长期销售趋势,通常按下期销售量的一定百分比确定;

"预计生产量"的计算公式如下:

预计生产量 = 预计销售量 + 预计期末产成品存货数量 − 预计期初产成品存货数量

生产预算在实际编制时是比较复杂的,由于企业的生产和销售不能做到"同步同量",必须设置一定的产成品存货,以保证按时供货、均衡生产。生产量受到生产能力的限制,产成品存货数量受到仓库容量的限制,既要保证充足的产成品存货储备,保证生产经营的连续性,又要减少不必要的存货,提高资金利用水平和降低成本耗费。因此要权衡两者得失,选择最合理的方案。

在编制生产预算的过程中,如果发现销售预算与生产能力不匹配,如果属于生产能力不足,预算管理委员会可以考虑修订销售预算或增加生产能力;如果属于生产能力过剩,预算管理委员会可以考虑把剩余生产能力用于其他方面。

【例9−2】接上例,宏发公司20×9年初有产成品存货300件,年末留存750件,预算年度内各季度的期末产成品存货数量为下季度预计销售量的15%。要求:编制宏发公司20×9年的生产预算。

根据有关资料编制的宏发公司20×9年生产预算如表9−2所示。

表9−2　　　　　　　　　　　　　生产预算　　　　　　　　　　　　　　　单位:件

季度	一	二	三	四	全年
预计销售量	2 000	3 000	4 000	4 800	13 800
加:预计期末产成品存货	450①	600	720	750②	750
合计	2 450	3 600	4 720	5 550	14 550④
减:预计期初产成品存货	300②	450③	600	720	300
预计生产量	2 150	3 150	4 120	4 830	14 250

①第一季度末产成品存货 = 第二季度销售量 × 15% = 3 000 × 15% = 450(件)

②为已知条件

③第二季度期初产成品存货 = 第一季度期末产成品存货 = 450(件)

④14 550不是横向合计的金额,而是纵向"预计销售量合计"与"预计期末产成品存货"的和。

(三) 直接材料预算

直接材料预算是为了规划一定预算期内直接材料需用量、采购数量、采购成本而编制的一种业务预算。直接材料预算以生产预算为基础编制,同时要考虑直接材料存货水平。

直接材料预算的主要内容包括:预计生产量、单位产品材料用量、生产需用量、预计期初和期末材料存货数量、预计采购量等。其中:

"预计生产量"的数据来自生产预算;

"单位产品材料用量"的数据来自标准成本资料或消耗定额资料;

"生产需用量"是上述两项的乘积;

"预计期初材料存货数量"＝上期期末材料存货数量；

"预计期末材料存货数量"根据长期销售趋势，通常按下期生产需用量的一定百分比确定。

"预计采购量"的计算公式如下：

预计采购量＝生产需用量＋预计期末材料存货数量－预计期初材料存货数量

为了编制现金预算提供必要的资料，直接材料预算中通常还包括直接材料采购各期的现金支出，包括采购当期支出的现金以及偿还前期应付账款的金额。如果直接材料品种很多，还需要分材料品种单独编制直接材料预算。

【例9－3】接上例，宏发公司 A 产品的单位材料用量为 4 千克，每千克单价 50 元。预算年度内各季度预计的期末材料存货数量为下季度预计生产量的 20%。各季度预计的期初材料存货数量与上季末的材料存货数量相等，20×9 年初的材料存货为 1 720 千克，预计 20×9 年末材料存货为 4 250 千克。在各季度的材料采购货款中，有 60% 在本季度内付清，另外 40% 在下季度付清。20×8 年年末的应付账款余额为 160 000 元。

要求：编制宏发公司 20×9 年的直接材料预算。

根据有关资料编制的宏发公司 20×9 年直接材料预算如表9－3所示。

表9－3　　　　　　　　　　直接材料预算

季度		一	二	三	四	全年
预计生产量（件）		2 150	3 150	4 120	4 830	14 250
单位产品材料用量（千克/件）		4	4	4	4	4
生产需用量（千克）		8 600	12 600	16 480	19 320	57 000
加：预计期末存量（千克）		2 520①	3 296	3 864	4 250②	4 250
减：预计期初存量（千克）		1 720②	2 520③	3 296	3 864	1 720
预计材料采购量（千克）		9 400	13 376	17 048	19 706	59 530
单价（元/千克）		50	50	50	50	50
预计采购金额（元）		470 000	668 800	852 400	985 300	2 976 500
预计现金支出	年初应付账款	160 000				160 000
	第一季度采购额	282 000	188 000			470 000
	第二季度采购额		401 280	267 520		668 800
	第三季度采购额			511 440	340 960	852 400
	第四季度采购额				591 180	591 180
	现金支出合计	442 000	589 280	778 960	932 140	2 742 380

①第一季度末的材料存量＝第二季度生产量×20%＝12 600×20%＝2 520（千克）

②为已知条件

③二季度期初材料存量＝第一季度期末材料存量＝2 520（千克）

20×9 年末应付账款金额＝160 000＋2 976 500－2 742 380＝394 120（元）

＝985 300×40%＝394 120（元）

(四) 直接人工预算

直接人工预算是根据一定预算期内直接人工工时消耗水平和工时工资率等编制的生产过程中耗用直接人工成本的一种业务预算。直接人工预算也是以生产预算为基础编制的。直接人工预算的主要内容包括：预计生产量、单位产品工时、人工总工时、单位工时工资率和直接人工成本。其中：

"预计生产量"的数据来自生产预算；

"单位产品工时"和"单位工时工资率"来自标准成本资料；

"人工总工时"和"直接人工成本"的计算公式如下：

人工总工时 = 预计生产量 × 单位产品工时

直接人工成本 = 人工总工时 × 单位工时工资率

由于人工工资都需要使用现金支付，所以，不需另外预计现金支出，可直接参加现金预算的汇总。

【例 9-4】接上例，宏发公司 A 产品的单位工时消耗定额为 6 小时，小时工资率为 30 元。

要求：编制宏发公司 20×7 年的直接人工预算。

根据有关资料编制的宏发公司 20×7 年直接人工预算如表 9-4 所示。

表 9-4　　　　　　　　　　　　　　直接人工预算

季度	一	二	三	四	全年
预计生产量（件）	2 150	3 150	4 120	4 830	14 250
单位产品工时（工时/件）	6	6	6	6	6
人工总工时（工时）	12 900	18 900	24 720	28 980	85 500
单位工时工资率（元/工时）	30	30	30	30	30
直接人工成本（元）	387 000	567 000	741 600	869 400	2 565 000

(五) 制造费用预算

制造费用预算是指为规划一定预算期内除直接材料和直接人工预算以外预计发生的其他生产费用水平而编制的一种业务预算。制造费用预算通常分为变动性制造费用预算和固定性制造费用预算两部分。

变动性制造费用预算以生产预算为基础编制，主要包括：间接人工、间接材料费、维修费等，这些项目会随着生产量的变化呈正比例变动，因此预计各费用项目时，应选择与产量具有线性关系的成本分配基础，例如直接人工总工时、生产总量等，计算变动性制造费用的分配率，从而确认变动性制造费用各项目的预算水平。变动性制造费用预算分配率的计算公式如下：

变动性制造费用分配率 = 变动性制造费用总额 ÷ （预算期生产总量或直接人工总工时）

某变动性制造费用项目的金额 = 预计直接人工工时 × 该项目变动制造费用分配率

单个变动性制造费用项目的分配率也可以使用上述公式进行计算。

固定性制造费用项目与生产量的变化无关,主要包括:厂房和设备的折旧费、车间管理费用等。因此预计预算期内可能发生的固定制造费用项目时,可以参照基期实际水平,并根据预算期的实际情况加以适当的修正。

固定性制造费用项目分配率的计算和变动性制造费用分配率一致,即:

固定性制造费用分配率=固定性制造费用总额÷(预算期生产总量或直接人工总工时)

变动性制造费用分配率和固定性制造费用分配率,可以为编制产品成本预算提供必要的资料。

为了编制现金预算提供必要的资料,制造费用预算的最后应列示扣除了非付现成本(固定资产折旧费等)后的需要支付现金的制造费用预算值。

预计需要支付现金的制造费用=预计制造费用总额-非付现成本

【例9-5】接上例,宏发公司预计的20×9年的制造费用数据如表9-5所示,假设固定性制造费用每个季度发生额相同。

表9-5 制造费用数据资料 单位:元

变动性制造费用项目	金额	固定性制造费用项目	金额
间接人工	342 000	维修费	60 000
间接材料	342 000	固定资产折旧费	200 000
维修费	256 500	生产管理人员工资	127 500
水电费	85 500	保险费	40 000
合计	1 026 000	合计	427 500

要求:编制宏发公司20×9年的制造费用预算。

变动性制造费用分配率=1 026 000÷85 500=12(元/工时)

其中:间接人工项目分配率=342 000÷85 500=4(元/工时)

以此类推:间接材料项目分配率为4元/工时,维修费分配率为3元/工时,水电费分配率为1元/工时。

固定性制造费用分配率=427 500÷85 500=5(元/工时)

根据有关资料编制的宏发公司20×9年的制造费用预算如表9-6所示。

表9-6 制造费用预算 单位:元

项目		一	二	三	四	全年
人工总工时(小时)		12 900	18 900	24 720	28 980	85 500
变动性制造费用	间接人工(4元/工时)	51 600	75 600	98 880	115 920	342 000
	间接材料(4元/工时)	51 600	75 600	98 880	115 920	342 000
	修理费(3元/工时)	38 700	56 700	74 160	86 940	256 500
	水电费(1元/工时)	12 900	18 900	24 720	28 980	85 500
	小计	154 800	226 800	296 640	347 760	1 026 000

续表

项目		一	二	三	四	全年
固定性制造费用	维修费	15 000	15 000	15 000	15 000	60 000
	固定资产折旧费	50 000	50 000	50 000	50 000	200 000
	生产管理人员工资	31 875	31 875	31 875	31 875	127 500
	保险费	10 000	10 000	10 000	10 000	40 000
	小计	106 875	106 875	106 875	106 875	427 500
制造费用合计		261 675	333 675	403 515	454 635	1 453 500
减：固定资产折旧费		50 000	50 000	50 000	50 000	200 000
付现的制造费用		211 675	283 675	353 515	404 635	1 253 500

（六）产品成本预算

产品成本预算是指为规划一定预算期内每种产品的单位产品成本、生产成本、销售成本等内容而编制的一种业务预算。产品成本预算，是生产预算、直接材料预算、直接人工预算、制造费用预算的汇总。产品成本预算为预计资产负债表和预计利润表提供了所需的信息。产品成本预算的主要内容包括产品的单位成本、生产成本、期末存货成本和销货成本。其中：

"单位产品成本"的数据，来自直接材料预算、直接人工预算、制造费用预算，计算公式如下：

单位产品成本 = 单位直接材料 + 单位直接人工 + 单位变动性制造费用 + 单位固定性制造费用

"生产成本"的计算公式如下：

生产成本 = 该产品的单位产品成本 × 该产品的预计生产量

"期末存货成本"的计算公式如下：

期末存货成本 = 该产品的单位产品成本 × 该产品的期末产成品存货数量

"销货成本"的计算公式如下：

销货成本 = 该产品的单位产品成本 × 该产品的销售量

其中：该产品的销售量 = 该产品生产量 + 该产品的期初产成品余额 − 该产品的预计期末产成品余额

【例9-6】接上例，宏发公司20×9年生产预算、直接材料预算、直接人工预算、制造费用预算分别如表9-2、表9-3、表9-4、表9-6所示。

要求：编制宏发公司20×9年的产品成本预算。

根据有关资料编制的宏发公司20×9年产品成本预算如表9-7所示。

表 9-7　　　　　　　　　　　产品成本预算

项目	单位成本			生产成本（14 250 件①）	期末产成品存货成本（750 件②）	销货成本（13 800 件③）
	标准分配率	耗用量	成本（元）			
直接材料	50 元/千克	4 千克	200	2 850 000	150 000	2 760 000
直接人工	30 元/工时	6 工时	180	2 565 000	135 000	2 484 000
变动制造费用	12 元/工时	6 工时	72	1 026 000	54 000	993 600
固定制造费用	5 元/工时	6 工时	30	427 500	22 500	414 000
合计	——	——	482	6 868 500	361 500	6 651 600

注：① 14250 件来自生产预算中的预计生产量

② 750 件来自生产预算中的期末产成品数量

③ 销售数量 = 14 250 + 300 - 750 = 13 800（件）

（七）销售及管理费用预算

销售及管理费用预算是为规划一定预算期内产品销售活动和行政管理活动预计发生的各项费用而编制的一项业务预算，包括销售费用预算与管理费用预算两个部分。

销售费用预算编制方法与制造费用预算的编制方法类似，将费用按成本性态分为固定性销售费用和变动性销售费用两部分。管理费用一般属于固定成本，因此在管理费用预算编制时，要以过去实际开支为基础，根据费用控制目标并结合企业实际情况来确定。

为了编制现金预算提供必要的资料，销售和管理费用预算的最后应列示扣除了非付现成本后的需要支付现金的销售与管理费用预算值。

【例 9-7】接上例，宏发公司 20×9 年变动性销售费用包括：销售人员佣金为 4 元/件；包装费、运输费为 2 元/件；仓储保管费为 1 元/件。固定性销售费用包括：专设销售机构办公费用 12 000 元；广告宣传费 16 000 元，固定资产折旧费 30 000 元。管理费用包括：管理人员工资 100 000 元；办公费用 15 000 元；固定资产折旧费 20 000 元。假设固定性销售费用和管理费用每个季度发生额相同。

要求：编制宏发公司 20×9 年的销售及管理费用预算。

根据有关资料编制的宏发公司 20×9 年销售与管理费用预算如表 9-8 所示。

表 9-8　　　　　　　　销售及管理费用预算　　　　　　　　单位：元

项目		一	二	三	四	全年
预计销售量（件）		2 000	3 000	4 000	4 800	13 800
变动性销售费用	销售人员佣金（4 元/件）	8 000	12 000	16 000	19 200	55 200
	包装费、运输费（2 元/件）	4 000	6 000	8 000	9 600	27 600
	仓储保管费（1 元/件）	2 000	3 000	4 000	4 800	13 800
	小计	14 000	21 000	28 000	33 600	96 600
变动性销售费用	专设销售机构办公费用	3 000	3 000	3 000	3 000	12 000
	广告宣传费	4 000	4 000	4 000	4 000	16 000
	固定资产折旧费	7 500	7 500	7 500	7 500	30 000
	小计	14 500	14 500	14 500	14 500	58 000

第 9 章 全面预算的编制实务

续表

项目		一	二	三	四	全年
销售费用合计		28 500	35 500	42 500	48 100	154 600
管理费用	管理人员工资	25 000	25 000	25 000	25 000	100 000
	办公费用	3 750	3 750	3 750	3 750	15 000
	固定资产折旧费	5 000	5 000	5 000	5 000	20 000
管理费用合计		33 750	33 750	33 750	33 750	135 000
销售及管理费用合计		62 250	69 250	76 250	81 850	289 600
减：固定资产折旧费		12 500	12 500	12 500	12 500	50 000
销售及管理费用现金支出合计		49 750	56 750	63 750	69 350	239 600

二、专门决策预算的编制

专门决策预算是为企业不经常发生的长期投资项目和一次性专门业务所编制的预算，一般在业务预算编制完毕后编制。专门决策预算的要点是准确反映项目资金投资支出与筹资计划，同时也是编制现金预算和预计资产负债表的依据。

资本支出预算主要是针对企业长期投资决策编制的预算，包括：固定资产投资预算、权益性资本投资预算、债券投资预算。由于长期投资决策的时间跨度大，资本支出预算的编制仅仅列示本预算期内发生的现金支出，对于长期投资决策对其他年份的影响，在影响发生年度的预算中反映。

一次性专门业务预算包括：资金筹措及运用预算、缴纳税金与发放股利预算等。

【例 9 – 8】接上例，宏发公司 20×9 年的预计资本性支出为 296 300 元，其中第一季度购买设备价款为 96 300 元，第三季度购买设备价款为 200 000 元，两项设备都需要安装调试，在 20×9 年末尚未达到预计可使用状态。

要求：编制宏发公司 20×9 年的资本支出预算。

根据有关资料编制的宏发公司 20×9 年资本支出预算如表 9 – 9 所示。

表 9 – 9　　　　　　　　　　专门决策预算表　　　　　　　　　　单位：元

项目	一季度	二季度	三季度	四季度	全年
购置设备	96 300		200 000		296 300

三、财务预算的编制

财务预算是一系列专门反映企业预算期内预计现金收支、预计财务状况和经营成果等各种预算的总称，包括：现金预算、预计资产负债表、预计利润表等。财务预算是在业务预算与专门决策预算的基础上编制的。

（一）现金预算

现金预算是用来专门反映预算期内预计现金收支情况，以及为满足最佳现金余额而进行筹资或归还借款等的预算。现金预算包括下列项目：

第9章 全面预算的编制实务

1. 可供使用现金。

可供使用现金 = 期初现金余额 + 预算期现金收入

2. 现金支出。现金支出包括预算期的各项现金支出,如支付直接材料款、支付直接人工工资、制造费用、管理费用、销售费用、税费支出等。

3. 现金余缺。

现金余缺 = 可供使用现金 - 现金支出

如果现金余缺公式差额为正,说明可供使用现金大于现金支出,现金有溢余;如果差额为负,说明现金支出大于可供使用现金,现金不足,需要融资。

4. 现金筹措与运用。现金的筹措与运用是根据现金的余缺情况以及企业资金管理的政策,确定资金筹集和运用的时间与金额。如果现金溢余,可以归还短期借款或对短期有价证券进行投资;如果现金不足,则应提前安排短期筹资。

期末现金余额 = 现金余缺 + 现金筹措 - 现金运用

【例9-9】接上例,假设宏发公司预算期内的最佳现金余额为8 000元。宏发公司20×9年预计期初现金余额为8 000元,预计每季度支付所得税50 000元,第四季度支付股利396 500元,另还有尚未到期的长期借款500 000元(年利率8%,利息费用化)。宏发公司的现金管理政策是:若现金余额不足可取得短期借款(年利率5%)或将短期证券变现,借入或偿还短期借款都必须是1 000元的整数倍,借款利息按季度支付。若现金余额溢余可偿还短期借款或进行短期证券投资。假设新增借款发生在季度期初,归还借款、支付利息发生在季度期末。

要求:编制宏发公司20×7年的现金预算。

根据有关资料编制的宏发公司20×7年现金预算如表9-10所示。

表9-10　　　　　　　　　现金预算　　　　　　　　　　单位:元

项目	一	二	三	四	全年
期初现金余额	8 000	8 175	8 370	8 220	32 765
加:现金收入(表9-1)	1 160 000	1 620 000	2 220 000	2 736 000	7 736 000
可供使用的现金	1 168 000	1 628 175	2 228 370	2 744 220	7 768 765
减:现金支出					
直接材料(表9-3)	442 000	589 280	778 960	932 140	2 742 380
直接人工(表9-4)	387 000	567 000	741 600	869 400	2 565 000
制造费用(表9-6)	211 675	283 675	353 515	404 635	1 253 500
销售及管理费用(表9-8)	49 750	56 750	63 750	69 350	239 600
所得税费用(已知)	50 000	50 000	50 000	50 000	200 000
购买设备(表9-9)	96 300		200 000		296 300
股利(已知)				396 500	396 500
现金支出合计	1 236 725	1 546 705	2 187 825	2 722 025	7 693 280
现金余缺	(68 725)	81 470	40 545	22 195	75 485
现金筹措与运用					

续表

项目	一	二	三	四	全年
加：借入短期借款	88 000				88 000
减：偿还短期借款		62 000	22 000	4 000	88 000
支付短期借款利息（年利率5%）	1 100	1 100	325	50	2 575
支付长期借款利息（年利率8%）	10 000	10 000	10 000	10 000	40 000
期末现金余额	8 175	8 370	8 220	8 145	8 145

其中："期初现金余额" 8 000 元是在编制预算时预计的，下一季度的期初现金余额等于上一季度的期末现金余额。

"现金收入"主要指销货取得的现金收入，数据来自销售预算。

"现金支出"部分包括预算期的各项现金支出。"直接材料"、"直接人工"、"制造费用"、"销售及管理费用"、"购买设备"的数据分别来自前述有关预算，注意"制造费用"、"销售及管理费用"项目的金额需要扣减非付现成本。

财务管理部门应根据现金余缺与最佳期末现金余额的比较，并结合固定的利息支出数额以及其他的因素，来确定预算期现金运用或筹措的数额。由于期初长期借款为 500 000 元，预算期内没有偿还，因此每个季度末应该支付长期借款利息为 500 000×8%/4 = 10 000元。

第一季度，现金短缺金额为 68 725 元，最佳现金余额为 8 000 元，假设需要借入短期借款金额为 X 元，列式如下：

$-68\ 725 + X - X \times 5\%/4 - 10\ 000 = 8\ 000$

解得 X = 87 823（元），由于借入短期借款必须是 1 000 元的整数倍，因此第一季度需要借入短期借款 88 000 元，支付 88 000×5%/4 = 1 100（元）的短期借款利息，期末现金余额为 -68 725 + 88 000 - 1 100 - 10 000 = 8 175（元）。

第二季度，现金溢余金额为 81 470 元，远高于最佳现金余额，由于支付利息发生在季度期末，因此仍需负担短期借款利息 1 100 元以及长期借款利息 10 000 元，假设需要偿还的短期借款金额为 X 元，列式如下：

$81\ 470 - X - 1\ 100 - 10\ 000 = 8\ 000$

解得 X = 62 370（元），由于偿还短期借款必须是 1 000 元的整数倍，因此第二季度需要偿还短期借款 62 000 元，期末现金余额为 81 470 - 62 000 - 1 100 - 10 000 = 8 370（元）。

第三季度，现金溢余金额为 40 545 元，高于最佳现金余额，第三季度需负担短期借款利息（88 000 - 62 000）×5%/4 = 325 元，长期借款利息仍为 10 000 元，假设需要偿还的短期借款金额为 X 元，列式如下：

$40\ 545 - X - 325 - 10\ 000 = 8\ 000$

解得 X = 22 220（元），由于偿还短期借款必须是 1 000 元的整数倍，因此第三季度需要偿还短期借款22 000元,期末现金余额为40 545 – 22 000 – 325 – 10 000 = 8 220(元)。

第四季度,现金溢余金额为22 195元,高于最佳现金余额,尚未偿还的短期借款是4 000元,需要负担短期借款利息(88 000 – 62 000 – 22 000)×5%/4 = 50元,以及长期借款利息10 000元。期末现金余额为22 195 – 4 000 – 50 – 10 000 = 8 145(元)。

第四季度末的期末现金余额,即20×9年末的现金余额为8 145元。

(二)预计利润表

预计利润表是用来综合反映企业在预算期的预计经营成果的财务预算。通过编制预计利润表,可以了解企业预期的盈利水平。如果预算利润与最初编制方针中的目标利润有较大的不一致,就需要调整部门预算,设法达到目标,或者经企业领导同意后修改目标利润。编制预计利润表的依据是部分业务预算、专门决策预算。

【例9 – 10】 接上例,根据上述资料,编制20×9年宏发公司的预计利润表。

根据有关资料编制的宏发公司20×9年预计利润表如表9 – 11所示。

表9 – 11　　　　　　　　　　　　预计利润表　　　　　　　　　　　　单位:元

项目	金额
销售收入(表9 – 1)	8 280 000
减:销售成本(表9 – 7)	6 651 600
销售毛利	1 628 400
减:销售及管理费用(表9 – 8)	289 600
利息(表9 – 10)	42 575
利润总额	1 296 225
减:所得税费用(预计)	200 000
净利润	1 096 225

其中:

"销售收入"项目的数据来自销售收入预算中的"销售收入合计"。

"销售成本"项目的数据自产品成本预算中的"销货成本"合计。

"毛利"项目的数据是前两项的差额。

"销售及管理费用"项目的数据来自销售费用及管理费用预算中的"销售及管理费用合计",注意,这里的数据不需要扣减非付现成本。

"利息"项目的数据来自现金预算中的"短期借款利息"、"长期借款利息"之和。

"所得税费用"项目是在利润规划时预计的,并已列入现金预算。它通常不是根据"利润总额"和所得税率计算出来的,因为有诸多纳税调整的事项存在。此外,从预算编制程序上看,如果根据"利润总额"和税率重新计算所得税,就需要修改"现金预算",引起信贷计划修订,进而改变"利息",最终又要修改"利润总额",从而陷入数据的循环修改。

(三)预计资产负债表

预计资产负债表是用来综合反映企业在预算期的预计财务状况的财务预算。编制预计资产负债表的目的,在于判断预算反映的财务状况的稳定性和流动性,预防不良财务状况的出现。如果通过预计资产负债表的分析,发现某些财务比率不佳,必要时可修改有关预算,以改善财务状况。

预计资产负债表的编制需以预算期初的资产负债表为基础,结合预算期间的各项业务预算、专门决策预算、现金预算和预计利润表进行编制,预计资产负债表是编制全面预算的终点。

【例9-11】接上例,宏发公司20×8年末固定资产金额为3 000 000元,在建工程为0元,短期借款为0,股本为1 400 00元,资本公积为400 000元,盈余公积为700 000元(已经提足),未分配利润为398 600元,根据上述资料,编制20×9年宏发公司的预计资产负债表。

根据有关资料编制的宏发公司20×9年预计资产负债表如表9-12所示。

表9-12　　　　　　　　　　　　预计资产负债表　　　　　　　　　　　　单位:元

资产	年初余额	年末余额	负债和股东权益	年初余额	年末余额
货币资金(表9-10)	8 000	8 145	短期借款(表9-10)	0	0
应收账款(表9-1)	320 000	864 000	应付账款(表9-3)	160 000	394 120
存货(表9-3、9-7)	230 600	574 000	流动负债合计	160 000	394 120
流动资产合计	558 600	1 446 145	长期借款	500 000	500 000
固定资产(表9-6、9-8)	3 000 000	2 750 000	非流动负债合计	500 000	500 000
在建工程(表9-9)	0	296 300	负债合计	660 000	894 120
非流动资产合计	3 000 000	3 046 300	股本	1 400 000	1 400 000
			资本公积	400 000	400 000
			盈余公积	700 000	700 000
			未分配利润(表9-10、9-11)	398 600	1 098 325
			股东权益合计	2 898 600	3 598 325
资产合计	3 558 600	4 492 445	负债和股东权益合计	3 558 600	4 492 445

其中:

"货币资金"项目的数据来自现金预算表9-10中的"期初现金余额"和"期末现金余额"。

"应收账款"项目的年初余额320 000元来自销售预算表9-1中的"年初应收账款",年末余额864 000元=320 000+8 280 000-7 736 000,或=2 880 000×30%。

"存货"项目包括直接材料存货和产成品存货两个部分,直接材料存货的数据来自直接材料预算表9-3。其中,年初余额为1 720件(期初存货存量)×50元(单价)=86 000元;年末余额为4 250件(期末存货存量)×50元(单价)=212 500元。产成品存货来自生产预算和产品成本预算。其中,年初余额为300件(表9-2中的"期初产成品存货")×482元(表9-7中的"单位产品成本")=144 600元;年末余额为750件(表9-2中的"期末产成品存货")×482元(表9-7中的"单位产品成本")=

361 500元。因此,"存货"项目的年初余额为 86 000 + 144 600 = 230 600 元;年末余额为 212 500 + 361 500 = 574 000 元。

"固定资产"项目的年初余额来自上年度的资产负债表,预算期折旧额的数据来自制造费用预算表9-6中的"固定资产折旧费"为200 000元;销售与管理费用预算表9-8中的"固定资产折旧费"为50 000元。因此,"固定资产"项目的年末余额为3 000 000 - (200 000 + 50 000) = 2 750 000 元。

"在建工程"项目的年初余额来自上年度的资产负债表,本年增加的数据来自专门决策预算表9-9。预算期第一季度、第三季度分别购入设备96 300元,200 000元,到预算期末尚未达到预计可使用状态。因此,"在建工程"项目的年末余额为0 + (96 300 + 200 000) = 296 300 元。

"短期借款"项目的年初余额来自上年度的资产负债表,本年变动的数据来自现金预算表9-10。预算期第一季度借入短期借款88 000元,第二季度、第三季度、第四季度分别偿还62 000元、22 000元、4 000元。因此"短期借款"项目的年末余额为0 + 88 000 - 62 000 - 22 000 - 4 000 = 0 元。

"应付账款"项目的年初余额160000元来自直接材料预算9-3中的"年初应付账款",年末余额 394 120 元 = 160 000 + 2 976 500 - 2 742 380 = 394 120 元,或 = 985 300 × 40%。

"长期借款"项目的年初余额500 000元来自上年度的资产负债表,预算期内没有发生变动。

股东权益中的"股本"、"资本公积"、"盈余公积"项目的年初余额来自上年度的资产负债表,各项预算中都没有涉及股本和资本公积的变动,而且宏发公司的盈余公积金额已经达到股本金额的50%,因此可以不再提取,"股本"、"资本公积"、"盈余公积"项目的年末余额不变。

"未分配利润"项目的年初余额来自上年度的资产负债表,预算期变动的数据来自预计利润表9-11以及现金预算表9-10,预算期增加额 = 1 096 225(预算期的净利润) - 396 500(预算期的股利) = 699 725 元。因此,"未分配利润"项目的年末余额为 398 600 + 699 725 = 1 098 325 元。

第二节 以利润为起点的预算编制

以利润为起点的预算模式指的是以实现公司整体效益最大化为出发点,通过目标利润导向、预算成本指引、工序标准成本控制、品种成本优化等方法,综合利用企业外部和内部各种信息,协调企业内部各责任单位和部门的效益目标,平衡优化企业资源配置,形成系统的成本优化和效益提升的管理机制。

一、以利润为起点的预算模式的优点

（一）优化资源配置，提高企业的综合盈利能力

在以利润为起点的预算管理模式中，利润是预算编制的起点，使得利润不仅仅是预算的结果，也是预算的前提，利润不再是在既定的销售预算和各种成本预算之后的结果。为了实现目标利润，企业应将拥有的有限的资源合理配置，把涉及企业目标利润的经济活动连接在一起，使影响目标利润实现的各因素发挥出最大的潜能，进一步提高企业的综合盈利能力。

（二）促进企业管理方式的改变

在以利润为起点的预算管理模式下，管理者首先通过科学预测确定企业应实现的目标利润，其他预算都围绕着目标利润的实现进行编制。一般情况下，预算一旦编制完成，是不能随意修改的，具有一定的刚性。在实施过程中，预算是限制和约束执行者行为的标准，推行该模式使高层管理者从事无巨细的管理事务中摆脱出来，拿出更多的精力来考虑企业的发展战略，把握企业全局。预算是管理的载体，管理者通过对目标利润的控制实现了对企业进行全面管理的间接控制；管理方式由直接管理变为间接管理，使管理者既能把握全局又不失控制，收到事半功倍的管理效果。

（三）协调各部门的经济活动

企业内部组织机构较为复杂，业务内容具有相对的独立性。只有协调一致，才能保证企业目标利润的实现。目标利润形同一条主线，统领着企业的全部经营活动。以利润为起点的预算管理模式，企业把实现目标利润所涉及的各种资源的取得与运用都编制出详细的预算，并把预算作为控制各项业务和考核绩效的依据，以此协调各部门、各环节的业务活动，减少各种可能出现的矛盾和冲突，使企业的产、供、销和人、财、物始终保持最大限度的平衡，使目标利润成为集体奋斗的目标，在共同利益驱使下各部门主动处理好与其他各部门之间的关系，使企业成为一个有秩序、高效率的整体。

（四）正确评价各部门的工作绩效

在以利润为起点的预算管理执行过程中，目标利润按部门分解成各个分预算目标，这是考核各级部门工作业绩的主要依据。通过过程控制和事后目标落实的情况考核，可以考核每位员工的工作业绩，使其工作业绩都能得到公平的评价，得到合理的奖惩，有利于调动员工的积极性。

二、以利润为起点的预算模式的局限性

以利润为起点的预算模式也有一定的局限性，例如可能引发企业的短期行为，追求短期利润最大化，忽略企业的长远发展；可能引发企业的冒险行为，为了追求高额利润，忽视企业的财务风险和经营风险；可能引发企业的造假行为，为了追求高额利润，不惜牺牲会计信息的真实性，降低成本，虚增利润。

三、以利润为起点的预算模式的一般流程

以利润为起点的预算模式中的"利润"指标，最常见的是目标利润指标。以目标利

润为起点的预算编制一般按照以下程序进行。

（一）确定目标利润

公司决策层需要对外部市场情况和企业内部生产经营情况具有充分的了解，并对一定期间内的发展趋势做出准确预测，确定阶段性的目标利润。

只要市场销售价格变化，企业就要重新测算阶段性利润，经常是反复测算、反复变更，而且外部的原料采购价格也是企业无法控制的，只能随着改变。这样一来，大宗原材料价格稍有起伏，企业也要随之进行采购成本的推算和利润的推算。如果购、销两头价格锁定，对于企业内部很可能就是一项考验。如果二者价差小，就需要关注库存管理、定额控制和费用限额控制，确保阶段性利润的实现。

（二）核定目标成本指标

企业在面临严峻的市场经济形势下，为确保实现阶段性利润目标，采取了倒推目标成本的方式。首先预测产品销售价格、销量、销售收入；然后确定目标利润，利用二者的差推算目标成本水平，结合工序标准成本模式推算出各生产线工序加工成本、各成本核算对象的工序加工成本，继而向前追溯出目标采购成本。如果采购价格不理想，就继续推算各生产线工序加工成本，直至保证目标利润实现。

实施目标成本倒推机制是在企业内部挖掘的过程。各条生产线、各个费用监管部门在各自可控资源范围内实现最大限度的成本降低。这个过程也是对企业各种资源的一次重新的优化组合。这样每条生产线和每个费用监管部门都需要反复的核定技术经济指标、费用额度，以满足目标利润的需要。业务预算、资本支出预算和财务预算都会面临反复研究讨论，反复压缩的情况。具体到每一个操作岗位都有指标，每一项业务都有额度限制，以确保企业阶段性利润目标的实现。在这个过程中，也体现了企业上下众志成城、齐心协力、共克时艰的企业文化。所以以利润为起点的预算管理不仅是企业物质资源的有效利用，也是人力资源效用的最大化，可谓一举多得。

（三）以责任制度为保证，形成目标利润管理模式

企业从组织保障、责任划分、技术支持、方法优化等方面，制定相应的管理办法和制度，形成有效控制和持续改进的目标利润常态化管理模式。

（四）建立目标利润管理、目标成本管理、工序标准成本控制管控流程

实行以目标利润为导向的全面预算管理模式，建立并有效运行了"年度预算目标总控、季度预算滚动平衡、月份预算目标执行"的目标预算管理模式，根据利润目标预算导向，确立反推金额，制定采购、销售、生产等目标成本，平衡生产经营活动及优化资源配置。同时以工序标准成本控制为基础，分解落实目标成本指标，制定完成措施，持续提升成本管控能力和企业增效能力。

企业是以盈利为目的组织机构，追求利润最大化是企业的重要目标，尤其在市场形势严峻的情况下，以利润为起点的全面预算管理模式逐渐凸显出它的作用。全员为了一个共同的目标，齐心协力，发挥各种资源的最大效用，为企业创造最大的价值。

以利润为起点的预算模式在西方发达国家早已盛行，它给了决策者更大的决策空间和视角，有助于协调管理层和所有者的利益关系，促使公司经营活动与公司价值最大化相一致。随着资本市场的发展，公司治理结构的完善，以利润为起点的预算模式将更有适用

性。近几年来，我国使用以利润为起点的预算模式进行全面预算管理的企业也越来越多。

> **知识链接**
>
> ### 邯钢经验
>
> 邯钢经验是以利润为起点的预算模式的成功运用，形成于 1990 年，于 1991 年正式全面推行，之后邯钢经济效益年年提高。邯钢经验可概括为"模拟市场核算，实行成本否决"。邯钢经验运用倒推法确定目标成本，在市价确定前提下，首先确定目标利润才可确定单位目标成本，在预算编制上实际就是一种以利润为起点的预算模式的实践。

思考题

1. 各业务预算之间具有什么样的联系？
2. 现金预算中需要用到哪些预算的资料？
3. 预计利润表中需要用到哪些预算的资料？
4. 预计资产负债表中需要用到哪些预算的资料？
5. 以利润为起点的预算模式的优点和局限性是什么？

第10章
责任会计与转移定价

主要知识点

责任中心的种类；
责任利润表的编制及其要素；
贡献毛益法责任报告的编制；
转移价格的四种定价依据；
跨国公司的转移价格。

关键术语

责任会计（responsibility accounting）
责任中心（responsibility center）
成本中心（cost center）
利润中心（profit center）
投资中心（investment center）
责任会计制度（responsibility accounting system）
责任利润表（responsibility income statement）
贡献毛益（contribution margin）
责任毛益（responsibility margin）
可追溯固定成本（traceable fixed costs）
转移价格（transfer price）

第一节 责任会计与责任中心

一、分权制与责任会计

泰勒的科学管理制度产生于20世纪初,这一时期资本主义由自由竞争发展到垄断阶段,企业规模越来越大,生产经营日趋复杂,泰勒提出了职能管理的"例外原则",即管理人员应将日常例行事务权交给下属,使管理人员可以集中精力考虑重大的决策性问题,这种以例外原则为依据的管理控制奠定了分权制的基础。分权制管理模式允许低层管理人员在责任范围内制定并执行关键要素,加快了决策速度,使低层管理者拥有了更大的自主权,也节约了高层管理当局的额时间。

责任会计(responsibility accounting)是在分权制的基础上产生的。在现代企业中,大多数企业由许多执行不同职能的分支机构所组成。比如,生产企业通常会把部门划分成采购、生产、销售、运输、会计、财务和人力资源等,生产部门与销售部门经常又被进一步划分成不同的产品线或地理区域。在分权制的管理模式下,这种组织内部的业务单元通常被授予一定的决策权,并且通过某种指南或方针来明确他们对组织资源的责任。这些组织内部业务单元的名称包括分部、部门、分支机构、产品线和销售区域等,一般使用责任中心(responsibilitycenter)来描述一个企业组织内的子单元。每一被授权的管理者都有责任指导每个中心的作业。责任会计就是衡量各责任中心的计划、预算、行动和实际结果的一项制度。

二、责任中心的种类

组织结构是对组织责任的一种安排,责任中心的设立与企业的组织结构关联紧密。企业的责任中心按照组织结构的不同层级和职责范围,通常被划分为成本中心、利润中心和投资中心。为了便于理解,本章利用新时代公司例题来说明责任中心与责任会计相关问题。假设新时代电子设备公司有两个分部:线上分部(网购)和线下分部(实体店销售),线上分部下设销售和物流两个部门,线下分部下设中华城和SM两个销售门店,每个门店设有销售和维修两个部门,其组织结构见图10-1。

新时代公司的成本中心、利润中心和投资中心分析如下:

(一)成本中心

成本中心(cost center)是指会发生成本或费用支出,但不会直接带来收入的业务部门。新时代公司将其行政管理部门——会计和财务、数据处理、人力资源以及后勤等部门视为成本中心,每个成本中心向其他中心提供服务,但不直接向客户提供商品和服务。

分配到成本中心管理者的决策责任包括投入资源的决策。对于新时代的人力资源经理

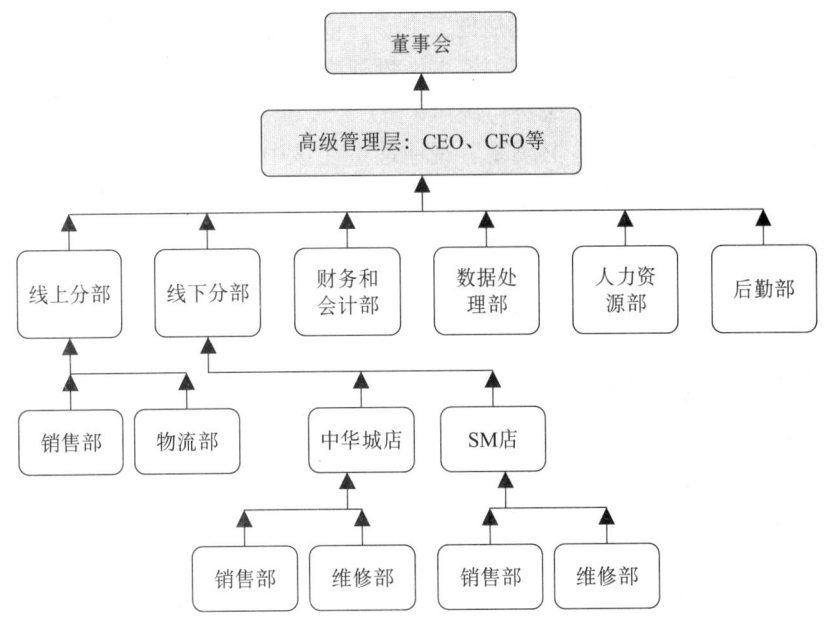

图 10-1 新时代公司组织结构

来说，与投入相关的决策包括聘用和安置员工等资源的使用。对成本中心评估的主要依据是成本中心控制成本的能力以及成本中心所提供服务的数量和质量。对于以前决策的结果，短期内无法改变的成本通常不予以分摊，例如，折旧费用等。也就是说，成本中心的经理通常只对其可控的成本负责。对成本中心的业绩评价有时更为主观，比如管理层必须将会计部门的成本与其所提供给组织的服务的价值相对比，包括财务报表的编制以及为管理层决策所提供的信息。因为成本中心并不直接产生收入，所以不需要为它们编制利润表，但是必须分别汇总各成本中心所发生的成本。

（二）利润中心

利润中心（profit center）是既能带来收入又会发生成本的业务部门。新时代公司的利润中心包括线上分部下属的销售部和物流部，线下分部的中华城、SM 门店，以及各门店下属的销售部和维修部。在制造业的组织中，利润中心的形式还可能有产品线、销售区域等。

在利润中心，经理人员拥有关于投入和产出资源的决策权。在一个持续经营的业务部门，经理人员有责任采取恰当的方式，以最少的成本获得最高的收入。例如，新时代公司中华城店的经理为了增加本店的销售收入，可能会花费资源做广告，但是该经理并没有在其他地方开设分店的权利。

对利润中心的评估主要基于其盈利能力，所以需要编制单独揭示公司利润中心收入与费用情况的责任利润表，并将责任利润表的结果与预算数、前期业绩进行比较，同时与其他利润中心的盈利能力进行比较。

（三）投资中心

投资中心（investment center）是指获得管理层授权对与该中心经营活动相关的重大资本投资决策负责的利润中心。有些利润中心有时也被视为投资中心。

新时代公司的线上和线下分部既是投资中心，也是利润中心，因为分部的管理层既要对分部的成本和收入负责，又要对相关资本性投资决策负责，如购入设备等决策，但重大的战略性资本投资仍然由董事会来进行决策。

为了评估投资中心的业绩，必须要客观地计量在该中心经营过程中所用资产的成本，投资中心的业绩通常用投资报酬率来衡量。

知识链接

收入中心

作为企业的业务单元，收入中心（revenue center）的主要目的在于积累销售收入。对收入中心经理的评估主要依据他们所创造的销售收入。收入中心经理还负有定价和市场选择等决策权。日本公司历史上就有强烈的战略意愿，重视争取更大的市场份额。调查表明，日本公司更喜欢强调收入的增长，故常常以销售回报为主要的绩效评估指标。企业的营销部门常被设定为收入中心。

三、责任中心会计信息的作用

利润表可以衡量企业实体的总体经营业绩，但是管理者仍然需要利用会计信息来评估企业组织内各个责任中心的业绩情况，这些信息有助于管理者做出以下决策：

（一）优化资源配置

为了实现企业的战略，管理者通常会将企业有限的资源配置到有最大盈利潜质的责任中心，这就需要了解不同责任中心的业绩情况。如果一个产品线的事业部较之另一个事业部更具有盈利能力，那么企业可能就会在该产品线上增加投资而使公司的整体盈利能力提高。

（二）业务管理

责任中心提供的数据可以让管理者识别那些经营无效率或者低于期望值的业务，有助于管理者关注那些业绩较差的部门，并决定是否终止不能盈利的责任中心。

（三）业绩评估

评估企业组织内每个责任中心的业绩是会计系统的一项重要职能，目的地满足管理者的决策需求。每个责任中心就是一个管理责任区，所以责任中心的业绩就是评估中心管理者的直接依据。

第二节 责任会计制度

一、责任会计制度

责任中心信息单独反映了组织内各业务中心的经营成果。用于衡量业务单元内各中心业绩的会计制度称为责任会计制度（responsibility accounting system）。责任会计制度能够约束这些对其所管辖经营中心的业绩负责的经理人员，并有助于高层管理者识别各业务单元的优势与不足。责任会计制度有效实施的前提是为各责任中心编制预算，并将各责任中心的实际业绩与预算额进行比较，编制业绩报告，以此评估各责任中心的业绩。

二、责任利润表的编制

责任会计制度的关键在于计量组织内各责任中心经营成果的能力。责任利润表（responsibility income statement）反映了特定责任中心的经营成果，以及隶属于该部门的各利润中心的收入与费用情况。以新时代电子设备公司为例，其部分责任利润表如表 10-1 所示。

如表 10-1 所示，收入与成本的编制要从最小的管理责任中心开始，新时代公司中华城店的销售部和维修部是最小的利润中心，汇总之后得到中华城店的责任毛益，所以编制较大责任中心的利润表可以通过汇总较小业务单元的利润表的金额而得到。

三、责任利润表的要素

在新时代公司的月度责任利润表中，涉及销售收入、变动成本、贡献毛益、可追溯固定成本、共同成本和责任毛益等要素。

变动成本是指与责任中心的销售量呈近似正比例变动的成本。新时代公司的

变动成本包括商品销售成本、销售人员佣金，维修部门的变动成本包括零部件与人工成本，以及其他随销售量变动而变动的经营费用。变动成本与具体的销售收入有关，因此被追溯到产生该收入的利润中心。例如，维修产生的零部件与人工成本可直接追溯至维修部，当维修部被撤销时，那么所有因维修产生的变动成本也就不存在了。

贡献毛益（contribution margin），也称为边际贡献，是指收入减去变动成本，即可用来弥补固定成本并产生经营利润（或责任毛益）的收入金额，是大多数本－量－利分析中的关键指标。贡献毛益描述了收入与变动成本之间的关系，作为一种短期决策工具，主要用于当发生价格变动、进行短期促销活动或发生不会对固定成本有重大影响的产出变化时的决策。

可追溯固定成本（traceable fixed costs）指可直接追溯至具体责任中心的固定成本，

第10章 责任会计与转移定价

表 10-1　　　　　　　　　新时代公司的月度责任利润表　　　　　　　　单位：千元

投资中心：各分部

	公司整体	投资中心 线下分部	投资中心 线上分部
销售收入	2 500	1 000	1 500
变动成本	<u>1 305</u>	<u>480</u>	<u>825</u>
贡献毛益	1 195	520	675
可追溯至分部的固定成本	<u>720</u>	<u>340</u>	<u>380</u>
分部的责任毛益	475	<u>180</u>	<u>295</u>
共同固定成本	<u>175</u>		
经营利润	300		
所得税费用	<u>75</u>		
净利润	<u>225</u>		

利润中心：线下分部各商店

	线下分部	利润中心 中华城店	利润中心 SM店
销售收入	1 000	400	600
变动成本	<u>480</u>	<u>196</u>	<u>284</u>
贡献毛益	520	204	316
可追溯至商店的固定成本	<u>280</u>	<u>120</u>	<u>160</u>
商店的责任毛益	240	<u>84</u>	<u>156</u>
共同固定成本	<u>60</u>		
分部的责任毛益	<u>180</u>		

利润中心：中华城店的各部门

	中华城店	利润中心 销售部	利润中心 维修部
销售收入	400	360	40
变动成本	<u>196</u>	<u>180</u>	<u>16</u>
贡献毛益	204	180	24
可追溯至商店的固定成本	<u>64</u>	<u>36</u>	<u>28</u>
部门的责任毛益	140	<u>144</u>	<u>(4)</u>
共同固定成本	<u>56</u>		
商店的责任毛益	<u>84</u>		

这些成本通常在该责任中心撤销时也会消除。可追溯固定成本通常包括该中心管理人员的工资以及为该中心独立使用的建筑物与设备的折旧费等。因为可追溯固定成本明确隶属于某个责任中心，所以在确定特定责任中心经营成果时，可追溯固定成本往往从贡献毛益中减掉。在责任利润表中，贡献毛益减去可追溯固定成本即为责任毛益（responsibility margin）。

共同固定成本（common fixed costs，或间接固定成本）指让企业的若干个部门共同受益的成本，只有通过主观的方式才能将这些共同成本追溯到受益的中心。企业的服务部门，比如会计、人力资源、信息技术和后勤等部门的成本，以及总部办公大楼等建筑物的折旧费等都属于共同固定成本，即使某一中心已不再从这些成本中受益，但这些固定成本的水平往往也不会发生重大变动。一些企业会根据成本可追溯性，按照主观的标准，如相应的销售量比例或所占用的营业场所的面积等，将共同成本分配至各基层责任中心，但是更常用的办法是只将可直接追溯至企业某部门的成本由各利润中心来负担。例如，新时代中华城店的共同成本 56 000 元就包括该商店的会计、后勤、维修部门的运营成本以及商店的折旧、管理人员工资等这些费用。

在责任利润表中，收入首先在负责取得该收入的利润中心之间进行分配。借助于终端信息系统，收入取得的来源通常较清晰，而一项成本可否追溯至某一特定中心，则需要会计人员进行专业判断。各中心首先计算与销售收入直接相关的变动成本，得到贡献毛益，再减去可直接追溯至该中心的固定成本，得到责任毛益。

四、贡献毛益责任报告

与贡献毛益相比，责任毛益在衡量较长时期的盈利能力时更为有用，这是因为责任毛益考虑了那些可追溯至某一特定业务中心的固定成本的变动。此类长期决策的例子包括是否扩大现有的生产能力、是否新增一个利润中心以及是否关闭一个业绩很差的利润中心等。

仍以新时代电子公司为例来说明如何应用责任毛益衡量某个利润中心的业绩，表 10-2 描述了新时代公司线上分部和线下分部的利润情况。

表 10-2　　　　　　　　　　　贡献毛益责任报告　　　　　　　　　　　单位：千元

	公司整体		业务中心			
			线下分部		线上分部	
	金额	%	金额	%	金额	%
销售收入	2 500	100%	1 000	100%	1500	100%
变动成本	1 305	52.20	480	48.00	825	55.00
贡献毛益	1 195	47.80%	520	52.00%	675	45.00%
可追溯至分部的固定成本	720	28.80	340	34.00	380	25.33
分部的责任毛益	475	19.00%	180	18.00%	295	19.67%
共同固定成本	175	7.00				
经营利润	300	12.00%				
所得税费用	75	3.00				
净利润	225	9.00%				

注：四舍五入，所以加、减百分数时会出现一些小偏差

在利用贡献毛益指标的短期决策中，无须考虑固定成本。假设新时代电子公司管理层计划投入预算为 5 万元的广告宣传活动，预计将使销售额增加约 20 万元，因为线下分部

的贡献毛益率52%大于线上分部45%，因此投资线下分部将会获得10.4万元的贡献毛益，而投资线上分部的贡献毛益为9万元，所以利用贡献毛益的短期决策中，应将资金投入到贡献毛益率较高的线下分部。

在公司的长期决策中，则需采用考虑了固定成本的责任毛益指标。假设新时代电子公司决定缩减企业规模，只保留线上或线下一个分部，正确的答案应该是保留线上分部，因为线上分部为公司贡献了29.5万元的利润（责任毛益），而线下分部只贡献了18万元的利润（责任毛益），若终止线上分部的经营，其所有的收入、变动成本及可追溯固定成本均不复存在，相比终止线下分部来说，损失更大。

总之，在制定不影响固定成本的短期决策时，管理者应尽量使新增成本产生最多的贡献毛益。而这又往往意味着须将重点放在贡献毛益率最高的中心上。相反，在制定长期决策时，管理者必须将固定成本考虑进来，而这就需要将重点转移到责任毛益和责任毛益率上。

知识链接

非财务指标与信息对责任中心的业绩考评

除了财务指标外，许多公司认为非财务指标对于实现基本目标也是非常重要的。责任会计制度旨在收集有关各中心的财务的与非财务的信息。

常用的非财务绩效评估指标

产品质量	人员	市场营销	效率及产能
次品数量	病假天数	新顾客的数量	周期时间（制造企业）
顾客退货数量	人员更替率	销售访问的次数	入住率（酒店及旅馆）
顾客投诉数量	有不满情绪的人数	市场份额	乘客英里数（航空业）
		无存货数量	病人-天数（医院）
			处理的业务数（银行）

摘自：Jan R. Williams等著，赵银德、张华、屠立峰译：《会计学-企业决策的基础（管理会计分册）》第14版，机械工业出版社2010年版。

第三节 转移定价

一、转移价格及其评价标准

转移价格（transfer price）是指同一组织内一个责任主体向其他责任主体提供产品或

服务时收取的价格。例如，很多汽车公司的零部件和组装服务都在内部各部门之间进行购买和销售。在组织内部使用转移价格可以使责任主体的管理者更关注自己的业绩，通过协调不同责任主体之间的行动可以最大化公司的利益。

为了帮助公司实现战略目标并适应组织的结构，转移价格需要达到四个关键标准：（1）促进目标一致，使得责任部门经理在采取行动追求自身利益时与高层管理者的目标相符；（2）引导管理者付出高水平的努力，鼓励卖出产品或服务的责任中心降低成本，买进产品或服务的责任中心有效地获取并利用投入资金；（3）帮助高层管理者评估责任中心以及管理者的业绩；（4）促进高度分权制公司的责任中心在决策方面的高度自治，也就是说，责任中心的管理者能够自主选择是按转移价格与公司内的其他责任部门交易，还是与外部公司交易。

对于设计良好的转移价格，各责任部门经理可使公司利润最大化的同时为他所在的部门做出最好的决策。

二、转移价格的定价依据

转移价格通常有以下四种定价依据：

（一）基于市价的转移价格

当下列三个条件同时满足时，使用市场价格作为转移价格，企业可以实现最优决策：（1）中间市场是完全竞争市场；（2）各责任中心之间相互依赖程度低；（3）就公司整体来说，在外部市场而非内部买卖产品并不会增加额外的成本或收入。

假设存在完全竞争的铁矿石市场，A公司的运输分公司和精炼分公司都可以以1 500元/吨的价格卖出和买进。若在两个部门间转移价格低于1 500/吨，那么运输分公司愿意将全部铁矿石卖给外部购买者；若转移价格高于1 500/吨，那么精炼分公司将从外部供应商购买铁矿石；只有在转移价格为1 500/吨时才能促使运输分公司和精炼分公司达成交易，在分公司营业利润最大化的同时也促使了公司营业利润最大化。

（二）基于成本的转移价格

当没有市场价格可以参考或需要花费很高的成本才能得到，比如说市场不是完全竞争的、产品很特殊，或内部转让的产品从质量上和服务上都有别于市场上流行的产品时，基于成本的转移价格就是有用的。

基于成本的转移价格可以包括以下几种方法：

1. 完全成本。卖方部门的成本是其为生产中间产品而消耗的资源的成本，在实务中，许多公司都以完全成本为基础来计算转移价格。采用完全成本为基础时，管理者将转移中间产品的决策视为长期决策，因此要求补偿全部成本。采用完全成本法时，其成本信息可以从账簿中直接获取，卖方可以获得超过变动成本的贡献毛益，从而鼓励卖方转移产品和劳务。但是在卖方部门生产能力不足，买方部门生产能力有剩余时，以完全成本为基础制定转移价格，将有可能使卖方部门拒绝有利的产品转移决策，而选择对外销售，这可能影响到公司整体利益的最大化。

2. 变动成本。当卖方部门有剩余生产能力时，以变动成本为基础制定转移价格，可以鼓励买方部门从内部采购中间产品，充分利用卖方部门的剩余生产能力，从而实现公司利益最大化。以变动成本为基础的转移定价没有考虑卖方的固定成本，卖方部门毫无利益可言，卖方将缺乏内部交易的动力，但是买方可以获得较高利润，对公司整体来说利润总额不变。

3. 成本加成。如果仅仅以成本作为转移价格，则卖方部门无法取得利润。当卖方部门是一个利润中心时，不利于衡量其业绩，也无法引导利润中心的经理付出其应有的努力，从而无法促进公司整体目标的实现。成本加成转移价格就是以产品或劳务成本为基础，再加上一定比例的利润来决定内部的转移价格。当市场价格不存在时，成本加成转移价格成为常用的内部转移定价方法之一。

假设 A 公司的运输分公司可以从国外采购铁矿石 1 000 吨，采购价格为 1 100 元/吨，每吨铁矿石的运输成本为 200 元，分担的固定成本为 100 元，假设运输分公司目前有足够运力，无须再增加额外固定设备；国内采购仍为 1500 元/吨，无须再发生成本，则采用完全成本、变动成本和成本加成转移定价法时（成本加成率假设为 10%），运输分公司、精炼分公司和 A 公司的成本、利润分别计算如下：

从国内市场购买 A 公司的采购成本是 1 000 × 1 500 = 1 500 000 元

从国外市场购买 A 公司的采购成本是 1 000 × (1 100 + 200) = 1 300 000 元

从国外购买可以使 A 公司节约 200 000 元成本。

（1）采用完全成本转移定价。运输分公司国外采购采用完全成本定价时，转移价格为 1 400 元 (1 100 + 200 + 100)，此时运输分公司的贡献毛益为 100 000 = (1 400 − 1 100 − 200) × 1 000 元；精炼分公司相比国内采购营业利润增加 100 000 = (1 500 − 1 400) × 1 000 元；

（2）采用变动成本转移定价。运输分公司国外采购采用变动成本定价时，转移价格为 1 300 元 (1 100 + 200)，此时运输分公司的贡献毛益为 0，精炼分公司相比国内采购利润增加 200 000 = (1 500 − 1 300) × 1 000 元。作为利润中心，运输分公司将不愿意进行国外采购，因为对其来说毫无利益可言，200 000 元的营业利润完全由精炼公司占有。

（3）采用成本加成转移定价。运输分公司国外采购采用成本加成转移定价时，转移价格为 1 540 元 (1400 × (1 + 10%))，此时运输分公司的贡献毛益为 240 000 = (1 540 − 1 100 − 200) × 1 000 元，营业利润为 140 000 = 240 000 − 100 × 1 000；精炼分公司相比国内采购价格 1 500 来说，成本增加 40 000 = (1 540 − 1 500) × 1 000 元。作为利润中心，精炼分公司将不愿意从运输分公司采购，此项交易也就难以达成。

从上述简单的计算可以看出，从 A 公司总目标来看，从国外采购可以节约成本 200 000 元，但是在变动成本转移定价和成本加成转移定价时交易难以达成，因为运输分公司和精炼分公司的目标与企业的总目标产生了不一致。什么样的转移价格能够使得分公司与总公司目标一致呢？最低的转移价格应高于 1 300 元/吨，最高的转移价格应低于 1 500元/吨，1 300 ~ 1 500 元/吨的价格使两个分公司的利润都有所增加，A 公司的总利润也会相应增加。

（三）协商定价

协商定价是指在可行价格范围内，通过特定分享规则或允许责任主体管理者之间谈判来制定价格。协商定价适用于市价难以取得时，比如市场价格波动幅度大，或者存在多个定价，或不存在中间产品的市场；也适用于当内部转移产品或劳务可以节约部分管理和销售成本时。在协商过程中，买方和卖方议定一个转移价格，该转移价格事实上起到在两个责任主体间分配所转让产品或劳务的相应利润的作用。

如前述 A 公司案例，在运输分公司和精炼分公司之间，双方可接受的铁矿石转移价格在 1 300~1 500 元/吨之间，究竟应定在哪个位置取决于多个因素：交易双方的议价能力；运输分公司掌握的关于精炼分公司对其服务的需求信息；精炼分公司掌握的关于其他可利用铁矿石来源的信息等。如果 A 公司评价各分公司业绩的标准是营业利润，那么议价问题将更敏感。

一般来说，协商价格与成本或市价都没有什么必然联系，但是这两个信息对于议价起点是非常有用的。假定精炼分公司接受了一份供应特殊加工的精钢的订单，只有当运输分公司提供的铁矿石价格不超过 1 380 元/吨时，精炼分公司才有盈利。在这种情况下，转移价格在 1 300~1 380 元/吨之间才能使两个公司盈利。通过协商定价，可以让两个分公司获得可接受的转移定价，而市场价格和成本加成的定价都无法促成这桩交易。

协商转移定价体现了各责任主体分权自治的决策权，同时能够刺激责任主体的管理者努力提高自己的营业利润，但是在谈判的过程中要花费时间和精力。

（四）双重定价

双重定价是记录同一笔交易中买方和卖方部门的不同价格的实践。当某种产品或劳务有不止一种市场价格时，卖方部门希望采取较高的市场价格，买方部门则希望采用较低的市场价格，如果采用单一的转移价格就很难使各部门目标与公司总目标保持一致，难以激励管理层付出努力，因此，有些公司转而采取双重定价法，即用两种独立的定价法来确定分公司之间每一笔交易的价格。比如说，在总公司内部转让产品或劳务时，买方部门用市价购买，而卖方公司使用全部成本加成的价格出售，这就是一种双重定价。假设 A 公司从国外以 1 100 元/吨价格购买铁矿石，买方（精炼分公司）以市价 1 500 元/吨为转移价格，卖方（运输分公司）以成本加成 10% 的价格，1 540 元/吨为转移价格，二者的差额为 40 元/吨。

双重定价法使得各方目标一致，因为精炼分公司并没有由于从运输分公司而不是外部供应商那里购买铁矿石而遭受损失；运输分公司得到了 10% 的利润回报。在双重定价下，A 公司作为一个整体，营业利润少于两个分公司营业利润之和。

双重定价法虽然能够缓解目标不一致的问题，但在实务中并未得到广泛应用，因为双重定价法可能导致位于不同税务管辖区的责任主体在计算应纳税收时出现问题；因为部门利润之和可能大于公司的实际利润，部门业绩报告有可能掩盖公司整体盈利状况；这种机制还有可能将管理者与市场竞争隔离开来，因为只要有转移，就能保证利润。

三、跨国公司的转移价格

根据安永会计师事务所在 2010 年对 25 个跨国公司的调查发现，74% 的母公司和 76% 的子公司相信转移价格对其组织来说"绝对重要"或"非常重要"，理由是母公司选择了合适的转移价格政策，公司可以节约一大笔税收。转移价格经常影响税收，不仅包括企业所得税，还包括工资税、消费税、关税、销售税、增值税、环境税和其他政府征收税，所

第10章 责任会计与转移定价

以在制定转移价格时，税收因素尤其是所得税因素是非常重要的。

承前例，假设 A 公司的运输分公司设立在澳洲，其企业所得税率为 30%，而精炼分公司设立在国内，企业所得税率为 25%，其他数据如前不变。在运输分公司和精炼公司之间采用不同转移价格时，运输分公司、精炼公司和 A 公司分别需缴纳的所得税计算如表 10-3。从表中计算可以看出，由于运输分公司的所得税率高于精炼分公司，所以转移价格越低，总公司 A 公司所承担的所得税总额就越低，也就是说，通过转移定价，产品的国际转移会对潜在的现金流量产生影响。监管国际转移价格的法律是非常复杂的，并且在不同的国家会有所不同。

表 10-3   转移价格对所得税的影响

转移价格（元/吨）	应缴纳所得税（元）		
	运输分公司（30%）	精炼分公司（25%）	A 公司
变动成本 1 300	$-30\,000 = (1\,400 - 1\,300) \times 1\,000 \times 30\%$	$50\,000 = (1\,500 - 1\,300) \times 1\,000 \times 25\%$	$20\,000 = -30\,000 + 50\,000$
完全成本 1 400	$0 = (1\,400 - 1\,400) \times 1\,000 \times 30\%$	$25\,000 = (1\,500 - 1\,400) \times 1\,000 \times 25\%$	$25\,000 = 0 + 25\,000$
市场价格 1 500	$30\,000 = (1\,500 - 1\,400) \times 1\,000 \times 30\%$	$0 = (1\,500 - 1\,500) \times 1\,000 \times 25\%$	$30\,000 = 30\,000 + 0$
成本加成 1 540	$42\,000 = (1\,540 - 1\,400) \times 1\,000 \times 30\%$	$-10\,000 = (1\,500 - 1\,540) \times 1\,000 \times 25\%$	$32\,000 = 42\,000 - 10\,000$

注：负数为可以抵扣的所得税

知识链接

赛门铁克与 IRS 的转移定价争论案

赛门铁克（Symantec）是美国一家大型软件公司，在 2009 年赢得了一场官司，节约了 5.45 亿美元有争议的税款。IRS 正寻找的这笔税收欠款属于赛门铁克在 2005 年收购的 Veritas Software 公司。这场争论源于公司的转移定价，这是一系列决定公司如何在不同税收监管下确定价格、费用和成本的复杂规则。

在 Verita 与其位于爱尔兰的子公司之间的费用和成本未分配问题，会影响与数据存储软件和设备相关的各种无形资产（例如电脑程序和生产流程技术）的研发。根据协议，1999—2001 年 Veritas Ireland 为这个权利支付了 1.6 亿美元。基于现金流折现分析，IRS 声称转移权利的实际价值接近 16.75 亿美元。因此，IRS 认为交易以美国母公司的利润损失为代价增加了 Veritas Ireland 的利润，因此减少了美国的纳税。

然而 Veritas 维持了之前合适的做法。Veritas 证实了 1.6 亿美元的数字是基于版权率得到的，这涉及从初始设备制造权到将美国公司的软件和技术整合到运营系统中。在判决过程中，美国税收法庭支持了这一点，并认为 IRS 关于无形资产的估值是"随意的、多变的、不合理的"。虽然赛门铁克在这场官司中胜出,在印度有关可比数据和跨年数据的使用的其他转移定价案例却失败了。

转引自 Srikant M. Datar, Madhav V. Rajan 著,王立彦等译:《管理会计》,中国人民大学出版社 2015 年 4 月版。

思考题

1. 责任中心会计信息的作用是什么?
2. 指出成本中心、利润中心、投资中心三者之间的区别并举例说明。
3. 什么是责任会计制度?在责任会计制度中,收入和成本的记录是从最大的责任区域开始,还是从最小的开始?请说明理由。
4. 责任毛益与贡献毛益有何关系?解释这些指标在管理决策中的作用。
5. 在什么条件下以市价为基础的转移价格是理想的?
6. 以全部成本为基础的转移价格的一个主要局限性是什么?
7. "在协商决定转移价格时,成本及市价信息是没用的额"。你同意这种说法吗?为什么?
8. 管理者在不同国家分公司之间选择转移定价方法时,为什么要考虑所得税因素?

第 11 章
业绩评价

学习目标

业绩评价的概念；
杜邦分析系统在业绩评价中的应用；
投资报酬率的构成及计算；
销售利润率和资本周转率的计算；
剩余收益和经济增加值的解释和计算；
平衡计分卡的维度及应用。

关键概念

业绩评价（performance measurement）
杜邦分析系统（dupont analysis system）
投资报酬率（return on investment，ROI）
销售利润率（return on sales，ROS）
资本周转率（capital turnover，CT）
剩余收益（residual income，RI）
经济增加值（economic value added，EVA）
平衡计分卡（balanced scorecard，BSC）

第一节
业绩评价概述

一、业绩评价的概念

管理大师彼得·F·德鲁克曾经说过:"如果你不能评价,你就无法管理。"可见,业绩评价是管理会计不可缺少的重要环节。业绩评价实践的历史很悠久。现代企业业绩评价的开端以杜邦公司的财务主管 Dolnason Brown 于 1919 年推出杜邦分析体系为标志。公司评价业绩与奖励管理者是为了激励管理者实施公司战略达到目的。如果评价指标不合适或者不能与持续的业绩相联系,管理者可能会在背离公司目标的情况下改进业绩评价和提高报酬。2007 年,伊利股份的净利润为 4.39 亿元,但巨额股权激励费用高达 4.6 亿元,直接导致了该年伊利亏损 2100 万元。2007-2009 年的金融危机也与不同金融服务公司的管理者为获得报酬而承担过大风险相关。例如,保险巨头 American International Group (AIG) 的首席执行官 Martin Sullivan 将公司带向破产边缘的同时仍继续获得薪酬。因为不能将薪酬与业绩很好地联系起来,AIG 董事会的奖励政策最终导致公司在 2008 年被政府接管。

业绩评价是绩效管理的核心内容之一。在 2017 年 9 月财政部颁发的《管理会计应用指引第 600 号——绩效管理》中指出,业绩评价(performance measurement)是指企业运用系统的工具方法,对一定时期内企业营运效率与效果进行综合评判的管理活动。业绩评价是企业实施激励管理的重要依据。

二、业绩评价的组织和实施

(一)业绩评价机构

业绩评价的主体是业绩考评的组织者和实施者。业绩评价第一个层次是企业所有者对企业最高管理层进行的业绩考评,考评的主体是企业的所有者。在典型的股份有限公司中,所有者仅保留重要的表决权,而把大部分决策权委托给董事会。从绩效管理的角度看,企业应在董事会下设立薪酬与考核委员会或类似机构,主要负责审核绩效管理的政策和制度、业绩计划与激励计划、业绩评价结果与激励实施方案、业绩评价与激励管理报告等,协调解决绩效管理工作中的重大问题。董事会下设的薪酬与考核或类似机构作为业绩评价主体,主要负责对企业最高管理层的业绩评价。

业绩评价的另一个层次应是企业各级管理层对其下级的考评,所以考评的主体应是各级管理层。这一层次的关系比第一层次的关系复杂得多,是管理会计确定内部责任单位业绩考评的重点。

(二) 业绩评价的对象

相对于业绩考评的主体，业绩考评的对象也就分为最高管理层与下级管理层两个层次。在现代企业制度中，所有权和经营权是分离的。经营权有两个层次的含义：一是对企业生产经营活动的管理权；二是对企业生产、营销、分配等方面的大政方针的决策权。我国《公司法》规定，董事会是公司的经营管理机构，有权决定公司的经营计划和投资决策，总经理由董事会聘用，负责公司的日常经营管理工作。通常认为掌握企业生产经营活动管理权和决策权的经理层属于企业的高管层，一般包括总经理和各部门最高负责人，如财务总监、生产总监、营销总监等。

下级管理层是指企业管理组织结构中的各个层次，如纵向组织结构中的子公司、分厂、车间、工段、班组等，横向组织结构中的供应、生产、销售等职能部门和计划、财务、人力资源等管理部门。下级管理层也可按不同标准划分为责任中心、作业单位等。也就是说，考评对象中的下级管理层应根据管理的要求设置。

三、业绩评价的实施与评价周期

(一) 业绩评价的实施

绩效管理工作机构应根据计划的执行情况定期实施业绩评价与激励，按照业绩计划与激励计划的约定，对被评价对象的业绩表现进行系统、全面、公正、客观地评价，并根据评价结果实施相应的激励。

评价主体应按照业绩计划收集相关信息，获取被评价对象的业绩指标实际值，对照目标值，应用选定的计分方法，计算评价分值，并进一步形成对被评价对象的综合评价结果。业绩评价过程及结果应有完整的记录，结果应得到评价主体和被评价对象的确认，并进行公开发布或保密发布。公开发布的主要方式有召开业绩发布会、企业网站业绩公示、面板业绩公告等；保密发布一般采用一对一书面、电子邮件函告或面谈告知等方式进行。

评价主体应及时向被评价对象进行业绩反馈，反馈内容包括评价结果、差距分析、改进建议及措施等，可采取反馈报告、反馈面谈、反馈报告会等形式进行。业绩结果发布后，企业应依据业绩评价的结果，组织实施激励计划，综合运用业绩薪酬、股权、晋升与降职、培训与教育、表扬与批评等多种方式，逐级兑现激励承诺。

(二) 业绩评价周期

业绩评价周期一般可分为月度、季度、半年度、年度、任期。月度、季度业绩评价一般适用于企业基层员工和管理人员，半年度业绩评价一般适用于企业中高层管理人员，年度业绩评价适用于企业所有被评价对象，任期业绩评价主要适用于企业负责人。

四、业绩评价指标体系的设计原则

业绩评价指标体系的科学性、实用性和可操作性是实现对企业绩效客观、公正评价的前提。业绩评价指标体系的设计应遵循下列的原则：

(一) 战略目标导向原则

企业实施绩效管理的目的是为企业实现战略规划服务，以提升企业的价值。绩效评价是绩效管理的重要环节，绩效评价指标的设置就是为了评价战略目标和行动计划的完成情况。

（二）科学性原则

科学的评价方法是指评价方法与评价内容和指标体系结构相适应，能够得出客观、真实的评价结果。企业绩效评价的方法很多，比如关键业绩指标法、经济增加值法、平衡计分卡、360 度绩效评价、股权激励等。企业可根据自身战略规划、业务特点和管理需要，结合不同工具方法的特征及适用范围，选择一种适合的绩效管理工具方法单独使用，也可选择两种或两种以上的工具方法综合运用。

（三）客观公正原则

运用评价指标体系对企业绩效进行评价时，必须能够客观、公正地反映评价对象对业绩计划的完成情况。评价指标不仅包括定量指标，也应包括定性指标；不仅包括财务维度指标，也应包括非财务维度指标。

（四）简便易操作原则

无论多么完美的评价指标体系，如果操作复杂，也不可能被广泛运用，而且容易出现操作失误。所以，为了确保评价指标操作的准确性，评价指标应简便易操作，并应配套设计评价指标操作软件。

第二节 杜邦分析系统

在 20 世纪初，杜邦公司的经理们建立了最早的企业绩效计量系统——杜邦分析系统（Dupont analysis system）。因为杜邦的所有者为其经营接受了数额巨大的银行贷款，所以他们需要一种系统来控制和评估他们的经营，以便确保贷款的偿还。这些经营者尝试使用一种绩效评价系统帮助他们设定目标并计量目标实现的进展。杜邦分析系统指既考虑了单位销售额所产生的利润，也考虑了用来产生这些销售额的投资的一种经营业绩分析方法。该系统至今在世界各地的企业中仍被广泛运用。

一、投资报酬率

杜邦公司的经理发现，利用会计利润作为衡量业绩的指标存在固有缺陷，比如，两条产品线可能会获得相同的利润，但其初始投资额不同。所以，杜邦公司的经营者们创立了投资报酬率（return on investment，ROI）指标，是将营业利润除以为产生这些收益而使用的平均已投资本额得到的会计指标。其计算公式如下：

ROI = 营业利润 ÷ 投资额

ROI 指标的分母也可以用平均资产总额代替，也就是资产报酬率（ROA）指标，其计算公式为：

ROA = 营业利润 ÷ 资产总额

投资报酬率指标将反映盈利性的所有要素（销售收入、成本和投资额）都纳入一个百分数，使得它可以用来与公司其他投资机会的收益水平相比较。杜邦公司的经营者对 ROI 指标进行了分解，目的是确定是哪些原因导致了 ROI 的变动，图 11-1 描述了杜邦公司的经营者对 ROI 构成要素的定义。

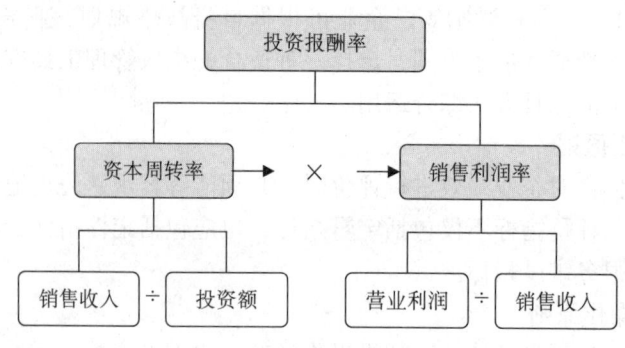

图 11-1 计量业绩的杜邦系统

二、投资报酬率的组成

将 ROI 指标做如下分解就可以说明，ROI 指标的构成包括资本周转率（capital turnover，CT）和销售利润率（return on sales，ROS），它们给经营者提供了一种比较各责任中心的 ROI 以及评估 ROI 在各时期变动的方法。资本周转率是指将销售收入除以为产生这些收入而使用的平均投资额的会计指标，而销售利润率是指将营业利润除以总销售额的会计指标。使用营业利润而不是净利润，是因为营业利润能更好地反映经营者控制资源的能力。销售利润率表明的是单位销售额所产生的利润。该方法确认了创造利润的两个基本要素：增加单位收入产生的利润或使用资产产生更多的收入，改进任何一个要素而保持另一个要素不变，就可以提高 ROI。

$$\frac{营业利润}{投资额} = \frac{销售收入}{投资额} \times \frac{营业利润}{销售收入} = 资本周转率 \times 销售利润率$$

假设 AT 公司拥有制衣和制鞋两条生产线，如表 11-1 所示，ROI 指标的分解可以帮助公司评估和衡量企业的经营。

表 11-1　　　　　　　　　AT 公司第一年和第二年会计信息　　　　　　　　单位：万元

	年度一	
	制鞋部	制衣部
销售收入	4 500	1 200
销售成本	2 250	300
经营费用	900	270
营业利润	1 350	630
平均投资额	18 000	4 200
投资报酬率	(1 350 ÷ 18 000) = 7.5%	(630 ÷ 4 200) = 15%
销售利润率	(1 350 ÷ 4 500) = 30%	(630 ÷ 1 200) = 52.5%
资本周转率	(4 500 ÷ 18 000) = 25%	(1 200 ÷ 4 200) = 28.57%

续表

	年度二	
	制鞋部	制衣部
销售收入	5 175	1 200
销售成本	2 520	320
经营费用	990	275
营业利润	1 665	605
平均投资额	19 000	4 000
投资报酬率	(1 665÷19 000)＝8.76%	(605÷4 000)＝15.13%
销售利润率	(1 665÷5 175)＝32.17%	(605÷1 200)＝50.42%
资本周转率	(5 175÷19 000)＝27.24%	(1200÷4 000)＝30%

（一）销售利润率

如表 11-1 所示，AT 公司制鞋部第一年的销售利润率为 30%，即每 1 元销售额产生了 0.3 元的利润，而制衣部的每 1 元的利润是 0.525。为了影响第二年的销售利润率，部分经理可能需要在不影响销售收入的情况下降低销售成本或经营费用，或者在费用没有同比例增加的情况下提高销售收入。

在第二年度，制鞋部经理在没有同比增加销售成本的情况下，将销售收入从 4 500 万元增加到 5 175 万元。尽管销售成本和经营费用确实也有所增加，但增加的百分比要比收入增加的百分比小。具体计算如下：

销售收入增加＝15%＝(5 175－4 500)÷4 500

销售成本增加＝12%＝(2 520－2 250)÷2 250

经营费用增加＝10%＝(990－900)÷900

制鞋部第二年销售利润率比第一年提高了 2.17%，原因是销售收入增加的幅度 15% 大于销售成本 12% 和经营费用 10% 的增加幅度，其综合效果就是每 1 元销售收入所带来的利润数增加了 0.0217 元。

与制鞋部相反，制衣部第二年的销售利润率相比第一年下降了 2.08%，因为该部门在销售收入没有增加的情形下，销售成本和经营费用却有所上升。

销售收入增加＝0%＝(1 200－1 200)÷1 200

销售成本增加＝6.67%＝(320－300)÷300

经营费用增加＝1.85%＝(275－270)÷270

（二）资本周转率

表 11-1 中 AT 公司制鞋部第一年的资本周转率表明，每 1 元的已投入的资本产生了 0.25 元销售收入。资本周转率在第二年度提高到 27.24%，达到了每 1 元投入资本产生 0.27 元的销售收入，其原因就是销售收入增加的幅度超过已投入资本的增加幅度。杜邦分析系统表明，制鞋部经理通过追加资本支出，从而显著提高了销售收入，其计算如下：

销售收入增加 = 15% = (5 175 - 4 500) ÷ 4 500

投入资本增加 = 5.56% = (1 900 - 1 800) ÷ 1 800

制衣部第一年度的资本周转率表明，每 1 元已投入资本产生了 0.286 元的销售收入，第二年度增加到每 1 元的资本产生 0.3 元的销售收入。在这两年中，制衣部每年的销售收入不变，但是已投入资本数额减少了 200 万元（4 200 - 4 000）。制衣部经理可以通过出售设备、减少仓储空间等方式来减少已投资本，从而以更小的投资总额维持不变的收入。这就是经理人员可以用来提高资本周转率的方法。

> **小测试**
>
> 　　假设你是 AT 公司制衣部的经理，上司对你们部第二年度的业绩表现，尤其是目标销售利润率进行了批评。在编制你们部门第三年度的经营预算时，你会考虑采用什么策略来提高你们部门的销售利润率？

三、对投资报酬率指标的评价

投资报酬率（ROI）指标将反映盈利性的销售收入、成本要素和投资额纳入一个百分比，是一个相对指标，在考虑了投资规模的情况下，剔除了因投资规模不同而导致利润差异的不可比因素，具有很强的横向可比性。ROI 指标还能够促使经理关注销售收入、成本费用和投资之间的关系，关注成本效率，关注资产的使用效率，激励经理在决策时与组织目标保持一致。

ROI 指标的提升可以通过以尽可能少的平均投入资本来赚取尽可能高的利润。因此，将部门 ROI 指标作为评估和奖励经理者的唯一指标，可能会导致部门经理选择与整个公司最大利益不相一致的方式，只考虑增加部门的利润，减少部门的资本投资。以 ROI 指标和杜邦分析系统作为唯一的经营业绩计量指标，主要有三方面的不足：

（一）决策缺乏长期视野

经理们职位时常会发生变动，ROI 指标考核可能导致短期行为，不利于部门的长期盈利能力。例如，AT 公司制衣部经理得知，如果业绩考核通过，他很快可能会升职到其他部门工作。他就有动机通过出售资产来减少平均已投资本，以改善当前的 ROI。即便这些资产对部门的长期成功很关键，他也不会关心这些将来的事情，因为那时他可能不再管理该部门。该部门经理在外部的压力下，也可能会选择以较低的价格从供应商处采购制衣面料，从而来降低商品销售成本。虽然销售成本的降低会增加本期的经营利润，但投入质次商品带来的长期影响会损害企业的整体声誉。此外，经理们为了实现业绩，可能不进行研发投入、技术改造以及设备更新等利于公司长远发展的活动。

（二）放弃有利于公司的投资机会

在某些特定情况下，以 ROI 作为唯一的经营业绩考核指标会导致管理者拒绝某个好项目。虽然某个项目可增加企业的整体 ROI，但因会降低部门的 ROI，结果本可盈利的项目遭到否定。如前例，AT 公司制鞋部第二年 ROI 为 8.76%，制衣部为 15.13%，AT 公司整体的 ROI 指标为 9.87%，其计算如表 11-2 所示：

表 11-2　　　　　　　　　AT 公司第二年度 ROI 的计算　　　　　　　　单位：万元

部门：第二年度	经营利润	平均投资额	ROI
制鞋部	1 665	19 000	8.76%
制衣部	605	4 000	15.13%
AT 公司：整体	2 270	23 000	9.87%

假设第三年制衣部有一个投资机会，需要投资 1 000 万元，预期年度经营利润为 120 万元，该项目的 ROI 为 12%。制衣部的经理可能不会选择这个投资机会，因为该项投资会使得制衣部的 ROI 降低到 14.5%，但该投资能改善 AT 公司的整体 ROI，使之达到 9.96%。

制衣部的 ROI = 14.5% = (605 + 120) ÷ (4 000 + 1 000)

公司的整体 ROI = 9.96% = (2 270 + 120) ÷ (23 000 + 1 000)

虽然该项目改善了公司整体的 ROI，但是因会降低制衣部的 ROI，且制衣部经理的业绩评价依赖于该部门 ROI，所以该部门经理会放弃这个项目。

（三）指标计量困难

ROI 指标涉及投资额和经营利润的计量问题。由于许多业务部门共享已投资本，怎样在这些业务单元间分配已投入资本却缺乏客观可行的标准。例如，AT 公司制衣部和制鞋部共享总部的研发设施和行政服务，这些共享的资本应怎样在制衣部和制鞋部之间进行分配却时常引发争论。从经营利润的角度看，由于约束性固定成本这一不可控因素的存在，使得 ROI 的计量并非完全能由部门经理控制，从而在一定程度上削弱了 ROI 指标的作用。

第三节　剩余收益和经济增加值

由于投资收益率指标存在的固有缺陷，剩余收益（RI）和经济增加值（EVA）指标被开发，用来帮助企业评估与投资相关的具体经营业务的盈利能力。

一、剩余收益

（一）剩余收益的计算原理

剩余收益概念早在 20 世纪 20 年代就由通用汽车公司建立，并在 20 世纪 50 年代由通用电气公司加以发展。剩余收益（Residual Income, RI）是会计利润减去投资额要求的最低可接受报酬的会计指标。剩余收益的计算公式为：

剩余收益 = 利润 - (最低可接受的投资报酬率 × 投资额)

在上一节的案例中，采用投资报酬率作为业绩评价指标，AT 公司制衣部可能会拒绝 ROI 低于本部门的投资机会。如前例所述，对于投资 1 000 万元，预期年度经营利润为

120万元，ROI为12%的投资项目，制衣部的经理可能不会选择，因为采用该项目会降低制衣部的ROI水平。如果AT公司最低可接受的投资报酬率为10%，采用RI指标来评价部门业绩，那么制衣部的经理就有动机采纳该项目，因为投资该项目比不投资该项目的剩余收益增加了。具体计算如下：

不投资项目的制衣部 RI = 605 − 4000 × 10% = 205 万元

投资项目的制衣部 RI = (605 + 120) − (4000 + 1 000) × 10% = 225 万元

上例说明，用RI作为子单元管理人员的业绩评价指标，比用ROI作为业绩评价指标更能与公司目标保持一致。

由于RI是绝对值指标，一般受规模的影响，即对于给定水平的业绩来说，规模越大的业务单元的RI越高。假设XLD公司在厦门、北京、上海三地都有酒店营业，其20X8年的经营状况的相关数据如表11-3所示：

表11-3　　　　　　　　　XLD公司20X8年度财务数据　　　　　　　　单位：万元

	厦门	北京	上海	合计
销售收入	2 000	3 200	6 500	11 700
变动成本	500	920	2 000	3 420
固定成本	1 100	1 680	3 420	6 200
营业利润	400	600	1 080	2 080
长期负债利息（10%）				900
税前利润				1 180
所得税（25%）				295
净利润				885
流动资产	800	1 000	1 320	3 120
长期资产	1 200	3 000	4 680	8 880
总资产	2 000	4 000	6 000	12 000
流动负债	100	300	600	1 000
长期负债				9 000
股东权益				2 000
负债与股东权益合计				12 000

假定XLD酒店要求的最低投资报酬率是13%，其三家酒店的RI计算如表11-4所示：

表11-4　　　　　　　　　XLD公司20X8年RI的计算　　　　　　　　单位：万元

酒店	营业利润	最低报酬率×投资额	RI
厦门	400	13% × 2 000	140
北京	600	13% × 4 000	80
上海	1 080	13% × 6 000	300

在三家酒店中，位于上海的酒店RI最高，其投资规模也最大。因为RI是绝对值指

标，有可能导致公司的管理层追求投资收益绝对值而不是相对值 ROI 最大化。剩余收益最大化这一目标意味着一个部门只要能赚取超过要求的投资回报的利润，该部门就应该扩张。

（二）对剩余收益指标的评价

剩余收益作为业绩评价指标，具有明显的优越性。它可以鼓励经理人员接受对公司更为有利的投资，从而促使部门投资的业绩评价与企业的目标协调一致。剩余收益指标的另一个好处就是具有灵活性，允许使用不同的风险来调整资本成本，也就是根据不同的投资风险水平采用不同的可接受投资报酬率来计算资本成本。

剩余收益指标也存在以下的缺陷：

第一，剩余收益是一个绝对指标，不便于不同规模业务单元之间的分析比较。一个业务单元占用的资金规模越大，就越容易获得较多的剩余收益，但其资金的运用效率未必是最好的。上例中，上海酒店的剩余收益最高，是厦门酒店的 2.14 倍，但其投资规模是厦门酒店的 3 倍，所以其资金运用效率低于厦门酒店。

第二，部门经理也可能通过一些短期行为来操纵剩余收益指标，比如倾向于投资可增加近期剩余收益的项目。

二、经济增加值

（一）经济增加值的概念

经济增加值（economic value added，EVA）又称经济附加值，是美国思腾思特（Stern Stewart）咨询公司于 1982 年提出并实施的业绩评价制度。EVA 的核心思想是：公司只有在其资本收益超过所投入资本的全部机会成本时，才应被认为是创造了价值，即资本获得的收益至少能够补偿投资者所承担的风险。EVA 作为业绩评价指标，已经获得很高的认知度，许多著名的公司如宝洁、通用电气、可口可乐、桂格燕麦等都使用 EVA 来计量经营业绩。我国的国资委从 2010 年开始，也使用 EVA 指标对中央企业实施全面考核。

EVA 是一种特殊的剩余收益计算公式，是对剩余收益指标的重新定义。EVA 等于税后净营业利润减去税后加权平均资本成本乘以总资产减去流动负债的差。

EVA = 税后净营业利润 – 加权平均资本成本 × （总资产 – 流动负债）

EVA 替换了 RI 计算中的下列数字：（1）税后净营业利润对应利润；（2）加权平均资本成本对应最低可接受的投资报酬率，包括平均税后长期负债成本和权益成本；（3）总资产减去流动负债对应投资额，总资产减去流动负债表示公司的长期资金的两种来源——长期负债和权益资本。

（二）经济增加值的计算

仍以 XLD 公司的数据为例来说明 EVA 的计算。该公司长期负债的账面价值和市场价值都是 9 000 万元，股东权益的账面价值为 2 000，市场价值为 10 000 万元。加权平均资本（WACC）等于该公司所有长期资本的税后平均成本。由于长期负债的利息可抵扣所得税，其实际融资成本应扣减所得税率；权益资本成本是投资者不能投资于与公司风险类似的其他项目的机会成本，XLD 公司权益资本成本为 15%，长期负债和股东权益均采用市场价值计算资本成本，具体计算如下：

业绩评价

长期负债资本成本 = 利息率×(1 – 所得税率) = 0.10×(1 – 25%) = 0.75

$$\text{WACC} = \frac{7.5\% \times + 15\% \times}{+}$$

$$= \frac{7.5\% \times 9\,000 + 15\% \times 10\,000}{9\,000 + 10\,000} = 11.45\%$$

由于每个分公司酒店面临同样的风险,因此 XLD 公司厦门、北京和上海三地酒店的 WACC 是一样的。酒店的税后营业利润为:

营业利润×(1 – 所得税率) = 营业利润×(1 – 25%)

XLD 公司三家酒店的 EVA 计算如下:

厦门酒店 EVA = 400×(1 – 25%) – (2 000 – 100)×11.45% = 517.55 万元

北京酒店 EVA = 600×(1 – 25%) – (4 000 – 300)×11.45% = 26.35 万元

上海酒店 EVA = 1 080×(1 – 25%) – (6 000 – 600)×11.45% = 1 428.30 万元

通过计算得出,上海酒店的 EVA 最高,EVA 指标和 RI 一样,要求管理者计算长期资本的成本。只有当税后营业利润超过资本的投资成本才有价值。为了提高 EVA,管理者可以通过:(1)运用相同的资本获得更多的收益;(2)用更少的资本获得同样的收益;(3)投资于回报更高的项目。

(三) 对经济增加值指标的评价

EVA 作为一种业绩评价指标,具有鲜明的特点和明显的优越性。第一,EVA 考虑权益资本成本和企业的市场价值,度量资本在一段时期内的净收益。这有助于部门经理创造和增加 EVA,从而实现股东价值的增加,使所有者和经营者的利益保持一致;第二,EVA 不受公认会计准则的限制,其使用者可以根据需求做出适度调整,以获取相对准确的数据,从而降低了会计准则引起的经营业绩扭曲的现象;第三,EVA 易于理解和运用,通过预定的改进目标来关注长期的价值创造,从而可以有效地进行业绩评价。因此,EVA 作为一种有效的业绩评价指标得到了广泛的运用。

EVA 作为一种财务指标并不能解决所有问题,其本身也存在着一些局限性。首先,计算 EVA 所进行的调整可能并不符合成本—收益原则。根据思腾思特咨询公司的研究,精确计算 EVA 要进行的调整多达 120 多项,虽然大多数公司在实务中只需做出十几项的调整就可以满足要求,但耗费精力调整后的数据并不能帮助部门找到经营无效率的原因,并且在调整的过程中,EVA 的计算可能受主观判断的影响,导致 EVA 调整过度;其次,EVA 过分强调经营成果的业绩可能会导致短期行为,致使经理操纵会计数字来提高 EVA;再次,不同时期的资本成本往往受到市场收益率等因素变动的影响;最后,EVA 无法适用于所有类型的公司,金融机构、风险投资公司、新成立的公司以及周期性公司等都不适于采用 EVA 指标。

第四节

平衡计分卡

传统的业绩评价指标一般局限于财务指标，如投资报酬率、剩余收益和经济增加值等。这些指标只注重公司的财务成果，可能导致企业过分关注一些短期行为而牺牲一些长期利益，比如员工的培养和开发，客户关系的开拓和维护等。平衡记分卡方法的引入改变了企业以往只关注财务指标考核体系的缺陷。20 世纪 90 年代，哈佛商学院教授罗伯特·卡普兰（Robert Kaplan）和诺兰诺顿研究所所长诺顿（David Norton）共同开发了一种全新的组织绩效管理办法——平衡计分卡。作为业绩计量系统，平衡计分卡（balanced scorecard，BSC）将公司的战略和特定目标与任务联系起来，提供对完成这些目标程度的计量指标，并指明达到目标的具体奖励措施。平衡计分卡的主要目的是实现企业的战略目标。平衡计分卡自创立以来，在国际上，尤其是美国和欧洲得到了广泛的运用。

一、平衡计分卡的四个维度

平衡计分卡以公司战略为导向，对公司战略从财务、客户、内部流程和学习与成长四个维度进行分解，寻找能够驱动战略成功的关键因素，并建立一套完整的目标以及绩效评估体系，以保证战略的顺利实施。图 11 - 2 描述了平衡计分卡的四个维度与战略的关系。表 11 - 5 列示了四个维度的战略与相应的业绩评价指标。

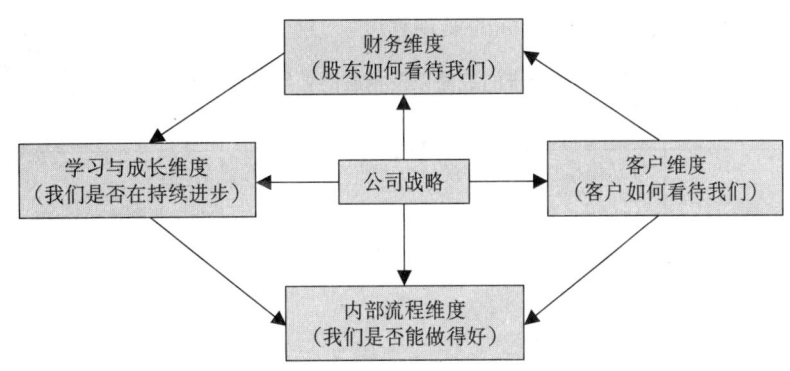

图 11 - 2 平衡计分卡的四个维度

（一）客户维度

客户如何看待我们？企业为了获得长远利益，就必须提供能让客户满意的产品和服务。平衡计分卡的客户维度提供了一种让员工考虑其客户的需要以及产品销售市场的工具，思考如何使公司的产品和服务能为客户增加价值，其策略包括改善客户关系和增加来自盈利性客户的订单等。平衡计分卡将这些目标分解成具体可执行的指标，如客户满意度、客户忠诚度、客户获得率、市场份额、客户盈利能力等。

（二）内部流程维度

我们是否能做得好？传统的绩效评价往往停留在单一部门绩效水平的考核上，忽略了其上下游价值链之间的联系。平衡计分卡站在战略的高度，从满足价值链上下游的供应商和客户的需求出发，针对企业内部业务流程进行分析。标准成本差异分析、精益库存以及全面质量管理等思想都体现在内部流程维度中。平衡计分卡强调内部经营流程以及与供应商和分销商的外部关系。质量指标，如废料数量、停工时间、次品数量、返工成本以及保修申诉次数等，可用以于评价内部流程的质量。监督其他内部业务流程还可以采用标准成本差异、生产周期时间、准时交付比率和完成订单百分比等指标。最后，与供应商和分销商的关系还可采用质量指标（如及时供货率、供应商的单位次品率）和盈利能力指标（如各分销计划的盈利能力）等加以计量。

（三）学习与成长维度

我们是否在持续进步？平衡计分卡强调无形资产对企业发展的重要性，强调通过人员、信息系统、组织程序等来了解组织学习和成长的作用。员工满意度、忠诚度、技能、发展、用于员工培训的时间等都是注重人员的指标。学习与成长维度还计量组织信息系统所提供信息的可靠性、准确性和一致性。专利授权数、新产品销售额、工序改进所节约的金额等都反映了企业强化学习和成长行动的结果。

（四）财务维度

股东如何看待我们？企业的目标是为股东创造价值，作为市场主体，企业必须以盈利作为生存和发展的基础。企业所有的努力最终应归于财务目标的达成，平衡计分卡将财务维度作为所有业绩评价的焦点。资产负债表、利润表和现金流量表是基于财务维度的财务指标的基础。投资报酬率、销售利润率、资本周转率、剩余收益以及经济增加值等业绩指标，都是从财务维度来评估战略目标的实现程度。

表 11-5 平衡计分卡的战略以及相应的业绩评价指标

平衡计分卡视角	策略	指标
财务视角	（1）提高股东的认可度	净利润
		投资报酬率（ROI）
		资本周转率（CT）
		销售利润率（ROS）
		经济增加值（EVA）
		剩余收益（RI）
	（2）改善信用等级——降低风险	债券信用级别
客户视角	（1）改善客户关系——批发商和零售商	客户忠诚度：批发商；零售商
		退货次数
		客户满意度
	（2）增加来自盈利性客户的订单	市场份额
		客户盈利能力

平衡计分卡视角	策略	指标
内部流程视角	(1) 改善与供应商的关系	质量认证数
		供应商数量
		准时供货百分比
	(2) 提升生产过程的质量	机器停工时间百分比
		速度\周期时间
		完成订单百分比
		废料占原材料百分比
		标准成本差异
	(3) 提高交付能力	准时交货次数
学习与成长视角	(1) 提升员工忠诚度	员工流动率
		员工满意度
	(2) 提高员工生产率	工序改进次数及成本节约
		员工培训时间
	(3) 加强新产品开发	专利授权数
		新产品销售的百分比

资料来源：Jan R. Williams 等著，赵银德、张华、屠立峰译：《会计学—企业决策的基础（管理会计分册）》（第14版），机械工业出版社2010年版。

平衡计分卡从客户、内部流程、学习与成长和财务四个维度，将组织的战略落实为可操作的绩效评估指标，从而保证企业战略得到有效的执行。因此，平衡计分卡不仅仅是一种测评体系，它还是一种有利于企业取得突破性竞争业绩的战略管理工具，并且可以作为公司新的战略管理体系的基石。

平衡计分卡虽然从四个维度对企业的经营绩效进行评估，但这四个维度的各项评估指标之间并不是毫无关系的，而是在逻辑上紧密相连的。比如在学习与成长维度中对于员工的培训可以提升内部流程中产品质量的提升，从而增加客户的满意度，最终提升销售收入，增加企业的利润。组织在客户、内部流程、学习与成长三个维度的成功最终转化为财务上的经营成果，助力企业战略的实现。

二、平衡计分卡的应用

平衡计分卡自创立以来，得到全球企业界广泛的接受与认同，越来越多的企业在平衡计分卡的实践项目中受益，同时平衡计分卡的应用还延伸到非营利性的组织机构中。成功实施平衡计分卡，一般包括以下几个步骤：

（一）明确公司战略

平衡计分卡是加强企业战略执行力的有效的战略管理工具，因此有一个清楚明确的、能真正反映企业愿景的战略是至关重要的。企业的愿景即企业是什么，企业未来要达到的目标，而企业战略是一个企业自上而下的整体规划，用来获得核心竞争力的一系列综合、协调的约定和行动。战略的制定要求企业决策者重视对企业内外环境的分析，并结合企业内部面临的机遇和挑战。

(二) 设定长期战略计划

战略目标确定之后，企业就应当设定相应的长期战略计划来保证战略的执行。长期战略计划的主要内容是规划企业为实现战略目标所应采取的一些主要行动步骤、分期目标和重大措施及企业各部门在较长时期内应达到的目标和要求。企业的长期战略计划通常为 3 至 5 年。

(三) 建立平衡计分卡考评指标体系

根据企业的战略制定出长期计划后，企业决策者应描述企业当前的形势，明确将要采取的战略计划，运用综合和平衡的哲学思想，将战略计划转化为下属各责任部门在财务、顾客、内部流程、学习和成长四个方面的一系列具体目标，并设置相应的四类评价指标体系。这些指标不仅与公司的战略目标高度相关，而且同时兼顾和平衡公司长期和短期的目标、内部与外部的利益，综合反映战略管理绩效的财务与非财务信息。

(四) 制定平衡计分卡实施计划

这一步骤要求各层次的管理人员参与测评，将平衡计分卡指标从公司维度分解到部门，直至分解到工作岗位。这是一个逐渐量化的过程，这个过程需要对每个层次工作有深入了解，并需要各层次的管理人员理解公司战略并协助实施完成。平衡计分卡的实施要求将平衡计分卡的指标与企业数据库和管理信息系统相联系，在全企业范围内运用。各级主管部门与业务部门应制定出各项指标的具体评分规则，定期考核各业务部门在财务、客户、内部流程以及学习与成长四个方面的目标执行情况，及时反馈，适时调整战略偏差，或修订原定目标和评价指标，确保公司战略得以顺利实施。

知识链接

建立 BSC 考评体系的指标选取规则

根据 Kaplan 以及 Best Practices 公司在 1998 年所做的一项 32 家成功导入 BSC 的组织的独立研究，给出以下的指标选取规则：

1. BSC 应该有 80% 左右的指标为非财务性指标；
2. 公司级组织中 BSC 指标数量应该在 20~25 个；
3. 公司级组织中典型的指标分解如下：财务类 5 个 (22%)；客户类 5 个 (22%)；内部流程类 8~10 个 (34%)；学习与成长类 5 个 (22%)。

三、平衡计分卡实施的障碍

平衡计分卡的实施既与企业的战略关联，又涉及每一位员工的具体工作，同时与企业的文化、人员素质等有着密切联系，是一项复杂、细致的工作。虽然全球有众多实施平衡计分卡绩效管理的成功案例，但也不乏失败的例子。根据美国 Renaissance Worldwide 与 CFO Magazine 两家机构对数百家实施绩效管理的企业的合作调查，表明绩效管理失败的主要原因是这些企业的绩效测评是围绕企业年度预算和运营计划建立的，鼓励的是短期的、局部的和战术性的行为。具体可归结为以下原因：

(一) 沟通与共识上的障碍

据调查，企业中少于十分之一的员工了解企业的战略及战略与其自身工作的关系。尽管高层管理者清楚地认识到达成战略共识的重要性,但却少有企业将战略有效地转化成被基本员工能够理解且必须理解的内涵,并使其成为员工的最高指导原则。

(二) 组织与管理系统方面的障碍

据调查,企业的管理层在例行的管理会议上花费近85%的时间,以处理业务运作的改善问题,却以少于15%的时间关注于战略及其执行问题。过于关注各部门的职能,却没能使组织的运作、业务流程及资源的分配围绕着战略而进行。

(三) 信息交流方面的障碍

平衡计分卡的编制和实施涉及大量的绩效指标取得和分析,是一个复杂的过程,因此,企业对信息的管理及信息基础设施的建设不完善,将会成为企业实施平衡计分卡的又一障碍。这一点在中国的企业中尤其突出。中国企业的管理层已经意识到信息的重要性,并对此给予了充分的重视,但在实施的过程中,信息基础设施的建设受到部门的制约,部门间的信息难以共享。这不仅影响到了业务流程,也成为实施平衡计分卡的障碍。

(四) 对绩效考核认识方面的障碍

如果企业的管理层没有认识到现行的绩效考核的观念、方式有不妥当之处,平衡计分卡就很难被接纳。长期以来,企业的管理层已习惯于仅从财务的角度来测评企业的绩效,并没有思考这样的测评方式是否与企业的发展战略联系在一起、是否能有效地测评企业的战略实施情况。平衡计分卡的实施不仅要得到高层管理层的支持,也要得到各业务单元管理层的认同才可能实施成功。

四、平衡计分卡的评价

平衡计分卡从业绩评价体系发展成为战略管理工具,将企业的愿景和战略转化为具体的战略目标,并将战略目标通过四个维度的指标联结起来,成为企业最有效的战略执行力的战略管理工具。采用平衡计分法主要的优点有:

第一,平衡计分卡对非财务指标(客户、内部流程、学习与成长)进行量化考核,实现了财务指标和非财务指标的平衡,克服了财务评估方法的短期行为;

第二,平衡计分卡是一套战略执行的管理系统,如果以系统的观点来看平衡计分卡的实施过程,则战略是输入,财务是输出,实现了企业的长期目标和短期目标的平衡,有效地将组织的战略转化为组织各层的绩效指标和行动;

第三,平衡计分卡的实施要求全员参与,有助于各级员工对组织目标和战略的沟通和理解,有利于组织和员工的学习成长和核心能力的培养,从而实现组织长远发展。

平衡计分卡是对传统绩效评价方法的一种突破,但是不可避免地也存在自身的一些缺点。平衡计分卡假设每一个业绩指标都处于战略形成和财务结果之间的因果关系链条中,学习与成长方面的指标假设为内部流程的驱动指标,而内部流程指标则驱动客户指标,客户指标最终驱动财务结果的产生,这种假设缺乏理论和实证的支持。平衡计分卡的另一个批评是站在股东角度考虑问题,缺乏环境影响维度和员工维度,可能忽视了其他一些重要利益关系人的诉求。平衡计分卡在实施的过程中也存在不少困难,如评价指标多、部分指标难以量化、指标体系建立困难、各指标权重难以客观标准分配等,这些缺陷导致平衡计分卡实施成本高,实施难度大。

五、基于平衡计分卡的战略地图

平衡计分卡既是一种战略管理工具,同时也是一种战略管理思想。将平衡计分卡与企业战略融合在一起,就形成了战略地图。战略地图,通常以财务、客户、内部业务流程、学习与成长四个维度为核心,通过分析这四个维度的相互关系,绘制战略因果关系图[①]。战略地图和价值链管理成为常用的战略管理工具,将战略落地的关键业务流程化,并落实到企业现有的营运流程中,确保企业高效率和高效益地实现战略目标。

基于平衡计分卡的战略管理地图能够使企业战略更加清晰明了。平衡计分卡的四个维度形成了一系列的因果关系链,而每个维度中的衡量指标都形成了一套逻辑链条,这些关系链条就将企业战略所期望的结果和获得这些结果的驱动因素结合起来。将这些关系链条整合在一起就形成了平衡计分卡的战略地图[②]。由于不同行业企业的竞争战略不同,因此不同企业的战略地图也是千差万别的,图11-3描绘了制造业的战略管理地图。

战略地图能够将企业的战略目标清晰化、可视化,并与战略关键业绩指标(KPI)和战略举措建立明确联系,为企业战略落地提供了有力的可视化工具。战略地图需要多维度、多部门的协调,实施成本高,并且需要与战略管控相融合,才能真正实现战略落地。

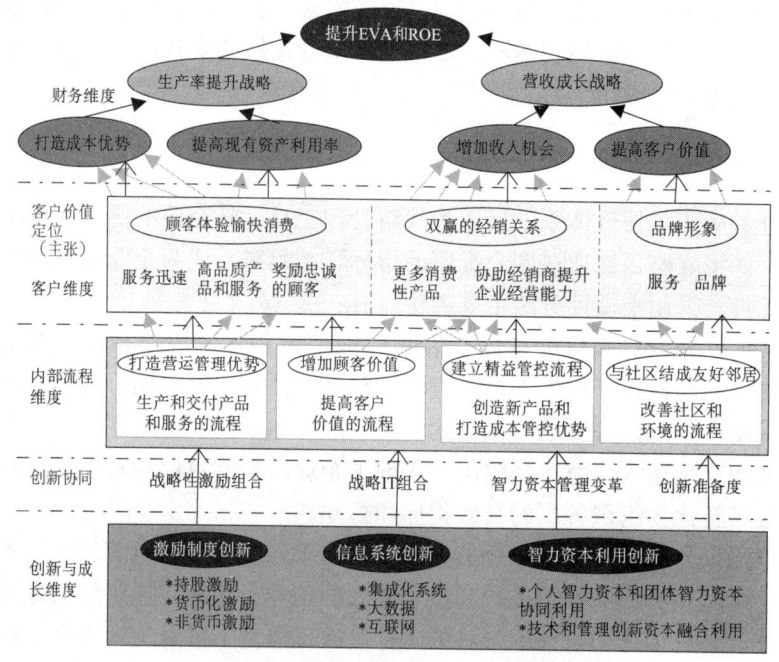

图 11-3 某制造业战略地图

资料来源:财政部:《管理会计应用指引第 101 号—战略地图》,《管理会计应用指引第 600 号—绩效管理》,2017 年 10 月发布。

---

① 财政部 2017 年 10 月发布的《管理会计应用指引第 101 号—战略地图》。
② Robert Kaplan, David Norton:《战略中心型组织—如何利用平衡计分卡使企业在新的商业环境中保持繁荣》,人民邮电出版社 2004 年版。

思考题

1. 如何理解业绩评价的概念?
2. 如何运用杜邦系统来评估经营业绩?
3. 说明以投资报酬率为唯一业绩指标的缺点。
4. 计算剩余收益的目的是什么?
5. EVA 为什么成为当今最重要的绩效评价指标之一?
6. 平衡计分卡的四个维度分别是什么?分别包含哪些常用指标?
7. 对平衡计分卡的评价是什么?
8. 什么是战略地图?

本书参考文献

1. 傅元略、谢灵、郭丹霞：《管理会计》，经济科学出版社2011年版。
2. 余绪缨：《管理会计学》，中国人民大学出版社2010版。
3. 许金叶：《管理会计》，清华大学出版社2012年版。
4. 孙茂竹，文光伟，杨万贵：《管理会计学》（第七版），中国人民大学出版社2015年版。
5. 温素彬：《管理会计》（精要版），东北财经大学出版社2010年版。
6. 郭晓梅：《管理会计》，立信会计出版社2013年版。
7. 单昭祥、姜昕：《新编现代管理会计学》，东北财经大学出版社2010年版。
8. 刘俊勇、卢闯：《管理会计》，东北财经大学出版社2009年版。
9. CIMA：Fundamentals of Management Accounting, Kaplan Publishing 2015.
11. 温素彬：《管理会计 理论·模型·案例》（第2版），机械工业出版社2017年版。
12. 刘锋：《标准成本法的应用与公司财务业绩的研究》，厦门大学.2011。
13. 孙茂竹：《管理会计学（第七版）》学习指导书，中国人民大学出版社2015年版。
14. 余绪缨：《管理会计：理论·实务·案例·习题》，首都经济贸易大学出版社2004年版。
15. 吴大军：《管理会计》（第二版），东北财经大学出版社2010年版。
16. 温素彬：《管理会计：理论·模型·案例》，机械工业出版社2008年版。
17. 颉茂华：《管理会计学：理论·实务·案例》，南京大学出版社2011年版。
18. 毛付根：《管理会计》，高等教育出版社2003年版。
19. 周谦、彭浪：《管理会计案例实训》，华中科技大学出版社2015年版。
20. 中国注册会计师协会主编：《2017年注册会计师考试教材——财务成本管理》，中国财政经济出版社2017年版。
21. 财政部：《管理会计应用指引第304号—作业成本法》。
22. 余绪缨：《管理会计学》，中国人民大学出版社2004年版。
23. 吴大军：《管理会计》（第二版），东北财经大学出版社2010年版。
24. 夏明会：《管理会计学》，武汉理工大学出版社2013年版。
25. 吴大军：《管理会计》，东北财经大学出版社2013年版。
26. 张世生：《全面预算管理》，浙江工商大学出版社2013年版。
27. 温兆文：《全面预算管理》，机械工业出版社2015年版。
28. 唐政：《企业年度经营计划与全面预算管理》，人民邮电出版社2016年版。

29. Jan R. Williams 等著 赵银德 张华 屠立峰译：《会计学——企业决策的基础（管理会计分册）》（第 14 版），机械工业出版社 2010 年版。

30. Srikant M. Datar，Madhav V. Rajan 著，王立彦等译：《管理会计——决策制定与业绩激励》，中国人民大学出版社，2015 年 4 月版。

31. Robert Kaplan，David Norton 著《战略中心型组织——如何利用平衡计分卡使企业在新的商业环境中保持繁荣》，人民邮电出版社 2004 年版。

32. 财政部：《管理会计应用指引第 101 号—战略地图》，《管理会计应用指引第 600 号—绩效管理》，2017 年 10 月发布。